U0595270

XIBU NONGCUN JIAOSHI PEIXUN DE
SHIJIAN YU YANJIU

西部农村教师培训的实践与研究

—— "国培计划"（2013）中西部农村骨干教师培训宁夏项目成果集

黄河出版传媒集团
宁夏人民出版社

图书在版编目（CIP）数据

西部农村教师培训的实践与研究："国培计划"（2013）中西部农村骨干教师培训宁夏项目成果集 / 周福盛，吴红军主编. ——银川：宁夏人民出版社，2014.12

ISBN 978-7-227-05945-5

Ⅰ. ①西… Ⅱ. ①周… ②吴… Ⅲ. ①农村学校—中小学—师资培训—研究—西北地区 ②农村学校—中小学—师资培训—研究—西南地区 Ⅳ. ①G635.12

中国版本图书馆 CIP 数据核字（2015）第 002931 号

西部农村教师培训的实践与研究——"国培计划"（2013）
中西部农村骨干教师培训宁夏项目成果集 　　　　周福盛　吴红军　主编

责任编辑　康景堂　王　瑞
封面设计　马春辉
责任印制　肖　艳

黄河出版传媒集团
宁夏人民出版社　出版发行

地　　址　银川市北京东路 139 号出版大厦（750001）
网　　址　http://www.yrpubm.com
网上书店　http://www.hh-book.com
电子信箱　renminshe@yrpubm.com
邮购电话　0951-5052104
经　　销　全国新华书店
印刷装订　宁夏精捷彩色印务有限公司
印刷委托书号　（宁)0016913

开　本　787mm×1092mm 1/16　　　印　张　16.5
字　数　260 千字　　　　　　　　　　印　数　1000 册
版　次　2014 年 12 月第 1 版　　　　印　次　2014 年 12 月第 1 次印刷
书　号　ISBN 978-7-227-05945-5/G·846

定　价　68.00 元

教育厅领导和培训学员座谈

领导关怀

王建平副厅长和学员座谈

吴红军处长调研后做重要发言

专家风采

华俊昌

柳夕浪

刘旭

"国培计划（2013）"——中西部项目（宁夏）置换脱产研修开班典礼

研修实施

体验式活动

体验式活动

体验式活动

信息技术培训

学员书法展示

优秀研修奖励

交流研讨

幼师国培

专家深入培训基地评估

杭州师范大学骨干园长外出考察

园长们在长沙万婴幼儿园观摩课

钱塘春晓幼儿园观摩

园长们与湖南万婴幼教集团董事长交流办园经验

课外生活

北京教育学院小学科学骨干教师培训

湖南第一师范学院中小学校长培训

杭州师范大学幼儿园骨干园长培训

序

再接再厉　续创佳绩

——"国培计划"宁夏2013年项目实施概述

2013年是"国培计划"中西部宁夏项目实施的第四年,如何在前三年良好成绩的基础上再接再厉、续创佳绩,是我们从项目的规划到总结评估都一直在思考的问题,也是我们在项目的实施过程中一直在追求的实践行动过程。

2013年,我们确定了置换脱产研修、短期集中培训和教师远程培训3个项目类别的13个子项目,涵盖了中小学骨干教师、培训者团队、农村中小学校长以及新任教师;覆盖了全区义务教育学校语文、数学、英语、物理、化学、生物、音乐、体育、美术、科学、教育技术、中小学班主任等17个学科及领域的不同类别和层次的培训。全年项目共培训中小学幼儿园教师25244人,占我区农村义务教育学校专任教师的43.85%。这些项目分别由宁夏大学、河北师范大学、西北师范大学、北京教育学院、湖南第一师范学院、福建师范大学、全国中小学继续教育网、中国教师研修网、中国教育电视台、中央电教馆、华东师范大学开放教育学院等经过遴选的优质培训院校或机构承担。

"国培计划"(2013)宁夏项目于当年7月开始实施,经过6个月的紧张有序工作,截止到2013年12月底,所有子项目的各项工作圆满结束,培训合格率均达95%以上,实现了"国培计划"中西部宁夏项目"对农村义务阶段教师进行有针对性的专业培训,提高教师教育教学能力和整体素质,引导和规范全区教师培训管理,增强教师培训专业化水平,为全区义务教育均衡发展提供师资保障"的目标任务。从培训后学员的满意度调查看,学员无论对项目的整体满意度、项目满足学员学习需求程度的满意度,还是对项目管理及研修收获的满意度,"非常满意""满意"两项累计达97%以上,达到了高水平的整体满意度。

一、 项目的基本做法

根据教育部、财政部《关于做好2013年"国培计划"实施工作的通知》(教师厅[2013]2号)要求及教育部《关于深化中小学教师培训模式改革全面提升培训质量的指导意见》(教师[2013]6号),我们在2013年度宁夏"国培计划"常规管理工作的基础上重点落实和关注了以下各项工作及措施,保证了培训质量的提升。

(一)做好项目设计,创新试点项目

一是开展深度调研,做好项目规划。为了解一线教师在培训学科、内容、方式等方面的需求,为2013年"国培计划"项目的规划设计提供依据,自治区教育厅师资处组织专家团队于2013年4月进行了近年"国培计划"的效果及2013年的培训需求做了调研。调研组深入银川市、贺兰县、平罗县、盐池县、西吉县、海原县及厅直属学校,进行教师培训需求专题调研。调研的样本学校为每个市、县(区)选取义务教育段学校6所,其中中学2所(县城1所、乡镇1所),小学3所(县城1所、乡镇中心小学1所、村小1所),初小或教学点1所。调研采取问卷和座谈、访谈相结合的方式进行,主要了解一线教师对培训暨"国培计划"项目在学科、内容、方式等方面的需求、意见、建议等,最后形成了近2万字的中小学教师培训需求调研报告。据此,有针对性地设计了按照骨干教师培训、培训者培训、学科教师专题培训、新任教师岗前培训等不同要求的分层、分类、分岗的培训任务,且重点向承担国家推进义务教育均衡发展试点县(区)和农村教学点数字教育资源全覆盖项目学校倾斜。这一总体设计,既体现了教育部对2013年"国培计划"项目实施的创新精神,也体现了宁夏不同地区、不同学段和不同学科中小学教师专业素质提高的现实诉求,体现了项目设计的特色。其中的中小学教师教育技术培训、青年学科教师培训、农村中小学校长短期研修、农村教学点骨干教师培训、特殊学科转岗教师培训、中小学网络社区研修与校本教研教师培训等项目,都是基于我区农村教师多、青年教师专业素质亟待提高、特殊学科教师转岗现实、信息技术快速渗透课堂教学等现实需求设置的专门性项目,体现了较强的地方性和针对性。

二是点面培训结合,创新试点项目。在2013年项目的实施中,我们在做好面向2.5万余名教师置换脱产研修、短期集中培训和教师远程培训3个项目类别的基础上,选择了一些试点县市,尝试了新的教师培训方式,在创新"国培计划"培训模式上做了一些积极的探索。一是开展教学点数字资源全覆盖项目学校的教师培训,为全区287个教学点培训师资310名。二是在银川市、石嘴山市开展教师全员的教育技术培训,培训师资9800余名。三是在吴忠市利通区和同心县试点开展了"网络社区与校本教研研修"为核心内容的培训,培训覆盖两个县区的义务教育阶段所有学校,参训教师达 3000 余名。在具体的实施中,注重具体方式方法的创新,比如"网络社区与校本教研研修"项目,把线上学习和线下研修有效结合,具体做法是规定总的学习时数,其中网上学习 80 学时,线下集中研讨 160 学时,线下集中学习占到了总学时的三分之二。线下以学校为单位建立研修团队,分学科设立学科研修辅导教师负责同一学科教师的学习,校长作为总的负责人全程参与并负责全校教学研修活动,在研修中形成学习共同体。这一做法改变了远程培训线上时间多而线下学习跟进少的弊端,更有效促进了线上学习在课堂中的应用,切实提高了培训的实际效果。

(二)规范管理制度,精心组织实施

在 2013 年项目的实施过程中,我们进一步完善并补充了"国培计划"的管理制度,在完善培训制度,规范管理措施方面做了一些积极的努力。

一是改革项目评审方式,遴选优质培训院校和机构。2013 年取消了会议评审培训机构的方式,而是采用了高校专家、教研部门专家、一线优秀校长教师组成的三结合专家团队,按照盲审的原则,就申报文本从"专业理念与师德、专业知识和专业技能"三个维度紧扣"关注课堂、关注问题、关注技能修炼、关注后期跟进、关注教师专业发展"五个关注进行评标。评审中就机构的培训经验、项目的目标定位、对象分析、内容设计、课程安排、管理团队、培训方式、考核评价、"影子教师"、返岗实践、资源情况、后勤保障、培训的特色与创新等方面逐项按不同权重评分,评分既有个人打分,又有专家组评议分数,保证了项目评审的公正客观,明显提高了评审质量。

二是进一步规范项目的管理制度,建立项目管理的长效机制。教育厅按照教育部、财政部关于印发《"国培计划"示范性集中培训项目管理办法》等三个文件的通知(教师厅[2013]1 号)的要求,进一步修订完善了《"国培计划"中西项目宁夏实施管理细则》,对各市、县、学校选派参训学员,做好参训过程管理作了明确要求,做到规范选派、认真管理;对各培训机构的方案研制、过程质量监控、经费使用等做出明确规定,做到优化经费配置、严格经费标准、强化培训质量监控。这一管理办法,成为了宁夏"国培计划"项目实施的基本管理办法,为项目管理方式的规范化、科学化和常态化提供了依据,建立了项目管理的长效机制。同时,教育厅还印发了《宁夏"国培计划"项目绩效考核量化方案》,建立了"三通一结合""双线四级""三挂钩"项目管理考核机制,使"项目管理、质量监管考核、招标机制、经费预算、学员选送与师范生顶岗、项目宣传"等保障体系得到强化和完善,切实提高了组织管理效率,确保了培训质量。

三是完善培训教师的管理办法,保证培训的实际效果。我们规定,每一位教师在本培训周期内必须按计划参加培训,修满规定学分(学时),作为教师岗位聘用、年度考核和职务晋升的必备条件之一。同时实行"学时"互认制度,我们全面实行中小学教师全员岗位培训、骨干教师培训和国家级各类培训学时互认制度,减轻了教师重复培训负担。此外,我们还把培训的过程性管理和学员的过程性学习作为市县(区)培训机构和学员考核、评优的依据,将学员的学习成绩与年终考核、绩效工资、职称评定挂钩,有效促进了培训质量与效益。

(三)着眼教学实践,创新培训模式

着眼于一线教师的教学实践,将培训的落脚点放在课堂教学的改进提高上,不断创新培训模式,切实提高培训的实效性,是2013年项目实施的基本指导思想和实际做法。就总体项目而言,在课程安排上,强化真实课堂的培训。在各类培训中,特别是在远程培训中,在实践环节,要求各培训任务承担机构要以典型案例为载体,从专业理念与师德、专业知识和专业技能三个维度开展主题式培训,要求实践性课程不少于50%,强化基于教学现场、走进真实课堂的培训环节。远程培训环节要求以推进教师网络研修社区建设为切入点,将网络研修与校本研修紧密结合,将在线"研讨交流"与线下"集中跟进"相结合,打造教师学习共同体。在置换脱产培训项目上,积极尝试与自治区级骨干培养结合的模式,即凡是遴选为新一轮自治区级骨干教师培养对象者必须参加为期三个月的"国培计划"置换脱产培训。这一做法,使"国培计划"培训了自治区级骨干教师培养对象,提升了培训的层次,同时也保证了学员参训的积极性,为提高培训质量奠定了坚实基础。

为创新培训模式,强化培训效果,各培训院校(机构)都发挥自身优势,探索培训的内容合适、课程合理、方法高效、措施得力,可谓是"八仙过海各显神通"。

作为宁夏"国培计划"主要承担院校的宁夏大学完成了410名小学英语、中学英语、小学语文、中学语文、音乐、美术、体育等学科教师的置换脱产培训。培训课程做到了理论知识与实践相结合,贴近教学实践,符合教师需求。培训的方法灵活多样,对不同性质的内容采用了不同的培训方法。如师德模块中采用了模范教师师德事迹报告与对话相结合的形式,教师心理调适课采用了专家引导、合作研究等形式,专业理念模块注重案例分析并安排专家与学员对话交流,教学设计模块采用案例教学与班级小组讨论相结合,每一个专题学习后均要求学员填写教学评价表和培训感言,班主任对教学评价表和培训感言及时收集、梳理和反馈,作为监控培训实效的重要依。这些都体现出了明显的特色。

西北师范大学完成了宁夏"国培计划"(2013)农村教学点数字教育资源全覆盖项目300名教师的短期集中培训和160人的中西部项目宁夏初中、小学数学学科骨干教师置换脱产研修项目工作,培训依据"教学点数字教育资源全覆盖"项目宗旨,专门编写了适合宁夏农村教学点教师学习的培训教材;采用了以活动为中心的体验式培训方法,以案例引领、任务驱动、问题引导、丰富的资源学习等具体的策略和方法;在培训过程中,除了专家现场面授、助学教师现场指导外,参训教师在学习之余通过网络课程学习平台、专题研修平台、寻求帮助平台交流学习心得，共享经验，拓展了交流的空间，促成学习共同体的形成。

北京教育学院承担了96名宁夏中西部项目小学科学骨干教师的短期集中培训。培训以"提升学员对科学课程改革的理解力及有效开展探究式科学教学的能力"为主题，以高水平的专家讲座引领，并安排了高水平的观摩、参观等，开阔了视野。

湖南第一师范学院承担了100人的宁夏中小学校长短期集中培训项目，培训实施过程中实行首席专家负责全程质量监控，参与互动听课评课环节，整体把握整个培训的质量关；班主任及教务人员各司其职，全程跟班服务；管理精细化，制度人文化，专设清真餐厅，温暖学员心灵。

全国中小学继续教育网承担了2360人的宁夏义务教育学校教师教育技术远程培训和7168人的青年学科教师远程培训任务，在培训内容的设计上，精心选择更加具体、有针对性和实效性的内容。在课程设置上，内容丰富，包括课程目标、内容、教学活动方式、评价方式等。培训使用的平台，是继教网在总结以往远程培训的优劣得失的基础上重新研发的新平台，在设计上尽量从使用者的角度出发实现相应功能，操作上力求简单。平台为每个使用者搭建了个人工作室，学员、辅导教师、管理员的所有操作都在工作室中一页实现，极大方便了使用者。培训中着力打造了以学科、班级和校际为主的三大社区，在不同社区中开展不同形式的活动，通过活动的引领形成同学、辅导教师、专家之间的交流氛围和研讨环境，有效促进了学员对培训内容的反思和内化。

中国教师研修网承担了2284人的网络社区研修与校本教研远程培训项目和3045人的中小学班主任教师远程培训项目。通过网络共同体建设(信息技术)、规划自我，做好老师(专业标准)、以学定教，设计教学(备课)，"以学施教，实施教学"(上课)等研修内容，以学科为载体，创建学校(区域)学习共同体，开展主题研修活动。

中国教育电视台承担了青铜峡市、同心县17所中小学13个学科801名教师共80学时的宁夏中小学网络社区研修与校本教研远程培训项目。参训教师在专家视频课程的指导下，在平台上制定发展规划、开展"三同三案"的备课与网上集体备课相结合、撰写教学反思、教育叙事、研修感悟、整理电子成长档案袋等。视频课程密切结合教师专业标准，指导性强，深受广大教师欢迎。培训管理上班级管理与学校管理相结合，学校管理者全程参与培训，为参训教师指定"三同三案"备课主题，在平台上发起主题研讨、集体备课等网络研修活动，既推动了学校教学管理的网络化。

中央电化教育馆培训中心对宁夏初中语文、初中数学等22个学科的3233名青年学科特岗教师开展80学时的专项培训(骨干培训者集中培训30学时)。培训目标切实可行，课程资源应时，过程设计较合理；平台支持服务到位，数据实时监测及时；能及时总结问题,实时更新平台辅助功能。针对农村教育、教学实际,培训内容突出以"教师实际课堂教学内容"为中心,以学科为基础、以案例为载体,以实现"有效课堂教学"为目的,学习流程由专家讲座、研读材料、观摩课例、讨论交流、完成作业五大环节构成;在教学设计中注意五个学习环节之间的合理衔接与编排。培训形成了以学员学习为中心,中心管理、辅导教师、地区管理、专家答疑、助教导学五支队伍为支撑的数字化网状教学管理模式和流程。培训启用 yy 语音平台,通过推广平台使用方式,发挥其高质量语音、文本实时互动作用,使其在学习、交流、答疑、管理、协作、班级气氛等涉及沟通、交流方面起到显著促进作用,进而促使培训方式发生变革。

华东师范大学开放教育学院承担了 3345 人的教育技术远程培训项目,学院组织了一批富有丰富理论知识以及实践教学经验的专家团队精心设计培训内容,课程设置具体详实,课程模块结构合理,体系优化。编写了辅导教师工作时间表,使得辅导教师有了可参照执行的工作指南。在技术支持服务保障方面,为远程培训项目设计和建立了门户网站,设计了在线学习时间提醒的功能,开发了微访谈平台,为学员和专家的沟通搭建了桥梁,为辅导教师和学员提供了 24 小时的技术保障,电话、QQ 群时时都有专人值班。

河北师范大学教师教育中心承担了 100 人的宁夏中西部项目小学体育转岗教师短期集中培训,培训以当前小学体育教师知识建构与能力提高为主线,培训的每一个模块即是一个问题类别,每一个专题既是一个问题要点,也是一个有待研究的课题,体现出了独特的培训方式。

福建师范大学音乐学院承担了 100 人的宁夏中小学音乐教师短期集中培训项目。培训立足课改前沿,专门设置了中小学音乐课程标准研习及中小学音乐教材教法模块;培训强化专业技能,内容涉及合唱、声乐、钢琴、舞蹈、艺术实践等方面;培训注意实践教学,本着"走出去、请进来"的原则,安排学员观摩了福州市中小学音乐课示范课,参观了福州民俗三坊七巷,观看了福建师范大学音乐学院各类乐团的排练课及福建师范大学音乐学院 75 周年舞蹈专场演出,深受学员欢迎。

(四)加强过程监管,确保动态管理,保证管理效果

主管部门做好项目的过程监管,根据实施过程中的情况和问题,及时指导培训院校和机构的实施工作,督促其及时调整管理措施,做到管理到位,确保培训的动态管理,是"国培计划"取得实效的关键。

一是加强组织领导,落实责任。自治区教育厅成立了"国培计划"——宁夏中小学教师培训项目工作领导小组办公室,下设项目协调组、专家咨询组、项目评估组、宣传报道组,全面负责项目实施的过程性督导与监控。各市、县(区)相应成立了领导和执行机构,明确了各自的职责,并制定了一系列的具体管理措施和实施方案。

二是认真做好培训前的准备工作。培训前组织专业人员,深入义务教育学校,通过问卷调查、访谈、座谈等形式与一线教师进行交流与讨论,客观了解我区义务教育学校教师的基本现状,明确义务教育学校教师发展和培训的实际需要,为制订合理的培训方案提供了参考。各远程培训机构在培训的前期还组织开展培训者培训,对省级项目管理人员、各市县项目管理人员、各学科指导教师等相关人员进行了远程培训业务指导,包括基本情况介绍、平台操作、学员帐号生成等,为培训的顺利启动奠定了良好的基础。

三是培训中严格管理,规范实施。在各类项目的实施中我们都做到严格管理,规范实施。在集中培训项目中,教育厅项目领导小组办公室不定期派出督查组巡视学情,通过座谈、访谈和课堂观察等形式,全程跟踪培训教学。在远程培训中,由自治区业务总监、自治区级指导教师、各级项目管理办公室全程跟踪,全程监控,做到日统计、周汇报,及时交流成功经验、梳理存在问题,为项目的顺利推进出谋划策。同时教育厅项目小组通过各级项目领导小组办公室及培训机构上报的各类培训简报、学情通报数据源等,了解和掌握培训动态。同时不断检查培训院校的教学设施、技术支持、食宿条件和医疗卫生,为学员安心学习、快乐研修确保良好环境。

四是建立教育行政部门和培训院校联席会议制度。我们建立了教育行政部门和培训院校联席会议制度,定期召开项目推进会及学情反馈会,查漏补缺,助推培训。培训期间,教育厅项目领导小组办公室、承担培训任务的机构定期组织召开项目推进会及学情反馈会,交流成功经验、梳理存在问题,为项目的顺利推进出谋划策,有力促进了项目的实施。

五是重视绩效考核。培训期间和培训结束后,自治区项目领导小组办公室组织专家指导委员会专家采取网络匿名评估、专家实地考察评估等方式对培训承担机构进行考核,内容包括培训实施方案执行情况、培训效果、经费使用管理情况等。考核结果作为资质调整、任务分配的重要依据。

六是建设培训档案。培训中要求各培训机构建立学员信息档案,同时收集培训过程性资源,优秀学员研修课例、典型案例、成长故事、培训感言、培训简报,培训结束后教育厅组织相关人员对各培训机构选上报的材料进行分类归档,并对优秀的学员和机构进行表彰。

七是训后跟进指导。我区在远程训结束后,组织专家团队深入市县进行现场的跟踪指导,主要对培训中存在的问题及建议进行征集,同时组织自治区专家团队和市县专家团队对中小学教师的教学活动进行现场点评,并对教师撰写返岗实践的周记、课题研修报告、校本研修的总结等进行检查和交流。

(五)加强绩效考评,做到以评促培

加强绩效考评,做到以评促培,是培训的重要工作。2014年1月16日至22日,教育厅项目领导小组办公室组织了考核团队,对我区中西部国培项目进行绩效考核。考核团队由高校专家、教研人员、一线优秀教师组成,共计30余人。考评组认真审查了各个项目的实施方案、绩效自评报告、培训简报、研修成果汇编、资料汇编等各种相关资料,包括对各个培训机构、市县报送的学员感言、教育故事、论文、典型案例、学员的阶段性总结机构的自评报告进行了认真的审阅,对各院校机构报送的学员视频课进行了认真的评比,并通过匿名电话等方式进行电话调查。绩效评估涉及到了各个项目承担院校、机构的培训师资、课程资源、研讨答疑、培训管理、质量监控、财务开支等方面的总体情况。绩效考核的每个环节、每个方法都做到了规范严格、严肃认真、科学可靠。其中的电话问卷调查就达到了每院校(机构)每个项目5~10人,总共15个机构22个项目近200人。

评估结果显示,各培训院校(机构)的培训工作总体上都能够按照教育部、财政部《关于做好2013年"国培计划"实施工作的通知》要求以及宁夏回族自治区教育厅的总体部署,圆满完成了各项培训任务,实现了预期的培训效果:

二、项目的成绩

(一)项目实施的成效

一是培养了一批高素质、负责任的骨干教师。通过本次"国培计划"中西部项目的实施,有25244名义务教育学校教师接受培训,为我区中小学校培养培训了一批骨干教师,为教学和校本培训及教研发挥骨干示范作用培养了一批带头人,同时培养了一批带动区内农村义务教育学校发展、发挥辐射和帮扶作用的主力军。大武口石嘴山市第十二小学的吴超这样说:"通过国培我深刻的知道了上课是一门艺术,除了有一定的知识结构外,还要有一些技巧和方法。教师上好一堂课,最主要就是有自己的特色,有自己的灵魂,不同的方法可以学习、借鉴。"国培"活动是短暂的,但无论是从思想上,还是专业上,对我而言,都是一个很大的提高。愿我们的教师像大海那样敞开胸怀容纳百川,像太阳那样,不断地进行新的核聚变,积蓄新能量,做一支永远燃烧不尽的蜡烛,去照亮人类,照亮未来。为了我们的教育,为了我们的学生,也为了我们自己,时时处处都要注重自己的师德修养和人格塑造,并加强自己的理论素养和专业技能的学习和提高,一切从实际出发,切实担负起教师应尽的责任和义务。"银川市金凤区第一小学的李艳老师说:"如何使数学课堂愈发显得真实、自然、厚重而又充满着人情味,作为数学老师的我更要关注的是蕴藏在数学课堂中那些只可意会、不可言传,只有身临其境的教师和孩子们才能分享的东西,要关注那些伴随着师生共同进行的探究、交流所衍生的积极的情感体验。我们不但要传授知识,而且要善于以自身的智慧不断唤醒孩子们的学习热情,点化孩子们的学习方法,丰富孩子们的学习经验,开启孩子们的学习智慧。"让我们行动起来,做一位有心的"烹饪师",让每一节数学课都成为孩子们"既好吃又有营养"的"数学大餐"!

二是加强了培训基地建设。宁夏大学成为区内承担中西部项目中小学教师培训的主体力量，同时与河北师范大学、北京教育学院、湖南第一师范学院、福建师范大学、全国中小学继续教育网、中国教师研修网、中国教育电视台、中央电教馆、华东师范大学建立了良好的合作伙伴，确定了区内12所优质中小学校为中小学教师培训实践基地，整合有效资源，加快了县级培训机构建设。

三是加强了培训者队伍建设。充分利用高校、自治区教科研及区内骨干教师等多重资源，以"专兼结合，以兼为主"为原则，组建了中小学教师继续教育专家团和辅导教师团队，聘请了120位区内长期从事基础教育教科研的高校专家和区、市、县教科研骨干、一线教学名师为首批"国培计划"暨中小学教师继续教育入库专家（其中，入库国家教师教育专家4位，入库国家德育教育专家10位），主要承担中小学教师继续教育研究、评估指导、授课和学习辅导等任务。辅导教师韩春霞这样讲到："'国培计划'已连续实施四年，我有幸连续担任了四年班级辅导教师工作，亲身经历了'国培'启动、实施、考评各个环节。多年的培训锻炼，使我具备了扎实的专业素养和良好的敬业精神。培训中，我如实履行自己的职责，负责完成对相关教师网上学习的辅导任务，定期在网上为学科培训教师批改作业，并做好成绩统计、上报工作；负责针对学科培训教师提出的各种问题进行答疑，并有效组织网上研究、讨论、总结；并对网上论坛、作业等内容、数据实施有效监控，发现问题及时报告和处理。"

四是丰富了教师培训课程资源。通过"国培计划"及省级项目的实施，收集、整理、积累了近200余盘专家讲座的录像、骨干教师视频课例光盘，丰富了宁夏本地教师培训资源库。参训教师立项研究课题610余项；各市、县（区）、培训院校（机构）遴选录制参训教师优秀课例636节，涵盖义务教育阶段全部课程；区、市、县（区）、培训院校（机构）编发培训简报1856期；参训教师完成187600余篇总结、论文、教学设计与培训感言等进一步丰富了课程资源库。

五是进一步完善了教师培训制度。印发了《宁夏"国培计划"项目实施管理细则》和《宁夏"国培计划"项目绩效考核量化方案》，"三通一结合""双线四级""三挂钩"项目管理考核机制的建立，使"项目管理、质量监管考核、招标机制、经费预算、学员选送与师范生顶岗、项目宣传"等保障体系得到强化和完善，切实提高了组织管理效率，确保了培训质量。

六是为教师进一步学习交流搭建了平台。充分利用宁夏教师教育网站（网址：www.nxjsjy.com）平台，使培训中的生成性资源（培训简报、学员学习故事、感言、课例等）及时上传，为全区中小学教师提供了资源共享与交流平台，也为全区中小学教师在培训期间和培训结束后的继续学习持续发展提供了平台。

七是满足了广大教师的培训需求，激发了学习热情。通过培训专家的精彩授课、交流研讨、教育故事分享等，不但使参训教师在科学教育理念、专业思想、专业知识领域、教学研究能力等方面得到不同程度的提升，而且也唤醒了学员学习的热情，激发了学员的学习动力；通过走进名校、观摩学习，更加开阔了学员的视野，也激发了他(她)们的人文情怀和职业信仰，坚定了他(她)们对教育事业的热爱和不懈追求的信心。

固原市原州区第六小学的李芳老师在研修总结中写道："通过这次培训，每一位专家的新理念及新观点，给了我好多思考。思考一：如何让学生获得有价值的数学？正如王尚志教授所讲，学生获得基础知识的同时应强化学生的能力培养，切勿把学生当作考试的机器。思考二：一节课我们应该给孩子留下什么？这个问题让我波动很大。平时我们只注重知识的传授，注重给学生新知引导，却忽视学生其它能力的培养，让学生没有受到良好的教育。孩子们是否具备了新世纪应该具备的能力，是我们这些一线教师们必须思考的问题。希望所有教师能把今后工作的重心放在学生能力的培养上，培养出有能力的学生，而不是高分低能的学生。"这不正是我们期望通过国培计划使学员应有的收获吗？

银川实验小学的张海欢老师在研修总结中写到："各位专家的讲座让我们大家耳目一新，他们的思想理念、知识经验、谈吐风度深深地吸引了我们每位学员。精彩的演说、先进的理念、精彩的课堂实践，使我们体会到了教学的真谛，领悟到了人生的哲理。回首所做的这一切，我们相信，通过这次培训，我们大家在小学数学教学的大路上一定会走得更稳更远。"

石嘴山市初中语文班李晶老师这样写到：通过这次培训，使我提高了认识，理清了思路，找到了自身的不足之处，对于今后如何更好的提高自己必将起到巨大的推动作用，我将以此为起点，让"差距"成为自身发展的原动力，不断梳理与反思自我，促使自己不断成长。在这里，我突然感到自己身上的压力变大了。要想成为一名优秀的教师，就要不断更新自己，努力提高自身的业务素质、理论水平、科研能力、课堂教学能力等。

西吉县第三小学的杨文老师在研修总结中说："通过75天的学习，，我从中学到了很多，不仅拓宽了我的视野，还丰富了我的实践经验，更让我的思想得到了升华，使我对数学教学有了更新的认识，更加热衷于教育事业。通过与专家、学员们的交流，专家的真知灼见与精辟见解，使我明确了教育的本质，明确了课改对于教师提出了哪些新的要求。今后，我会更加努力学习，为教育事业贡献自己的一份力量。"

(二)项目实施过程中存在的问题

宁夏回族自治区"国培计划"(2013)——中西部国培项目取得了较为明显的成效，但是，由于诸多因素的制约，也存在一定的问题。

一是承担集中培训任务的部分院校和机构专业人员紧缺，资源不足，专业化水平还有待提高。特别是承担大规模、周期长的教师培训任务的资源不足。比如，培训场地、教学资源、学员的住宿条件等不能很好地满足培训的需要。

二是培训目标达成与预设有差距。根据各培训机构调查数据显示，培训学员对主讲教师讲课的"满意率"显著高于学员对"项目满足学员学习需求的程度"的"满意率"，这可能是专家本身讲的内容很实用，但学员自身的经验还不能认识、理解、消化和吸收有关，也可能与学员的基础层次不齐，专业化发展程度差异较大，培训需求多样化有关。

三是培训内容的实践和操作性有待加强。在培训中，授课教师理论讲解较多，但实践性和操作性较薄弱，学员们参与实践和操作的机会比较少，缺乏固定的教学实践基地，使学员理所学的理论和实践不能很好的结合，不能较好的满足受训教师的实际需求和他们的心理预期，进而影响到实际的培训效果。

四是参加远程培训教师的网络环境有待改善。远程培训项目覆盖面广，参训人员多，但参培教师很多在市县农村，学校计算机配备不足或陈旧，教师中也没有计算机或不具备上网条件的，影响了学习效果。

五是远程培训机构在培训的地区适应性方面做得不够细致。特别是课程资源对于区域的差异性关照不够，案例多以本土资源为主，对于西部民族地区的地域差异、人文特征关照不够。

六是辅导教师、学员工学矛盾较为突出。由于一部分辅导教师在教学一线，学校的工作任务繁重，各项工作时间冲突较为突出，对学员们的交流贴不能及时回复。同样，各类学校由于定编定岗人员紧缺，未能给参训教师提供充足的学习时间，加上培训时间的安排大多在开学以后，所以许多学员边培训边上课，无形中增加了他们的工作负担，影响了培训的质量。

七是部分学员的消极情绪突出，影响培训效果。"国培计划"大规模的培训在我区实施四年，紧锣密鼓高强度的培训，使许多中小学老师放弃节假日，加班加点，不少教师有负担过重的感觉。特别是除了教育部门组织的"国培计划"的培训之外，还有市县级培训及其他部门组织的校长培训等，使一些教师轮流反复培训，有些学员倍感压力，出现各类消极及负面情绪。

八是各培训机构的后勤保障与服务质量有待于提高。集中培训从学员的满意度调查结果来看，学员整体满意度较低的是各培训机构的用餐与住宿服务质量，这说明后勤保障与服务质量方面还有不足。特别是南北气候有差异，南方的培训机构室内没有供暖设备，再加上回族饮食习惯问题，使宁夏的学员很不适应。

九是培训的后续跟进和监管缺乏。培训后各机构与学员缺乏沟通与回访机制，难以加强与学员的后续联系、交流以及及时了解学员的信息和动态，实现集中培训成果的延续和推广。

三、下一步的工作思路

今后，我们将按照教育部《关于大力加强中小学教师培训工作的意见》《教育部关于深化中小学教师培训模式改革，全面提升培训质量的指导意见》《教育部关于实施全国中小学教师信息技术应用能力提升工程意见的》和自治区党委、人民政府《关于进一步加强中小学校长队伍和教师队伍建设的意见》等要求，以"国培计划"为抓手，在创新宁夏中小学教师培训新模式的基础上，着力推进中小学教师培训管理制度化建设，以不断提高中小学教师培训的质量。

一是加强培训与需求的对接。要提高教师培训的质量，要紧密联系当地教育改革发展的实际，分类分层分岗，细化培训对象，找准教师专业发展过程中的热点和难点，抓住教师知识和能力提升过程中的盲点、支点，不断优化教师的培训课程和教学内容，探索培训的科学途径和有效模式，建立新的灵活多样的教师培训管理体制机制，强化培训者和培训管理者的自我学习意识，进一步加大国内外教师培训机构的交流与合作，不断提升培训机构的综合素质、专业能力和整体水平。

二是继续推进教师培训制度化建设，着力为参培教师减负。继续完善和修订《宁夏"国培计划"项目实施管理细则》和《宁夏"国培计划"项目绩效考核量化方案》，形成基于"教师为本""质量至上"的培训制度，特别是在大规范、强力度教师培训背景下，如何为一线教师减负、减压，提供宽松的学习环境和考评机制上下功夫，争取建立更为"人性化"的培训新机制、良性机制，使中小学教师乐学、好学且学有所成。

三是继续推进培训项目整合，缓解资源不足与浪费的矛盾。国培、省培、市县（区）培训，重复培训不仅浪费培训资源，更增加了教师培训负担。为此，我们将进一步统筹规划教师培训工作，有效整合"国培"与"省培"项目，以解决"多头培训、重复培训"的教师培训不良现象。

四是遴选专业化水平更高、保障力度更强的培训机构承担培训任务。在培训机构的遴选上严格把关，优中择优。除了综合评审培训课程设计的科学性、适切性外，在培训管理能力、培训团队的专业化程度、培训的后勤保障能力等方面做严要求、高标准，为培训教师尽可能地创造更优质的培训环境。

五是开发富有针对性的培训课程。培训课程是做好培训工作的核心与关键，开发与培训需求、培训目标相一致的课程是保证培训质量的首要因素。只有做到课程的内容和形式符合中小学教师的学习需求，富有针对性、适用性，才能真正调动他们学习的主动性和积极性，并能够自觉地转化为他们的教育教学行为。一定要贴近一线教师教育教学的实际，以典型教学案例为载体，创设真实的教育教学情境，保证实践性课程应不少于50%。此外，培训机构在培训前,应基于培训目标特征,开发多类型多层次的培训课程;基于中小学教师教师的知识结构、能力水平和岗位的不同需求,开发多领域多学科的培训专题;基于成人认知的规律,开发实践性、应用性强的课程模块;基于教育教学改革之需,开发具有地域性、个性化的特色课程。

六是加大教师培训的研究工作。"国培计划"的实施是提升我区中小学教师专业化水平,促进我区义务教育发展的大工程、大事业。今后我们将在如何确立一些研究项目、组织相应的研究队伍,对教师培训的项目标准、培训要求、教师选送机制、培训的途径、培训的实效性、培训效果追踪措施、培训机构资质发展要求等进行系统研究。以为高水平的教师培训提供依据和理论上的支持。

七是积极探索培训的后续支持服务体系,延伸培训效果。培训虽然结束了,但跟踪服务无止境,提高培训质量无止境。学员在实践过程中新问题、新情况会不断出现,如何做好对学员的跟踪了解,及时了解实践情况,解决遇到的问题,为下一次培训积累经验,形成长效机制,是摆在我们面前的一道课题。因此,积极探索对参与教师的后续培训和支持,更加关注参与教师的培训需求,扩大需求调研的范围,对教师的培训需求进行更为深入的分析并采取更具针对性的措施,也是必须思考的问题。

目　录

第3篇　典型案例篇

第4篇　培训简报篇

第5篇　教学设计篇

第 6 篇　培训感言篇

目录

第 **1** 篇

理论探索篇

宁夏教师教育一体化机制研究

殷晓静　周福盛

宁夏大学教育学院

教师教育一体化是目前国际教师教育的总体趋势,也是我国教师教育的发展方向。宁夏教师教育一体化机制的构建,就是借鉴教师教育改革的国际和国内经验,针对宁夏教师教育机制中存在的具体问题,依据终身教育思想和教师专业发展理论,对教师职前、入职和在职教育进行全程的规划设计,构建教师教育各个阶段相互衔接的、既各有侧重又有内在联系的终身化的教师教育体系。

一、宁夏教师教育现状分析

(一)基本情况

2013 年度,宁夏全区大中专院校师范专业在校生共计约 11500 余名,毕业师范生 3400 余名,同年招收师范专业新生约 3600 余名。就在职教师培训而言,全区有 60000 余名中小学在职教师,全部接受每五年一轮的全员教师继续教育培训,其中约有 12000 余人接受"国培计划"置换脱产、短期集中研修、远程培训的培训,有 500 余人接受自治区级骨干教师培训,有 4000 余人接受地市级的骨干教师培训,另有大批教师接受校本培训。

(二)主要做法和成就

近年来,宁夏大学、宁夏师范学院、宁夏幼儿师范学院校、宁夏民族职业技术学院等院校根据宁夏经济社会发展和科技进步的需要,认真贯彻落实相关文件精神,坚持知识、能力和素质协调发展的宗旨,不断深化教师教育人才培养模式、课程体系、教学内容和教学方法等方面的改革,在教师教育课程改革方面作出了积极探索,取得了多方面的成绩。

---

*本文系宁夏教育科学"十二五"规划 2012 年度教师教育专项课题——《宁夏教师教育一体化机制研究》成果之一(课题编号:NXJKJPZ12-1)

1. 以教师专业化为导向,创新教师教育人才培养模式

主要做法有:突出课程改革的核心作用,全面推进教师教育课程改革,深化课程内容与课堂教学改革,注重课程改革与基础教育新课改的结合,加快推进课程内容和课堂教学的改革;突出教育学科的支撑作用,大力支持和扶持教育学科的特色建设和高层次化发展,教育学科的优势正在显现;突出教育实践在教师教育中的基础作用,主动做好师范教育与基础教育课程改革的衔接工作。

2. 优化课程结构,为师范学生提供符合时代需要的课程体系和教学内容

优化课程结构,构建以核心课程和选修课程相结合以及为师范学生提供符合时代需要的课程体系和教学内容,是宁夏教师教育课程改革的基本理念。按照"通识教育+学科专业教育+教师专业教育+教育实践"的要求,搭建教师教育类专业课程体系,构建以促进教师专业发展为核心的教师专业教育课程,教师教育课程体系由教师专业教育基础课程(必修)、教师专业教育拓展课程(选修)和教育实践课程(必修)三个模块和一般教育课程、学科教育课程、教学技能课程三个层次构成。

3. 积极实现职前培养和职后培训的密切结合,体现教师教育的一体化

通过实施自治区骨干教师培训、"国培计划"中西部项目宁夏农村骨干教师培训等项目,有效整合高等院校与社会资源,积极实现职前培养和职后培训的密切结合,促进宁夏教师教育的发展提高。

4. 加强基地和资源建设

一是加强教师教育基地建设。在宁夏师范学院成立了中小学教师培训中心,考核确定了区内12所优质中小学校为教师培养培训实践基地。二是整合有效资源,加快县级培训机构建设。三是加强培训者队伍建设,充分利用高校、自治区教科研及区内骨干教师等多重资源,组建了中小学教师继续教育专家团,中小学教师培训专家团队初步建立。

5. 与"211工程"重点学科建设项目结合,提升教师教育课程改革的专业化层次

宁夏大学注重将教师教育课程的改革与学校的"211工程"重点学科建设项目结合,加强教师教育学科的研究工作,提升教师教育课程改革的专业化层次。

二、存在的主要问题及原因分析

尽管宁夏目前在教师教育改革方面作出了积极探索,积累了教师教育改革的诸多经验,但也存在着诸多问题。

第一,职前培养和职后培训的融合贯通不够,一体化教师培养仍然停留在理论研究层面上,没有相关的制度保障。在实施机构和培养方案上存在实际的"二元结构",没有进行统一的职前职后培养培训目标、课程内容的连续设计,而是各行其道,各负其责,更谈不上实验。

第二,师范院校或综合大学的教师教育者理论与实践脱节严重。由于高校的研究性导向、评价的学理化的单一标准导向,使得教师教育研究者,注重理论的研究,轻视深入实践,研究实践,这样使课程的内容和实施存在理论强实践弱的倾向。教师教育改革严重滞后于形势发展,师范院校的教育教学严重脱离基础教育改革的实践。

第三,重视职前,轻视职后的现象有一定表现,没有在资源、制度、投入等方面均衡配置。虽然提出了一体化,但由于过去在学术地位、资源投入、机构设置、师资队伍等方面,职前的师范大学都占有绝对优势,从事职后培训的机构处于弱势。此外,认识上和政策上都没有得力的措施,因此,一强一弱的不平衡局面和"惯性"并没有打破,一体化仍然处于理想中。

第四,职前培养存在许多问题没有解决,学术性和师范性都有不足,特别是在师范性、实践性方面不足。理论上讲,教师教育改革相比基础教育课程改革而言应该具有适度的超前性。只有这样,师范院校毕业的学生才能适应基础教育课程改革的要求,但现实是我国教师教育的改革总是落后于基础教育课程的改革,致使师范院校的毕业生参加工作以后,很多人不能适应基础教育课程改革的要求,出现了"还没有上岗,就面临着下岗"的尴尬。

第五,关于职后培训部分的培训目标与课程的设计,虽然有研究者进行了分段设计,有的分适应、发展、成熟三个时期,有的分入职、合格、骨干、专家教师四个阶段,提出了培训目标和课程的要素,但总体看来比较简单,缺乏教师专业发展研究成果的支撑,缺乏一线教师实际需求的调研,缺乏课程理论的指导,缺乏培训专家的参与,缺乏团队的合作,所以,只能说有一些研究,而没有真正的有组织的设计和实验。

第六,教师教育教师的教育教学理念不够先进,知识结构不尽合理,一些教师对其他专业学科的知识缺乏了解,教学时无法联系学生的学科专业进行讲解,导致师范生在上课时感到讲课的内容生疏、空洞。其次,对有关基础理论学科如哲学、文学方面的知识了解不多,理论修养不够,理论思维层次不高,从而制约了其对教育理论的深刻理解和深入浅出的讲解,导致了教学上"照本宣科"等现象发生。

在此必须说明的是,上述问题并非宁夏教师教育中存在的独特问题,而是全国教师教育中较为普遍的问题。这些问题也并非非常严重,只是一般性地存在,但大体反映了宁夏教师教育存在的基本问题。

三、面临的机遇与挑战

2011 年,国家正式颁布了《教师教育标准》和《教师专业标准》,对我国教师教育的进一步发展提出了专业的标准和要求,也为教师教育指明了方向。在此形势下,宁夏教师教育也面临新的发展要求,主要有以下几个方面:一是进一步重视教师教育措施和策略,二是进一步整合优质资源问题,三是加速职前教师培养模式和课程的改革的措施,四是加大教育硕士培养力度的方式方法,五是职后中小学教师培训的深化提高,六是加强教师教育学科师资队伍的建设的措施,七是加强对宁夏教师教育的研究工作。

在此形势之下,从当前宁夏教师教育的现实状况入手,本着改进和发展的目的,针对当前宁夏教师教育中存在的实际问题,积极研究包括职前教师培养和在职教师培训的现实状况、经验做法、实际效果和存在问题,探讨宁夏教师教育一体化制度的构建,理清教师教育一体化的培养目标和课程内容体系,构建宁夏教师教育一体化的实施模式,研究宁夏教师教育一体化的师资优化与资源整合等问题,就显得尤为重要。

四、对策与建议

在上述研究的基础上,本研究以《国务院关于加强教师队伍建设的意见》(国发〔2012〕41 号)和《自治区党委 人民政府关于进一步加强中小学校长和教师队伍建设的意见》(宁党发〔2011〕53 号)精神为指导,以《教育部 国家发展改革委 财政部关于深化教师教育改革的意见》(教师〔2012〕13 号)为依据,就继续深化全区教师教育改革提出以下对策与建议:

(一)合理定位、完善功能,实现教师教育机构的转型

一体化的教师教育机构是实施教师教育一体化的功能实体,应着力改变目前教师的职前教育和职后培训属于两个不同的教学体系,不按照教师终身发展的理念系统设计培养目标,课程计划也相对独立、各自为政的局面,建立教师教育一体化管理和教学实施系统,统筹安排教师教育的运行机制。此外,还应在师范院校内部进行管理体制和机构改革,做到整体设计、人员共享、课程共通,打通职前教育和职后教育的阻隔,完善教师培养与培训功能。

(二)按照一体化的要求,调整教师教育的培养目标定位

为教师终身发展提供外部帮助的教师教育,必须按照教师不同发展阶段的需要,提供相应的课程计划,即课程目标、课程内容、课程实施等既具有内在连续性特征,也具有鲜明的阶段性特征。按照一体化的要求,教师教育应重点调整培养目标的定位。

职前教师教育要围绕培养造就高素质专业化研究型教师的目标,坚持育人为本、实践取向、终身学习的理念,创新教师培养模式,强化实践环节,加强师德修养和教育教学能力训练,着力培养师范生的社会责任感、创新精神和实践能力。

根据教育改革和发展的需要,教师职后教育的总体目标应定位在全面提高教师的教育理念、教学改革能力、专业能力上,特别是帮助教师发展个人实践所必备的实践性智慧。另外,教师教育机构与部门还应根据在职教师的专业基础和发展情况,帮助教师分析、制订个人发展目标。

(三)整体设计、分段实施,构建教师教育一体化的课程内容体系

着眼于学生综合素质的发展,优化职前教师教育的课程内容体系,改革教师教育课程

教学内容,开发教师教育课程资源,强化教育实践环节,继续推进实习支教和顶岗置换实习工作。

着眼于在职教师专业素质的提升,提供丰富的、可供教师自主选择的课程资源。充分挖掘师范院校尤其是综合性大学的学科优势,为提升在职教师专业素质开发相应课程,重点开发一批为中小学教师自主学习提供帮助的跨学科课程。高校教学资源应积极向中小学校开放,为合作学校的教师提供专业学习机会。

(四)沟通理论与实践,形成多样化的教学模式

1. 加强大学和中小学合作

大学应主动转换角色,以研究者姿态介入到中小学的改革与发展中,帮助其解决遇到的问题和困难;大学应面向基础教育主动调整自身的课程结构与课程体系,使培养的学生更加符合基础教育改革和发展的需要;通过项目合作,整合大学和中小学的力量,生成新型的教师知识,推进教师教育改革。

2. 继续推进高校教育理论课程教学改革

推进小班化教学,积极采用参与式教学模式,探索建构问题解决学习模式,尝试进行研究性学习。加强教育信息技术的运用,改进师范生教育实践形式,提升教师教育课堂教学质量,推进考试与评价方法改革。组织承担教师教育课程的教师开展经常性的教育教学研讨活动,等等。

3. 改革在职教师培训模式

第一,增强培训针对性,确保按需施训;第二,改进培训内容,贴近一线教师教育教学实际;第三,转变培训方式,提升教师参训实效;第四,强化培训自主性,激发教师参训动力;第五,营造网络学习环境,推动教师终身学习;第六,规范培训管理,为教师获得高质量培训提供有力保障。

(五)资源共享、合作发展,形成优化的师资团队和培养基地

加强大学与教育行政部门和中小学的联系,着眼于提高高校教师关注教育实践、研究教育实践的意识和能力;鼓励师范院校与地方教育部门实行双聘活动;建立教师专业发展学校和基础教育科学研究基地学校,使大学教师真正走向中小学教育教学第一线,同时也可以为中小学校提供理论研究与实践探索的指导与支持。

中小学教师培训管理体制存在问题与策略研究

——以宁夏为例

陈玉华　李冬冬　刘　飞　何培云

宁夏大学教育学院

实践证明,教师培训对于提高农村教师的业务水平、理论修养、科研能力进而促进专业发展大有裨益。而已有研究表明,当前进行的各级各类教师培训在不同程度上促进农村教师专业发展的同时, 也呈现出一系列不和谐, 如教师参加培训的政策与经费支持不得力、人事部门与教育行政部门沟通不够、培训机构杂乱无序、各级培训内容重复且针对性不强、培训师的遴选不规范等,影响了培训的实效。因此,研究构建什么样的教师培训体系或者作为教育行政部门应如何充分发挥协调各方的作用, 提供什么样的教师培训支持服务体系,更能够提高教师培训的实效性,更能有效地促进农村教师的专业发展,成为我国当前开展教师培训或者是中西部农村中小学骨干教师培训考虑的紧要任务, 也成为宁夏区实施 2013 年及以后几年"国培项目"以及开展自治区级以下农村教师培训、切实落实"宁夏中小学教师培训十二·五发展规划"急需破解的重大问题。

一、中小学教师培训管理存在问题

在职教师是促进基础教育健康发展的基本保障。联合国教科文组织在《教育——财富蕴藏其中》一文中指出:"一般来说,在职培训在决定教学方面的作用如果不是更大,至少也是和启蒙教育同样大。""在职培训,在加强提高教师的能力和积极性方面,以及在改善他们的地位方面,可以做出很大的贡献"。因此,教师职后培训在教师自我专业化成长方面有着重要的作用。

2004 年,宁夏回族自治区人民政府发布了《中小学教师继续教育规定》主席令,完善

本文系宁夏教育科学"十二五"规划 2012 年度教师教育专项课题——《构建宁夏五级农村教师培训整合的研究》成果之一(课题编号:NXJKJPZ12-2)。

了自治区教师教育的法规建设,并重点开展了"135"中小学骨干教师培训计划、基础教育新课程教师培训、信息技术教育应用培训等项目,培训合格率达到75%以上。2010年随着教育部、财政部"国培计划"的大规模实施,宁夏区也制定了中小学教师培训的应对政策以及具体实施方案,开展了不同级别、不同层次的培训。截至2012年12月累计培训中小学教师约43000人。可以说,近几年来加强中小学教师各类在职培训成为宁夏区教育部门的日常事务之一,每年均都有大量的人力、物力和资金的投入,培训效果也得到了教育部及相关主管部门的认可。

为了进一步厘清宁夏中小学教师培训管理支持服务体系存在问题及发展建议,2012年10~12月课题组随机选取了银川市兴庆区、银川市西夏区、中卫市、吴忠市、石嘴山市的师资培训部门及参训学员进行了调查研究。其中,发放学员问卷300份,访谈管理人员11人次,学员40人次,区级国培专家组成员10人次。研究表明,宁夏中小学教师培训管理方面仍然存在诸多亟待完善的地方,需要各级行政部门继续关注。

(一)缺少较长期的规划及省级的顶层设计,培训的连续性不够

教师培训作为教师职后继续教育的主要途径和渠道,具有明确性和前瞻性的整体规划对教师的专业化成长具有重要指导和引领作用。研究分析得出,我区教师培训缺乏整体的较长期规划,各段培训的衔接性不够,每次培训只是针对某个项目做出了短期性规划,每五年一个周期的系统性与整体性不强,也包括省、市、县各级培训之间没有较好的沟通与联系渠道,培训的整合不够。访谈中一位多年从事教师教育课程设置、教师培训及管理工作的专家谈到:"在培训整合方面,缺乏一种三到五年的长期考虑,每年培训只考虑当年的培训情况,没有前瞻性的长期考虑,培训内容重复性较大,没有合理的教师培训选拔机制,都是仅每年的需求进行培训。"同时,一位从事教师培训管理工作的人员谈到:"每次培训只是考虑了当年的培训项目工作任务的完成,对于以后几年的培训缺乏连续性考虑"。其次,区域内教师培训的设计没有清晰的层级目标,培训管理处于纵向断层。一位师资培训中心人员提出"目前的培训多数只是应急性的工作实施,出现了经费划拨下来后却没有培训项目计划"或者"经费先于立项的情形"。而且由于缺乏信息管理平台,各级培训对教师专业发展及培训需求的连续性设计及关照不够。访谈中与一位培训专家探讨培训内容重复率过高时,他认为,目前我区教师培训从"五级培训"整合为"三级培训"是善好选择,可以省、市、县为基准进行培训分工,县级部门可以针对急缺学科教师进行培训,以适应应急性需求;市级层面可以将全区教师分学科、分类别进行培训,做到因地制宜;区级层面把主要精力放在顶层设计、研究论证及高端培训。如设计论证全区性、分层次、分类别、分时段的培训中长期规划,组建专家团队定期、高频率地跟踪督查各级培训项目的实施并进行督导评估,组织区级及以上前沿性、专题性培训项目及社会考察项目。另外,在区级教师培训管理及研究设计方面呈现人员不足、力量不够现象。纵观当前的教师培训,自治区缺少

管理及执行监督方面的顶层设计,没有较长期灵活机动型的专家调研及评估团队,在专设的师资培训管理部门人员不足,团队力量不够,缺乏专家团队的严密论证和精心设计。访谈中一位长期从事教师培训工作的专家认为:"我区教师培训的顶层设计方面缺乏专家团队,或者说专家的参与率不高、作用发挥不够"。

(二)培训需求调研不够深入,培训的针对性略显不足

教师培训是基于社会与教师个人对现状的不满意或者教师专业水平的差距而展开的一种促进教师健康成长的活动,所以基于需求的现状调查成为培训取得实效的关键。在对参与过培训的教师进行问卷调查时问及是否进行过培训需求调查时,90%的教师选择"没有"。可见,教育行政管理部门和培训机构在制订培训计划时,深入基层了解中小学教师专业发展现状及培训需求的工作做得不够扎实,导致培训的适切性较弱,针对性不强,不能选择优秀、对口的授课教师,培训的方式难以被接受等,最终影响培训的质量。访谈中83%的教师认为目前的在职培训无论是市县级还是省区级培训仍然是自上而下的命令式培训,在培训前缺乏调查摸底,教师的培训只是根据文件命令中所要进行的学科进行灌输式输入,培训内容与教师的需求相距较大。教师培训的内容选择没有切合教育教学的实际需要,对农村教师的专业素养的提升缺乏相应的指导意义。调查数据显示,培训内容设计随意性较强,培训目标界定不够清晰,培训效果不明显,其中也存在着为了完成项目而进行的培训,课程设置系统性与层次性不强。当问及培训课程内容对教师的帮助程度时43%的培训老师认为培训课程内容对自己的专业发展具有一定的帮助,但是实际性操作层面的指导却有着不足,36%的培训老师认为培训内容与自己的期望值相差甚远。综合各种培训中的内外部因素与当前教师培训后的效果反馈,教师职后培训的前期调研对于教师培训内容以及管理制度的制定有着重要的引导作用,宁夏回族自治区各级培训中由于缺乏前期调研致使培训内容重复出现,教师应付搪塞培训过程,培训效果与培训设计的预期目的有较大差距。一位市级的教师培训管理工作者在访谈中曾这样指出:"级别越高的培训,前期调研显得更为重要,因为投入大,但是当前的培训表现出的却是级别越高的培训前期调研越单薄,也许是由于级别越高的培训涉及的教师面积较广,因此,在培训的前期调研中可以以市县为主体展开调研。"这样可以在局部方面缓解省级部门的压力,也可以使培训内容与教师期望逐渐吻合。

(三)培训中各级管理机构的衔接不畅,培训教师内驱力不足

教师培训涉及人事部门、教育行政部门、培训机构、各级学校等多个部门,各部门承担着教师培训的不同任务。但从目前开展的工作来看,由于各级部门之间的联系不够,导致培训中信息的纵向、横向传递不及时、不准确,交流不够而影响培训的实效。首先是人事部门和教育行政部门的联系一直以来处于"两张皮"状态。教师培训一方面可以促进教师专业发展,同时也是教师职称晋升、评优选先的重要依据。在关系教师职业发展的重大评价

事件时,教育行政部门核发的培训合格证书往往显得力度不足,甚至没有任何说服力,必须还要参加人事部门组织的(收费)各类名目的培训,以至于教师进行职称评定时出现同一课程双边培训,低质量重复性培训让中小学教师倍感无奈、无助。一位从事教师培训管理的工作人员指出:"每年我总会遇到一些培训老师问我:'这个培训与我们职称评定有没有关系?'当问及这个问题时自己总不知道怎么回答。"其次就是从培训机构到教育行政部门再到各级学校的纵向沟通不够,对规范性要求的理解和实践执行不得力,从培训名单的上报到培训后的评估及学员的岗位锻炼均可体现出来。其一是培训学员的报送不能严格要求、随意性强,存在完任务现象,该培训的老师永远参加不了培训,不该培训的接二连三的参加培训,甚至存在冒名顶替、勤杂人员接替的现象,老同志、生病的同志、怀孕的同志随处可见;其二是培训中专家团队的力量没有有效的发挥,无论是咨询专家还是评估专家,仅为冠名而已,实际工作很少参与,特别是对培训的过程性督导、跟进式评估一直处于缺失状态;其三就是学员的岗位实践没有得到应有的重视,各级行政部门及学校没有提供充分的平台让培训学员践行他的培训成果,学员回校了就意味着培训的终结,重操旧业(回归原岗位)方为本职工作,同时在整个培训中校长的管理职责一直空缺、角色没有定位,以至于学员的学习培训状况在学校层面得不到有效监控。在对培训教师和培训管理部门进行问卷调查时,64.8%的老师认为目前各级培训机构的分工不够明确,联系缺乏,需要加大改革,从制度层面提升中小学教师参加培训的内驱力。一位市级教师培训管理者谈到:"近几年以来远程培训只是培训教师与培训机构之间的单线联系,而教育局及师资中心对参加培训的教师学习进度及学习结果知之甚少,培训网站和我们几乎没有任何联系",这就使得教师培训效果难以保证,培训部门与管理部门间几乎没有联系,单方监控显得力量不足、威慑不够,教师学习的主动性较差,内驱力较低。

(四)培训资源的整合低效,存在资源浪费现象

教师培训是促进教师自我专业化成长的主要途径,有着培训自身不可忽视的规则性与连贯性,因此在教师培训中各级培训应该有全局观念与整体连续性,需要以客观的态度结合实际进行统一规划。在实施过程中要体现"总体规划、分类指导、分区规划、分步实施"的培训原则。当前我区教师培训资源的整合不够包括顶层设计规划、政策制定、不同级别间协调、培训教师信息监控等。调查显示,教师培训中教育部门和人事部门在培训上存在重复,资源浪费且延续多年。校级、县级、市区、省区级培训缺乏统一规划。培训中时常听到教师发出这样的感慨"这种培训我已经参加过了,这个老师的讲座我都听过好几遍了",有的专家讲座在校本培训时已经听过,但在更高层面的培训中仍然重复性的讲等等,这些问题在当前的培训中常有发生,国家级、省级、市级、县级、校级各挥各的指挥棒,各自为政,缺乏沟通与整体设计,造成培训资源的隐性流失。在访谈中,一位平时上课听讲认真,课堂笔记扎实,对培训比较重视的教师曾经这样谈如今的培训,"前几年培训较少,听到的课程

也较少但是感觉很新颖,然而近几年随着'国培'的开展,我们学习的机会多了,可是我们每年面对的培训师却是同一个人,他们讲的内容也是以前讲过的,并且有时我们发现在区级培训中请到的培训师我们市县级培训早以接触了,他讲的内容也丝毫没变"。可见,我们的培训中对培训资源的挖掘仍有欠缺,各级培训资源的整合仍然匮乏,培训内容的重复性问题依然没有得到很好的解决。

(五)培训后的及时反馈不足,检测与评估略有缺陷

教师培训的最终目的与初始动机是为了在教育教学实践中提升教学效率,促进我区教育事业的健康发展。教师在职培训结束后回到原任教学校的实践以及培训院校、专家团队的跟踪式检测和评估是培训中一个非常重要的组成部分,是一个学以致用、行动——反思——行动的过程。并且,对于中小学教师而言,集中培训只是提供了短暂的学习机会,教学理念和教学行为的真正改变或改进尚需培训后的探索实践和广泛交流。2010年至2012年根据区内教师的实际需求,区教育厅组织了诸如置换脱产研修、农村中小学骨干教师培训等不同类别的在职教师培训。然而,调查结果显示,教师培训后的跟进式检测与评估方面存在欠缺,教师在培训结束后与培训机构、专家团队之间的联系较少,学校在及时评估中也存在不及时性,由此导致教师培训的一个重要环节,即培训后的跟进式检测与评估难以及时深入的进行。并且,按照自治区教师培训的最初设想及预期目标,教师培训后要在所在学校和地区发挥辐射和引领作用,以确保新的教育理念、方法尽快融入到本校及邻校同行的教学中,以便促进教师队伍整体素质的提高。然而,我区这种设想在实际执行中存在着执行不到位现象,据调查,35.2%的教师在本学校和本地区培训了更多的老师,58%的教师在本地区和本单位作了专题报告,介绍了自己参加培训的收获与体会。近几年来,我区虽在教师培训方面取得了一定成绩,但是,教育行政部门以及学校对各类培训后的跟进式检测与评估缺乏及时性反馈,也缺乏相应的教师激励机制,成为导致教师参与培训积极性不高的一个影响因素。

(六)培训管理适切性不足,培训效果与目标存在差距

近年来,我区举办多次不同层次、不同科目的教师培训,也围绕优化和完善教师培训,进行了诸多探索实践,加强了统筹、规范和管理。然而,培训管理层面依然存在一些问题。具体表现在对培训的过程性管理、评价与学员所在单位或遴选机构的考核不够,使得项目执行过程中对学员的形成性评价相对宽松,学员缺乏应有的紧迫感和适度焦虑,影响培训的效果。访谈中,一位参培教师谈到,"培训过程中学分管理比较随意,许多培训活动并没有得到及时考核,唯一的考核就是考勤"。另外,基于工学矛盾,各级学校在学员的遴选方面存在随意性,制度对该类学校的考评力度不够。在"阻碍您参加教师培训的困难有什么时"的问卷中,选择工学矛盾的占70%,选择培训时间不合理的占30%,选择培训考核不合理的占22%等。可见,工学矛盾在当前在职教师培训工作中是突出问题折翼问题,已直

接影响着在职教师培训的热情与信心。而且,目前中小学教师的编制呈现出"显性足编"与"隐性缺编"现象,尤其在农村地区教师往往"身兼数职",一名教师往往承担着两门以上的课程,这种现象以小学最为显著。所以,中小学教师的各类培训也常常安排在节日或假期进行。这就使得教师难以专心培训,在培训时呈现出敷衍与搪塞现象,严重影响培训质量,达不到培训目标。同时,由于当前学校都做出了布局调整,人员都是定编定岗,教师在一个岗位上定"死"了,如果教师要参加培训,那么所带班级的课又由谁带?优秀教师如果进行脱产培训则直接影响着学校的教学质量,因此,导致教师队伍中的"培训专业户"不断出现。调查过程中,一位市级教育管理工作人员曾对笔者说:"现在培训中只是按名额、按人头进行培训人员的征集,就是这样学校都挤不出来人,只能让后勤人员来了,我们也只是看人数够了没,对教师的基本信息没有清楚的摸底",这就使得培训失去了培训的真正意图,教师的专业化成长也停留在了表面。基于以上现象,教师培训中管理在过程性评价、学员遴选、培训时间选择等方面仍然值得继续商榷与精细考虑。

二、强化培训管理的策略与建议

（一）制订较长期的整体规划刻不容缓

首先,教育行政部门应该成立专门的机构,如"教师培训项目管理办公室"等,可常设专职人员,负责各级各类教师培训的管理与协调。根据项目规模的大小,也可聘请临时管理人员,辅助项目管理与协调。同时,依据项目管理办公室可聘请专家组成员负责项目的规划设计、过程监控及考核评价。专家团队的主要职责就是根据区、市、县、校等不同层次、不同级别的培训机构以及培训需求进行方案的设计,帮助制订符合各级各类教师培训机构自身的中长期规划。帮助明确培训的目标,围绕目标应展开什么样的培训、如何进行培训、培训应该达到什么样的效果,根据实际情况将培训工作具体拆分成一系列的培训模块,切实把握好培训工作的大方向及总体目标,使培训具有整体连贯性和层次性。另外,对于应参加培训的教师及人数应有个整体的考虑,将培训教师分成不同的层次,如校长、骨干教师及一般教师等,根据不同层级的教师,进行整体的分层规划。

其次,制订相关制度,以保障培训规划方案的连贯性实施。建立与完善相关的保障机制,使相关培训制度不会因为领导的变迁而发生较大变化。各级教育行政部门强化对培训过程中存在问题的深度反思与及时有效的解决,做好教师培训的后勤保障工作,对于表现突出的各级各类培训机构给予奖励,对于没有很好配合的机构要及时进行通报或相应的处罚。

（二）强化培训前的需求调研

首先,对于国家级的教师培训,一方面,项目领导办公室可以委派培训专家团队深入到学校去,通过多种途径,例如问卷、访谈等形式,了解学生、教师、学校对于培训的需求,包括培训的模块划分、培训的预设效果、培训的组织形式等;另一方面,建立网络平台,可以通过建立一个教师培训论坛,不管是教师、学生,或者是家长,都可以进入此论坛,发表自己对于教师培训的看法及意见,反馈自己对于培训的需求,以便教育管理部门对于培训的真正需求有所掌握,在此基础上,制订较为符合的培训需求政策。其次,对于各市县的教师培训,教育局及各地的教研员深入各学校进行实地调研,通过访谈、观课等形式,了解其在教学中存在的问题以及需要加以改进的方面,再深入到学生中去,了解他们真正需要什么样的教师,进而进行分析并制定出满足其自身发展的教师培训需求策略。而对于校本教师培训是最接近教师工作环境的培训,学校可以组织学校教师进行互评互听,观察教学中存在的问题及自身存在的问题,在课后可以听取学生的意见,由此结合来了解教师的培训需求。

(三)理顺管理部门的沟通与协调机制

教师培训应该加强人事部门、教育部门等部门的沟通,明确各自的职责,以便提高培训效率与培训质量。第一,教育部门和人事部门应该明确自身的职责,人事部门与教育部门应达成较为统一的共识,制定出符合各自部门的管理内容及管理制度,各行其职,但又互相牵制,以此来改变各部分各自为政的局面。在这过程中,人事部门可以根据具体情况对教育行政部门的工作提供大力支持,解决教育行政部门在执行职责的过程中遇到的困难。第二,各级培训机构应该加强衔接力度。区、市、县、校加强培训的衔接性,每一较低级别的培训是为了更高一个级别的培训做准备,因此,各级培训机构应加强沟通与协调,明白各自的培训方案、培训目标、培训内容等,并且了解其他层级的培训机构的相对应的培训内容,互相能够有所了解,避免培训资源的重复。第三,各培训机构应加强与教育行政管理部门沟通与协调,及时汇报其工作的近况,以及培训中遇到的各方面的困难,以便教育行政部门及时了解培训的情况,解决培训过程中存在的问题。当然在这过程中,教育行政管理部门可将获得的信息及时反馈给专门负责教师培训的机构,及时修改教师培训长期规划,以便更好进行顶层设计。

(四)加强各级各类培训机构资源的整合和有效利用

培训机构资源可以分为各级教师培训资源,即区、市、市、校等,以及各类教师培训资源,如大专院校、高等师范院校、地方师范学校、各种教师进修学校、电大、党校、职业学校等,因此,应对资源进行整合并加以合理的利用。

1. 各级教师培训资源的整合和利用。各级教师培训应该根据长期规划,制定出各级教师培训方案,应明确各自的职责。区、市、县、校等教师培训,是具有层级性的,培训内容等应是循序渐进的,因此应该理清各自的职责,加强彼此之间功能的协调,避免培训资源的重复。

2. 各类培训资源的整合和利用。首先,教育行政部门应该对各个培训机构进行考核,对于不合格或者是培训重复的机构,进行筛选,合并相应的教师培训机构,加强各级培训资源的整合,真正做到不浪费、起作用;其次,可以针对各地的情形,以所属层级为单位各打造一到两个教师培训金牌机构,提高培训机构的运行效率。根据不同级别的划分,给各级培训部门制定属于职责范围,根据其培训的方案,其各行其职,不可不履行自身的职责,抑或者越级进行培训。

(五)将培训后的跟进式检测和评估落到实处

首先,学校应切实督促教师,是否将培训中所学到的理论知识与教育教学经验认真贯彻、落实到日常的教育教学工作中去。培训教师应带领本校教师积极进行校本教研活动,检验其是否将培训所学内容运用到教育教学过程中。学校可举办一些培训教师演讲、交流活动,鼓励其将所学的内容通过演讲、交流等形式传达给其他未参加培训的教师。其次,本级教育管理部门应加强对教师培训后的状况进行定期跟踪检查。教育管理部门可以组织检查小组,定期深入学校,对参加培训的教师督查指导。第三,教师培训机构也应积极到有关学校进行调研,了解情况,并及时解决教师们遇到的问题。

(六)提高培训管理的效度

1. 严格培训师的质量关,适当提高"草根专家"的比例。在访谈中,一位市县教育局领导认为教育管理部门可以为各市县培养一些"草根专家",符合当地教育特色的专家,这样可以通过以点带面,以少带多,从而促进当地教育的整体水平的提高。如选派中小学优秀骨干教师、特级教师等,由"草根专家"对其进行培训,以提高其理论与实践结合的能力。同时这些"草根专家"与培训教师都是来自一线,本身有着相似的经历,一方面可以更好地了解一线教师面临的问题及困难,另一方面也易让培训教师从心里对这些专家产生亲近感,培训能产生实效。

2. 建立教师信息管理平台。教育行政部门应组织必要的人力与物力建设一个包含所有在编教师的信息管理平台。主要将其分为校长培训信息、骨干教师培训信息、一般中小学教师培训信息等不同类别的教师信息资源库。这个平台应包括以下几个方面的内容:第一,教师的基本信息,包括姓名、性别、出生年月、工作单位、教龄等;第二,记录该教师参加的所有层次的在职培训时间及其内容。各市、县(区)教育管理部门都分配一个后台登录账户与密码,以便他们及时更新教师的具体信息。借助信息管理平台管理部门可有效监控和选拔符合培训条件的学员并下达培训计划。

3. 打破教师终身制度,实行周期性循环认证。教育部门及人事部门可以将周期定位3~5年,通过教师在此阶段参加过哪些层次的教师培训,并且是否取得相应的合格证书等,来判定是否可以进行教师资格重新认证,如果没达到要求,将失去重新认证的机会。还可以实行学分制度,对于在规定时段远远没有完成培训任务的要进行通报或相应的处罚。而对于接近或者达到满分的培训教师,可以相应的给予奖励,如物质上的,或者跟评优、评职称挂钩。由此,教师必将积极参加教师培训,努力提升自身的专业化发展水平,以便更好地适应教师这一职业。

4. 培训方式要灵活多样。一是集中培训与分散培训相结合。通过对宁夏农村中小学教师的问卷的调查,我们发现绝大多数教师更倾向于集中培训与分散培训的结合,集中培训过程中可以发挥学员的合作、交流、互动的才能,让其通过亲身讨论,来加深对知识的领悟。而在分散培训过程中,学员们根据各自的学科不同进行更有针对性的学习,在这个过程中,应该让学员深入到实习学校中去,理论与实践的双重学习,更能加深培训的效果。当然还可以举行一些活动,让学员在"玩"中,达到学习的效果。二是远程培训体现人文关怀。可以建立相应的网站,将教师培训的内容放到上面,共同分享成果,当教师遇到教育教学问题时,可以登录网络,进行咨询。远程培训资源不应只局限在授课的时间阶段,应该可以随时随地地供学员参看、分享,以便他们可以充分利用他们的假期时间进行学习,并且视频等资源要能够下载,这样的培训方式,也可以有效地解决了工学矛盾,提高了教师培训的积极性。

(七)完善教师培训激励机制

1. 教育厅对各级各类培训机构的激励机制。在把握培训工作大方向不变的前提下,可以通过公开竞标的方式将部分培训权限下放给地方教育行政部门,教育厅将相关培训模块告知于各市县教育行政部门,然后由它们分别制定较为详细、合理的培训规划方案报上来,接下来组织有关专家进行论证。对于较为合理的方案,前期给予所在地教育部门一半的培训费用,达到预定的培训效果后,发放剩余的一半经费。对于表现突出的,可以适当给予一定的奖励。未能达到预期效果者,不仅要追回前期的经费,而且可以给予一定的惩罚,并取消其当年的评优资格。

2. 培训机构对培训教师的激励机制。各级各类教师培训机构可以通过采取一些措施提高教师培训的积极性。培训过程中,对于表现较为优秀的教师,可以适当给予物质及精神上的奖励,也可以将其转换成临时"培训师",将自己的培训收获通过演讲的形式,传达给其他参加培训的教师。培训后,对于表现较为优秀的教师,上报到教育行政管理部门,对其进行表扬并作为以后升职加薪的一项基本条件。

3. 学校对参加培训教师的激励机制。一是解决工学矛盾。教师进行培训期间,可以相应从其他学校调出一些教师,或者从高校派出一些师范生,来暂时填补学校教师的空缺,这样就可以解决了教学问题,学校也比较乐意教师出来培训,同时也可以让培训教师可以安心的参加教师培训。同时征求教师的个人意见,结合他们的具体情况,选择一个适当的时间,而不能占用教师的全部假期及工作时间。二是提高培训证书的认可度。可以将培训证书作为教师进行学校评优、评职称的硬件,同时对于表现较优秀的学员,可以相应给予物质及精神方面的奖励,同时也可以派其出去,到一些教育水平较为高的地方或者学术水平较高的师范类高校中,去亲身体验,由此,加强教师培训的积极性的同时,也提高了培训的实效性。当然考虑到实际情况,还可以尽量使教师应不低于正常上课的教师的待遇,这包括工资、升职等。当然也可以相应的对培训教师给予生活等各方面的补助,如报销教师在培训过程的往返车费等,还可以对参加培训的教师,在学校评优方面尽量优先考虑。

宁夏中小学教师全员岗位培训有效性研究

吴红军　　谢延龙

宁夏教育厅师资处　宁夏大学教育学院

教师培训有效性是指,中小学教师培训部门在对中小学教师的培训活动中,根据国家需要和教师需求,充分发挥被培训教师的主体作用,采用各种方式和手段,以最少的投入取得尽可能多的培训效果,实现特定的培训目标和被培训教师的个人发展。本文对宁夏中小学教师全员岗位培训实效性的研究采取实证调查的方法,以问卷法和访谈法为具体的研究方法,对宁夏部分市县的中小学教师、校长和师资培训结构的相关人员进行问卷调查和访谈,以了解宁夏中小学教师培训有效性的现状和问题,并分析其原因,提出相关有效的策略。

一、宁夏中小学教师全员岗位培训存在的问题

(一)培训目标上

教师对每次培训目标的了解程度为:非常了解,占 1%;基本了解,占 2%;部分了解,占 22%;不了解,占 75%,可以看出教师对每次培训目标的了解程度非常低。如下图:

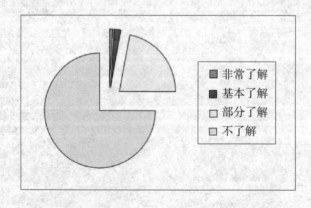

图例:
- 非常了解
- 基本了解
- 部分了解
- 不了解

教师在培训前接受过培训需求咨询的状况为：每次都进行，占 2%；偶尔进行过，占 33%；没进行过，占 65%，可以看出培训前进行培训需求咨询的较少。如下图：

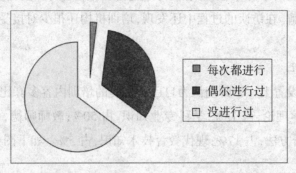

在培训过程中接受过培训需求咨询的状况为：每次都进行，占 75%；偶尔进行过，占 23%；没进行过，占 2%，可以看出培训过程中进行培训需求咨询的状况做得较好。如下图：

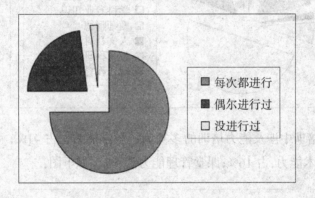

在培训结束后接受过培训需求咨询的状况为：每次都进行，占 35%；偶尔进行过，占 33%；没进行过，占 32%，可见培训结束后进行培训需求咨询的状况较为一般。如下图：

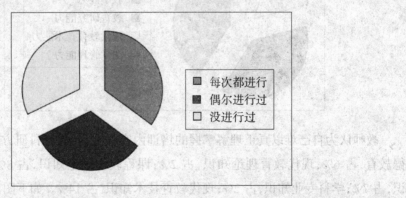

总之，宁夏中小学教师培训有效性在培训目标方面存在着以下问题：培训目标的制定缺乏接受培训者的参与，尤其是普遍存在中小学教师接受培训前对陪训目标不清晰，而培训部门在培训前很少到一线教师中去进行培训需求的调查并根据调查进行培训目标的设置，中小学教师在培训前参与培训目标的制定机会很少。在培训后，虽然培训部门较为关

注培训目标问题,但仍然存在较大的问题,相当一部分教师反映培训后培训者还缺乏对教师关于培训目标情况的了解,尤其是培训目标的达成、培训目标是否能满足教师需求等方面的进一步深入了解。在访谈的过程中还发现,培训机构还很少对接受培训的教师进行培训后的跟踪指导。

(二)培训内容上

在培训内容的设置上,教师们认为自己所接受的培训内容多寡比例为:现代教育理论,占5%;课程教学理论,占15%;学科专业知识,占50%;教师师德,占6%;人文社科知识,占2%;教育科研方法,占17%;现代教育技术知识,占5%。如下图:

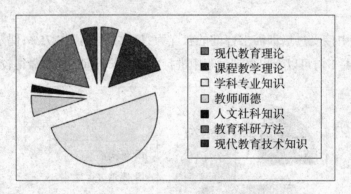

教师认为在培训中涉及能力培训的多寡为:教学能力,占41%;教育研究能力,占38%;现代教育技术能力,占16%;课堂管理能力占5%。如下图:

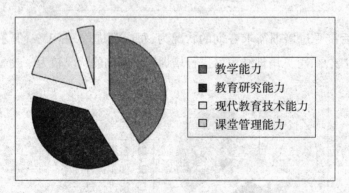

教师认为自己难以真正理解掌握的培训内容状况为:教育科研方法知识,占61%;师德教育,占6%;现代教育理论知识,占2%;课程教学理论知识,占8%;人文社会科学知识,占7%;学科专业知识,占2%;现代教育技术知识,占14%。如下图:

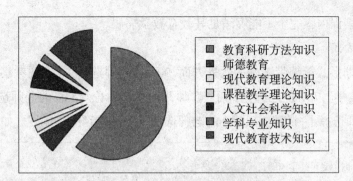

教师认为自己难以真正理解掌握的培训能力方面的状况为:教育研究能力,占 66%;课堂管理能力占 15%;教学能力,占 9%;现代教育技术能力,占 10%。如下图:

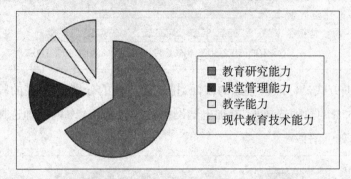

在培训内容是否能满足教师教育教学需要方面：完全能够，占 14%；基本能够,占 22%;能够满足一小部分,40%;不能够,占 24%。如下图:

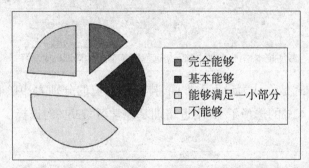

从培训内容的调查来看,主要暴露出如下一些问题:培训内容的针对性存在缺憾,部分培训内容远离教师实际需要,实用性不强,有些教师需要的教育教学知识和能力不能及时反映在培训内容上。在教师看来,培训机构在培训内容的安排上,学科专业知识太多,教育科研方法所占比例多,而且科研方法过于局限于课题申报式的方法,这种针对专业研究人员的科研方法对中小学教师而言,不但难以掌握,而且实用性较差,对教育教学实践的帮助也比较小。教师们还认为,培训内容中现代教育理论和教师师德所占比例太低,在教育教学能力方面,课堂管理能力的培训内容过少,教育研究能力培训内容过多,而且教育研究能力是教师比较难以掌握的能力。另外,培训内容在满足教师需要方面,有近四分之一的教师反映培训内容完全不能够满足其教育教学需要。

(三)培训方式

在哪些培训形式能够带来好的效果方面,90%的老师选择了"参观考察",78%的老师选择了"案例教学",76%的老师选择了"教师共同参与讨论",54%的老师选择了"专题研究",49%的老师选择了"讲授式",23%的老师选择了"导师指导下自学"。如下图:

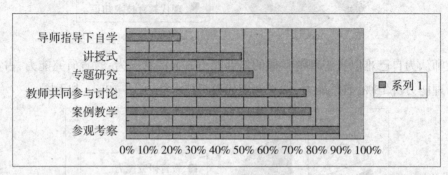

在哪些培训方式是你经常参加的方面,排在前三位的分别为:95%的教师选择了"参加校本培训",65%的教师选择了"参加电脑网络远程教育",42%的教师选择了"到外地培训机构学习"。如下图:

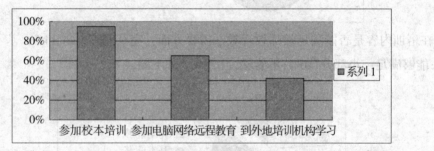

在哪些培训方式是你认为最无效方面,排在前三位的分别为:91%的选择了"参加电脑网络远程教育",42%的选择了"到附近培训基地学习",36%的选择了"参加校本培训"。如下图:

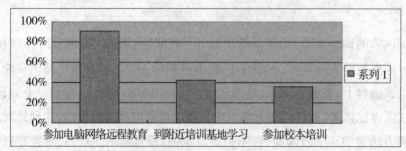

在培训中教师主要采用的教学方法方面,48%的教师选择了"讲授法",20%的教师选择了"自学辅导法",18%的教师选择了"合作探究",8%的教师选择了"示范模仿",6%的教师选择了"欣赏教学法"。如下图:

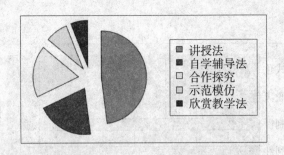

讲授法
自学辅导法
合作探究
示范模仿
欣赏教学法

从培训方式的调查来看,"导师指导下自学"对绝大多数教师而言是效果并不理想的培训方式。教师们到外地培训结构接受培训的机会太少,网络远程教育培训的效果最差,这说明网络远程培训的组织和实施问题较大,校本培训的实际效果并不好。培训中教师教学方法较为单一,讲授法仍然占据主导地位,接受培训的教师只是被动地接受知识的传授,缺乏交流互动和教师的积极参与。

(四)培训管理

在对培训管理的整体满意度上,28%的教师认为很满意,46%的教师选择了满意,21%的教师认为一般,5%的教师认为不满意。如下图:

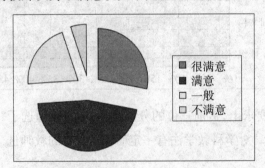

很满意
满意
一般
不满意

在对培训管理中最不满意的方面上,27%的教师对培训时间安排不满意,18%的教师对培训设施不满意,32%的教师对培训人数不满意,23%的教师对培训内容安排不满意。如下图:

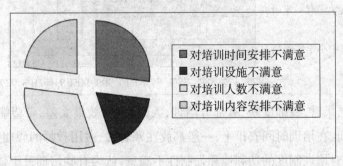

对培训时间安排不满意
对培训设施不满意
对培训人数不满意
对培训内容安排不满意

在教师培训制度存在的主要问题上,有76%的教师选择了"过于功利性",65%的教师选择了"过于强制性",33%的教师选择了"理论与实践脱离",24%的教师选择了"过于形式化"。如下图：

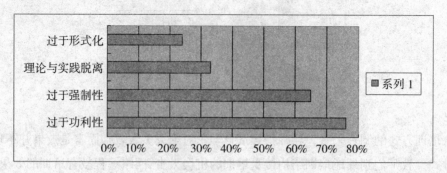

在培训评估方面存在最大问题上，46%的教师选择了"培训结束后的追踪评价"，26%的教师选择了"日常培训考核"，15%的教师选择了"培训结业评价"，13%的教师选择了"培训出勤率考核"。如下图：

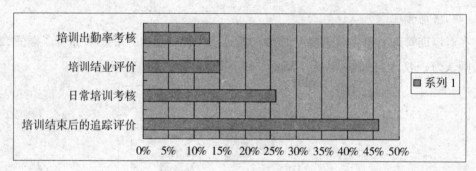

在对培训教师的要求上，占前三位的分别是：91%的教师选了"非常了解中小学实际情况"，90%的教师选了"对学科教学法有一定研究"，88%的教师选了"对当前教育理论前沿有研究"。如下图：

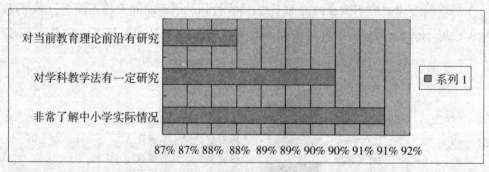

从调查的结果看，教师反映，有部分培训，人数过多，效果太差，希望能够多开展小班额小规模的培训。在培训时间安排上，一般都放在寒暑假，占用教师的假期，很多教师对此多有抱怨。教师对培训制度的功利性和强制性不满意，认为有些培训过于强调在短时间达到一个什么效果，有些培训强制要求教师参加，教师完全是为了完成任务而不得已才参加。对于教师培训评估，教师们普遍对培训后的跟踪评价不满意，认为培训不是集中上课完成就结束了,还有一个如何才能在教育教学实践中贯彻的问题,需要培训结构能够跟踪指导,真正把培训的内容用于实践。教师们对培训教师的要求,普遍认为培训教师要了解中小学实际情况,这对进行培训的教师提出了新的要求。

(五)接受培训的教师

在教师对参加培训的整体态度上,47%的教师选择了"非常愿意",26%的教师选择了"愿意",18%的教师选择了"不太愿意",9%的教师选择了"非常不愿意"。如下图:

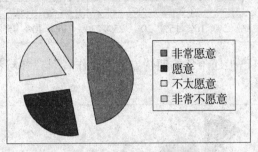

在教师们关于参加培训的主要原因方面,38%的教师选择了"晋升职称的要求",13%的教师选择了"上级要求,必须参加",36%的教师选择了"提高自己的教育教学能力",7%的教师选择了"建立新的社会关系",6%的教师选择了"逃避学校工作,出来休息放松一下"。如下图:

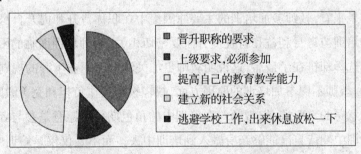

在教师培训方面面对的困扰上,排在前三位的为:84%的教师选择了"自我期望与现实的冲突",73%的教师选择了"自身专业发展的困难",58%的教师选择了"缺少专业自信和能力"。如下图:

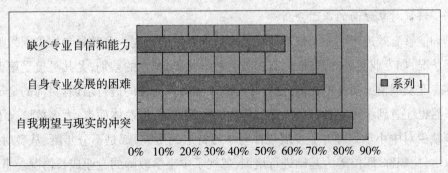

在不愿参加培训的原因方面,前两位的为:"平时工作任务重"占了47%,"激励机制不

完善"占了28%。如下图：

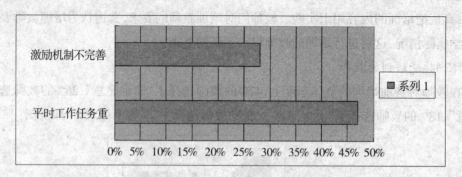

在教师对培训中自己担任角色的期待方面，"合作者"与"参与者"的选项占了86%。如下图：

从调查结果来看，教师参加培训的主要原因集中在职称晋升和提升自身能力上，这反映了教师参加培训与自身利益和自我提升需要密切相关。教师培训面临的困扰方面，与培训相关内容的选择却排在了最后，这说明教师更加关注自己职业生涯的规划，自己专业发展的可持续性。教师不愿参加培训的原因方面，减轻教师工作负担和完善激励机制是增进教师参加培训意愿的重要选择。教师对在培训中的角色期待更愿意是参与者与合作者，这说明教师在培训中期待自己能够亲身融入到培训中去，而不是仅仅是培训中的听众和接受者。

二、宁夏中小学教师全员岗位培训问题的归因分析

（一）培训对象方面的原因分析

培训能够有效进行的一个根本前提是对培训对象的研究，尤其是参加培训教师的专业发展状况，如专业发展的基础，原有的教育教学状况，城乡的差别，尤其是接受培训教师的整体专业发展情况要基本相似，这样才有利于和有针对性的进行培训。目前的全员岗位培训虽然也注意到了青年教师和入岗三年内的教师培训，但总体而言，大多数情况下的教师培训缺少对中小学教师专业发展规律与学习特点的研究，都是不分年龄、从教时间等，而是以学科、职称、职位等为基础进行培训，忽视了中小学教师的专业成长情况。事实上，中小学教师的专业成长阶段是遵循一定发展规律的，中小学教师的发展是有阶段性的，在

不同的发展阶段,教师所需要的培训内容是不同的。教师培训就需要对培训对象不同的职业发展阶段进行研究,并根据教师职业发展阶段的不同提供不同的培训内容。

(二)培训管理方面的原因分析

在培训管理方面,当前宁夏中小学教师全员岗位培训之所以低效,一个重要原因就是培训管理的行政主义导向。这种培训管理导向体现出的是一种自上而下的培训管理模式,强调培训的统一性和外部性,不关注接受培训教师的内在需求和个体之间的差异,就会影响接受培训教师和培训学校的积极性,从而影响培训的实效性。行政化导向的教师培训管理容易产生以下方面问题:其一,行政化的培训管理容易使接受培训的学校和教师产生纯粹为完成任务而培训的应付情绪,把培训当作形式,脱离培训本身的意义。其二,行政化的培训管理容易成为教师的一种负担,培训占用了教师大量的时间和精力,使教师疲于应付,教师们整天忙于培训部门下达的强迫他们提交的一定数量的培训反思,培训心得,研究论文,教学反思等,这无形中增加了教师们的培训压力和培训倦怠感。其三,行政化的培训管理容易形成培训的权威感和强制性,使参加培训的教师只能盲目服从和顺应培训,培训成为一种被动性的学习。其四,行政化的培训管理容易产生一种工具主义倾向的培训价值取向,以外在行政要求为培训的最高目的,教师的主体性被压制,教师的主体需要丧失。

(三)培训政策方面的原因分析

宁夏中小学教师全员岗位培训实效性问题的一个重要原因是培训政策的功利性导向所致。这种功利性突出地表现在培训的激励措施把教师职务晋升与工资晋级挂钩起来,并采取强力的控制手段,妄图以一种强制性的要求来达到培训的目的,就偏离了培训的终极目的,培训政策的导向就会偏离和异化,培训政策的方向不是对教师的信任而是对培训教师的不信任和控制。这样做损害最大的就是教师作为培训主体的地位,培训不是当作教师自身素质得以提升的促进手段,而是下级为了完成检查和任务从而获得某种利益的方式,教师在利益和自我提高的博弈下选择各种各样应付手段也就顺理成章。总之,控制性的培训政策带来的却是教师学习的被动,教师思维发展的惰性,教师自我发展意识的淡化,束缚了教师学习的积极性和创造性。

(四)培训评价方面的原因分析

宁夏中小学教师培训在评价方面,对接受培训后教师是否达到要求,基本是由培训部门或教育行政部门最终决定,对于培训带给教师什么样的帮助,程度如何,依然在培训中处于不太受重视的状态。在教师培训评价中,参与培训的教师主体地位得不到重视,对教师的评价方式主要是他评,教师自评不受重视。教师评价仍停留在简单的即时性评价上,而对更加重要的形成性评价关注不多。评价更加注重教师已经掌握的内容而对教师的未来发展缺乏关注,更加重视培训中知识的掌握和能力的形成,而缺乏情感、价值观和方法的掌握。尤其是评价对个体差异的关注的缺少,没有考虑到年龄、性别、工作年限、工作环境等因素,使培训教师个体自我展示的空间缺失,无法充分挖掘每一个教师个体的潜力,挫伤了教师个体培训的积极性和主动性。

三、宁夏中小学教师全员岗位培训实效性的对策研究

(一)强化培训需求分析

宁夏中小学教师培训要体现以人为本的原则,充分关注每一个培训教师的个体需求,做到按需培训。一是要关注培训教师个人,紧密围绕教师个体需求展开培训的设计。虽然教师培训的内容基本上都涉及教师师德、理论知识、教育教学能力和科研能力等主要方面,但每次培训这四方面的侧重点是不一样的,而每个方面又有很多分支的差异,不同的培训对象对这些的要求是不同的,不同时期的培训对这些内容的要求也是不一样的。这就需要随着培训对象的不同和培训时间的变化,不断修订培训计划,修改课程大纲,更新培训内容,帮助教师解决现实问题。需要特别强调的是,培训要特别关注中小学教师原有的基础水平,把握住教师们的最近发展区。二是要做好社会对教育改革和教育自身发展的需求。教师培训也并不意味着一味地迎合教师,教师培训必须考虑社会对教育的现实需求,也必须反映当代教育改革与发展的新理论、新状况和新要求。对宁夏中小学教师培训而言,培训需求必须考虑到这一层面。比如当教师培训就无法避开如何全面提高教师质量,如何促进教育公平,如何实现教育均衡,如何贯彻素质教育的要求等。

(二)提高培训目标层次

宁夏中小学教师培训在培训目标的设定上,不能仅停留在一般的被动适应性培训或基本知识和技能的培训上,应在提高培训目标的层次上下工夫。具体而言要更加重视教师持续发展的能力和实践创新的能力两方面。

在持续发展能力方面,中小学教师培训目标首先要关注教师的自我学习能力提高上。教师培训就需要把目标定位于提高教师自我学习能力上,强化教师不断自我学习的意识和能力,掌握现代学习方法和学习策略。其次,必须改变传统的对学科知识和基本技能目标的过于强调,对接受培训的教师进行研究性学习培训,提高教师自我学习能力。研究性学习注重从实际问题出发,从与教师自身工作需要有密切联系的内容入手,注重所学知识的互相联系与实际运用,要求学习者能够根据学习内容灵活处理,这种学习形式对教师自我学习能力的提高具有重要的作用。教师要具备持续发展的能力,还要具备一定的教育科研能力。在制定培训目标时,要分析和研究那些是适合中小学教师的科研,那些科研能力是中小学教师应该掌握的,中小学教师能够有效地掌握的又是那些科研能力。

中小学教师培训目标还要重点关注教师实践创新能力的培养。就中小学教师而言主要集中在以下方面:一是中小学教师在教育教学中要具备创造性思维能力和创造性教学能力,这就要求教师培训要着力培养教师的创造性理解和解决问题的能力。二是中小学教

师在教育教学中科学设计教育教学活动的能力,这就要求教师要从整体出发,深入把握和科学合理地安排各项教育活动,并能够根据不同情况,因人、因事、因时、因地的综合考虑各项教育活动的功能和价值,创造性地对各项活动安排进行。三是中小学教师对各种教育活动信息的筛选与整合的能力,教师要善于从诸多信息中筛选出有创新价值的信息进行整合,实现有效的教育力度。四是教师自我认识、自我反思的能力,要在培训中增强中小学教师客观认识自我、分析自我知识素质、心理性格特征和创造能力结构特点,这是教师具有创造性实践能力的基本前提。

(三)改进培训管理

首先在培训管理的基本导向上,要从控制式转变为支持式的教师培训管理。控制式的教师培训管理不能充分发挥接受培训教师主体的积极性和主动性,教师培训的目标、课程、实施与评价等方面完全由教育行政部门和培训机构决定,整个教师培训体系呈封闭状态,培训的人力资源和课程资源不够丰富,是造成教师培训实效性低下的重要原因。因此宁夏中小学教师培训管理的导向就需要进行转变,从控制性转向支持性,把培训作为支持系统,支持教师自我自主发展,提升教师教育教学能力。这就要求教育行政部门和培训机构在培训管理中更加重视教师的需求,提供丰富多样的培训资源,让教师有选择的空间,在培训中多为教师创设机会均等的发展环境和平台。

其次是优化培训管理的运行机制。一是要理清教育行政部门、教师任职学校、教师培训管理机构与教师个人的关系。教育行政部门作为整个教师培训管理的最高领导,是教师培训管理工作进展情况的监督者,起着宏观调控的作用。教师任职学校是教师培训管理的支持者和合作者,它们是教师参加培训的后勤保障。教师培训管理机构是教师培训中的直接管理者,作为管理者,教师培训机构要理顺其内部诸要素的关系,要明确教师培训管理各阶段的任务、要求、方法和步骤是什么,怎样合理安排才能发挥其高效率的作用,以确保中小学教师培训管理工作的顺利进行。参加培训的教师不是对象而是主体,他们要参与培训管理,是培训管理中重要参与者。二是要优化行政管理机制和教学管理机制。行政运行机制的优化重点在服务,要树立管理就是为培训教师服务的理念,把管理的重点放在理上,是理而不是管。教学管理机制的主要任务是,把教师培训管理决策机构制定的培训计划付诸实践,并对参加培训的教师进行日常管理和教学管理等活动,都要求培训管理要遵循"以人为本"的原则,强调教师的主观能动作用和更加注重发挥教师培训管理工作中的教育功能和激励机制,使培训教师能够心情舒畅、热情饱满地参加和完成培训。

(四)重塑培训制度

培训制度改革的重点是评价制度,评价制度是对培训效果的一种衡量的规定,它直接决定着培训过程及培训结果的有效性。宁夏中小学教师培训评价制度的改革应着力从以下方面入手:评价制度须适应教师作为成人的特点,建立起多元评价机制,以教师发展性评价为主,辅助以终结性评价。评价既要关注培训的结果,更要重视培训的整个过程和培训的后续跟踪效果,要把培训教师在培训课堂上的表现和任务的完成情况作为重要的部分,合理确定培训评价各个方面的权重。把表现性评价纳入培训评价体系中去,通过表现性评价方式对教师培训效果进行阶段性评价,更加关注教师在培训课堂和培训各个环节的实际表现。把质性评价方式纳入培训评价体中去,如20世纪80年代兴起于西方评价改革运动中的档案袋评价,能够切实做到,记录教师成长的故事,关注参加培训的教师的每一点变化,从而增强教师的反思能力,而且档案袋可以让教师通过收集到的资料,如活动记录、学习体会、研究资料等,来展示自己的成绩,反映自己的努力程度和进步历程,提高思维和解决问题的能力。在评价主体方面,也要避免过去单一的教师培训部门或行政机构作为评价主体的方式,要着重发挥所有培训相关者的评价潜力,尤其是要重视接受培训教师的自我评价和教师间的互相评价,以利于教师主体性的发挥。同时要选择多样化的评价方法,使不同的评价方法适合不同的评价主体。

另外培训的政策导向要实现去功利化,而转向教师发展上。培训政策的激励机制不能没有,一些功利性的激励措施也有存在的必要性,但培训政策的价值导向应更加具有长远性,应把重点放在教师的专业发展和个体教育教学生涯的成长上,培训激励要能够触动教师的灵魂,而不仅仅是触动教师的利益,利益必然是短视的,只有灵魂的触动才是长久的,可持续的。

(五)改革培训方式

宁夏中小学教师培训的方式改进是提升培训有效性的重要途径。在培训方式上,传统采用的是以讲授式为主,辅助以听课、评课与实践考察,这种培训方式的缺陷十分明显,教师的参与度不高,被动性过强,培训效果有限。因此,必须构建以研讨、研究、实践为主,以讲授为辅的新型培训模式。

研讨在新型培训模式中居于主导地位。研讨交流本质上讲是一种合作学习方式,研讨的方式很多,但研讨必须具备某个主题,当然研讨的主题可以出自培训者,也可以出自接受培训的教师,可以采取培训者作为研讨的主持,然后展开研讨。研讨的具体方式可以灵活采用,比如可以让参加培训的教师之间研讨,他们的教师都有一定的实践经验,教育教学知识水平相近,面临着一些具有共性的有待解决的问题,应当让他们在研讨交流中提出问题,在培训者的组织和指导下互相探讨,共同提高。当然,也可以在培训后就各自自学培训课程的收获体会进行交流研讨,等等。研讨的培训方式,能够使参加培训的中小学教师直接参与到培训中去,充分发挥其主体性作用,使自己成为培训的主人,并使教师更加深刻地认识所面临的一些教育教学实际问题,从而有助于寻找解决问题的方法和途径。

研究是新型培训模式的重要方面,通过研究能够让教师更加理性、理论地认识教育教学实践中遇到的问题,避免教育教学的盲目性和经验性。中小学教师的研究不是学术人员的研究,要避免研究完全落入项目化的倾向,应使研究更加接近中小学教师的实际,从实际出发进行研究。而且要注重研究方法的传授和研究实际操作的实践,使中小学教师真正学会研究,能够研究,善于研究。

实践是新型培训模式的基础。培训机构要根据中小学教师的实际情况,确定在教育教学实践中研究探索的方向,在培训专家的指导下进行实际的探索研究,以发现和掌握教育教学实际中的技能、规律和方法,从而提高教育研究水平和实践水平。其主要操作可分为三步:其一,在培训专家的指导下确定具体的实践研究探索任务与计划,其二,进入具体的教育教学实际环境,进行实际的探索研究,其三,在一个阶段实践研究后,在培训专家指导下进行研究总结,将实践所得提升为系统的、理论的、规律性的认识。实践性培训以情境性学习研究为主,在实践中学习,在实践中提高,具有很强的实效性。

讲授是新型教师培训方式不可缺少的一环。讲授法虽然有种种弊端,但也是培训必须采用的基本形式,因为有很多培训内容必须通过教授的形式进行。但讲授也必须进行改革,讲授应更加注重指导学员梳理教育教学知识的结构体系,更加注重教师观念的转变,揭示学习的重点和难点,指导教师掌握知识体系的方法以及运用知识的能力,讲授的目的不只是为了把新知识传给教师,更是为了使教师观念发生改变,学习能力得以提升,最终提高教育教学水平。

参考文献:

[1] 谢维和.教师培训,补充还是转型[J].高等师范教育研究,2002(1).

[7] 潘海燕.教师继续教育培训模式的建构与分类[J].继续教育,2002(2).

[9] 顾泠沅,王洁.教师在教育行动中成长[J].课程·教材·教法,2003(1).

[10] 鱼霞,毛亚庆.论有效的教师培训[J].教师教育研究,2004(1).

[15] 朱益明.论中小学教师继续教育的内容和对策[J].上海高教研究,1998(10).

[17] 周春儿、詹士昌.信息时代的教师培训[J].中国电化教育,2001(7).

[18] 丁钢.以教师专业发展为核心的校本课程开发[J].教育研究,2001(2).

[20] 李天鹰.改革师资培训方式,开展研究性学习[J].中小学教师培训,2002(5).

[22] 咸业国、陈玉琨.学校发展与教师的专业发展[J].教育理论与实践,2002(8).

[25] Flexner, S. B.The Random House Dictionary of the English Language (2nd ed.). New York:Random House,Inc.,1987.

中小学教师在职培训资源库建设的问题研究

周福盛　王　娜　李冬冬

宁夏大学教育学院

"培训资源"作为狭义教育资源的一种,是指用以支持整个培训过程达到一定培训目的,实现一定的教育和教学功能的信息资源。在当下信息技术已广泛渗入教育领域的情况下,资源库已成为了教师培训系统的基本因素。

本研究以广大中小学教师在教育教学过程中对教育教学资源需求情况的调查结果为依据,以近年实施"国培计划"项目信息资源的建立、使用经验为参考,以现代教育理论为指导,试图构思内容丰富、形式多样、适用高效、开放共享型的宁夏中小学教师在职培训资源库。本研究抽取宁夏回族自治区 7 个市、县(区)的约 500 多名教师为调查对象,涉及不同区域、不同学段的中小学教师。被调查的教师中,其中小学教师 249 人,中学教师 240 人。城镇教师 180 人,占 36.8%;县镇 168 人,占 34.4%,农村 141 人,占 28.8%;教师年龄大多集中在 25~45 岁左右;参与过远程培训的教师达到 53.4%,参与"国培计划"置换脱产培训项目的教师占 10.0%,参与自治区级骨干教师培训占 29.8%。对于所收集到的数据,使用 Spss17.0 进行了处理分析。

一、国内资源库建设方面的现状

(一)资源库建设历程

到目前为止,国内与教育教学相关的资源库建设大致经历了以下三代。第一代资源库以文件夹的形式管理素材,素材以成品课件、PPT、图片、视频资源为主,这一阶段资源库应用为教师提供的主要服务相当是将板书、挂图和纪录片通过投影(或电视)播放出来。第

本文系宁夏教育科学"十二五"规划 2012 年度教师教育专项课题——"中小学教师在职培训资源库建设"成果之一(课题编号:NXJKJPZ12-5)

二代资源库,结构为"系统+课件",学校与相关教育行政管理部门通过购买成品资源库作为基础,更新完善主要通过零星开发和各处搜集进行。在应用方面,许多学校与教育部门制作了大量的多媒体课件,为赛课和公开课准备,通常每堂赛课需多位教师辅助,从设计到 PPT、动画制作到素材搜集的整个过程。这一阶段的成品资源库没有统一标准,各资源库素材无法共享,教师制作的课件因为不符合别人教学思路,通常也无法提供给其他教师使用,这一阶段的资源体系较好地解决了"建库"的问题,但有待完善。第三代资源库:E-learning(网络化学习),正是目前大力倡导的新一代资源库,具有统一标准、体现课改思想、强调探究、注重交互性、全面整合现有资源、素材与管理系统分离、课件设计理念紧密结合等特点,管理资源的功能模块被独立出来,资源以纯"素材"的形式存在,将"素材"放到管理系统中才能方便快捷地使用,基于 E-learning 的网络课程开发和满足远程教育的需求成为第三代资源库建设的新目标。综上,资源库的建设发展至此,急切需要一个开放共享、动态更新、与课程改革同步并面向广大在职教师的综合性资源库,以适应学校校园网、教育城域网需求,实质解决教育信息化应用问题。

(二)现有资源库存在的一些问题

目前国内资源库建设存在诸方面的问题:一是资源库建设追求数量,不求质量,很多资源库的资源内容与教学实际需求差距很大,缺乏教育性和科学性,可用性不强,能够利用的也不多。二是教学资源库建设没有统一的建设标准,不利于管理和进一步发展。各单位自行开展教师资源库建设,在技术规范、数据规范上,较少考虑国际、国内统一标准,建设资源库形式各一,往往只是满足了自己单位的需要,对于资源的共享没有提供很多的帮助,而且对于进一步的发展还有可能造成障碍。三是缺乏信息沟通,使得资源重复建设。不仅在经济上造成浪费,而且制约了教师资源库效用的发挥。四是缺乏优质的教师培训资源。一方面,传统的课堂教学模式忽视教学资源的重要性,缺乏对教学资源的整合和设计,另一方面,现成的培训资源比较少,且培训者忽视培训资源的建设,优质的培训资源较少。五是资源建设不规范、不标准。一些机构的资源库在结构、资源类型、资源属性等方面缺乏规范,异构的软、硬件平台和异构的数据源造成了数据孤岛、数据坟墓等的出现。六是资源库空运转,利用率较低。现有一些资源库适用的好资源并不多,教师在资源库中找不到所需要的信息资源。由于没有建立相应的服务与管理平台,或平台功能相对薄弱,许多资源只是简单地存储在数据库中,无法进行有效的管理,也无法提供较为完善的运用功能,影响了资源库利用的效率。七是资源库建成后的管理与维护不到位。良好的培训资源是动态的,其价值与其所处的时间成反比。培训资源反映的内容越新,它的价值越大;时间延长,价值随之减小。所以,培训资源库要保持长期的生命力,在建成后还需要进行专门的管理和维护,定期地更新资源删除旧的资源,始终确保培训资源库的有效价值。

二、中小学教师在职培训资源库建设的理论分析

(一)理论基础

1. 建构主义学习理论。建构主义认为,知识不是由教师传授得到,而是学习者在一定的情境即社会文化背景下,借助他人(包括教师和学习伙伴)的帮助,利用必要的学习资料,通过意义建构的方式而获得。由于学习是在一定的情境即社会文化背景下,借助其他人的帮助即通过人际间的协作活动而实现的意义建构过程,"情境""协作""会话"和"意义建构"是学习环境中的四大要素或四大属性。建构主义学习理论十分强调"情境"对意义建构的重要作用、强调对学习环境的设计、强调利用各种信息、资源来支持"学"。根据建构主义学习理论,在教师培训资源库的建设过程中应该注意以下几个方面:(1)教学资源的选取要有利于体现和突出建构主义的四大要素;(2)资源系统要有利于开展协作和会话,根据教师实际教育教学需求设置相应的各种功能;(3)资源库的设计要充分考虑建构主义学习理论对学习情景创设的要求;(4)资源库的设计要有利于帮助学生完成意义建构。

2. 资源共享理论。资源共享理论也称为现代资源观,是一个以自然资源为基础,以社会资源为发展,多层次的,由复杂要素构成的资源系统。现代资源观主要包括以下两个方面:(1)现代资源的整体性。一般来讲,教师在教育教学过程中直接使用的总是个别而且具体的教学资源。然而,对于教育系统来说,无论哪种教育资源都不应该是孤立的,而应该同其他与之有关的教育资源有机结合在一起,形成一个具有整体性的教育资源系统。在培训资源系统中,资源之间是相互依赖、相互依存的,任何一种具体的培训资源在发挥其应有的效用时都不能孤立地使用。(2)现代资源观的开放性。任何一种资源的功能都不是静止的,而是随着社会的发展、人们的认识水平的提高和科技水平的进步不断地扩展。这种扩展既表现在广度上,又表现在深度上。在开发利用相应的资源时,既要做到广度开发和利用,又要从深度方面进行开发和利用,既要有资源数量上的增加,又要有资源质量方面的整合和提高,从而多方面、深层次挖掘出资源的功能。在教师培训过程中,培训资源也要体现资源的整体性和开放性。

3. 动态培训资源库理论。动态资源库是相对于传统意义上相对静态的资源库而言的,是指其内容并非一次性构造完成,而是来源于具体教学过程中动态产生。动态资源库中不仅包括一些传统意义上的教学资源,还包括动态资源。即在进行教学过程中产生的一些过程性信息、交互性信息等动态性的教学资源。培训资源库就是按"动态"实现的,一方面是因为资源库中的内容是来自于具体培训及一线教师教育教学过程中,且不断补充资源库的内容和容量;另一方面是因为这些培训资源是在相对较长的一段时空范围内出现。比如:针对某个知识或专题,教师通过网上论坛或其他发言的工具进行讨论、交流而形成的可以连续也可以不连续的一系列精彩发言及文章,针对教育教学过程中出现的一些棘手

的问题的多种解答方法等。

4. 现代传播理论。1954 年，施拉姆设计了关于"经验范围"的传播模式，这一模式强调传授双方只有在其共同的经验范围之内才能达到真正的交流。根据这一模式，教学过程中教师应充分考虑学生的知识基础、年龄、动机、兴趣、经验等，尽可能在师生双方的经验范围相同的部分构成有效的教学传播，并以此为基础逐步扩大学生的经验范围。贝罗把传播过程分解为四个基本要素：信息源(source)、讯息(message)、通道(channel)和接受者(receiver)，认为传播的效果不是由其中的某一个要素所决定的，而是由四个要素以及它们之间的相互关系共同决定的，基于此，它提出了著名的 SMCR 模型。该模式说明在教育传播过程中，影响和决定教学信息传递的效率和效果的因素是多方面的，多个因素既相互联系又相互制约。

(二)中小学教师在职培训资源库建设的原则

教师培训资源库的建设是一项需要长期建设与维护的系统工程，培训资源库平台建设完成后，还需要大量的工作对培训资源库进行更新与维护，对培训资源库来说，后期资源的更新与维护才是资源建设的重中之重。教师培训源库建设应注意以下原则：

1. 标准化原则。国内外有关组织制定的教育教学资源开发的标准及规范的根本目的是为了有效地实现资源共享和系统互操作。为此，教师培训资源库在设计之初就严格依据相关的国内外标准和开发过程，制定详细的资源分类和教学资源文件的格式，设计符合要求的资源属性描述，实现不同平台之间数据的自由交换和检索。

2. 科学性原则。教师培训资源库中的资源要准确无误的表述教育教学知识，其内容应当是正确的、科学的，是符合各学科课程标准所要求的。资源中所运用的概念、选择的例证和得出的结论是正确的。所使用的文本、图形图像、音视频等资源要真实可靠，要符合科学常识，能正确且科学的反映客观事实。

3. 完全开放性原则。已注册的用户可以使用培训资源库中的资源，任何注册用户都可以将自己的教学资源上传到资源库中，培训资源不断地更新与扩充是培训资源库具有强大生命力的根本保障。

4. 共享性原则。教师培训资源库内的各种资源在网络环境下是完全可以共享的，用户通过网络便可获取相应的教育教学资源。

5. 服务性原则。教师培训资源库要突出为教学服务的思想。为用户提供一个友好、简洁的导航与操作界面，使用户通过简洁的操作，以最快的速度查找到所需要的资源。

6. 交互性原则。教师培训资源库设计了用户对资源的评价及相应的交流论坛，可以及时得到用户对资源的反馈信息，促进资源库的更好发展。

三、中小学教师对教师资源库建设的需求分析

课题组对资源库建设的调查结果及分析如下。

(一)网络上现有教师培训相关资源的调查情况

表1和表2是教师对网络上已有相关培训资源是否满足需求的情况。

表1 网络上已有相关培训资源是否满足需求

满足程度 / 频数	频数	百分比	有效百分比	累积百分比
满足	150	30.7	30.7	30.7
一般	241	49.3	49.3	80.0
不满足	98	20.0	20.0	100.0
合计	489	100.0	100.0	

调查结果表明，网络上已有的相关培训资源有80.0%的教师认为一般情况下都能满足自己的需求。

表2是教师对网络上已有相关培训资源质量的看法。

表2 网络上培训资源质量

资源质量 / 频数	频数	百分比	有效百分比	累积百分比
差	120	24.5	24.5	24.5
一般	268	54.9	54.9	79.4
高	53	10.8	10.8	90.2
较高	48	9.8	9.8	100.0
合计	489	100.0	100.0	

调查结果表明，网络上已有的相关培训资源教师认为一般情况下都能满足自己的需求，但有79.4%的教师认为培训资源的质量一般，利用的价值不高。

表3是教师对下载资源是否方便的看法。

表3 下载资源是否方便

方便与否 / 频数	频率	百分比	有效百分比	累积百分比
不方便	120	24.5	24.5	24.5
一般	222	45.4	45.4	69.9
方便	147	30.1	30.1	100.0
合计	489	100.0	100.0	

表3的结果表明，认为方便的只占30%，69.9%的教师认为不方便或一般。

表4是教师对阻碍下载因素的看法。

表4 阻碍下载资源因素

阻碍因素＼频数	频数	百分比	有效百分比	累积百分比
注册下载繁琐	144	29.4	29.4	29.4
积分或点数限制	177	36.2	36.2	65.6
需支付费用	129	26.4	26.4	92.0
资源杂、乱、重复且质量低	33	6.7	6.7	98.8
其他	6	1.2	1.2	100.0
合计	489	100.0	100.0	

教师们认为，一些资源需要支付一定的费用，下载只能限于下载免费的资源，许多资源下载时要扣除一定积分或者点数，教师们对于自己想要的教育信息资源表现出一种渴望而不可即的状况，再加上网络上资源杂、乱、重复率高、质量低等原因，为教师们带来了很大的不便。其中教师们认为阻碍他们下载资源的最主要因素还是在于积分或者点数限制。

(二)教师下载资源的主要用途

教师们对下载资源的主要用途的看法，见表5。

表5 教师下载资源用途表

资源用途＼频数	频数	百分比	有效百分比	累积百分比
课堂教学使用	228	46.6	46.6	46.6
备课使用	102	20.9	20.9	67.5
教师自身发展学习	141	28.8	28.8	96.3
教学互动	18	3.7	3.7	100.0
合计	489	100.0	100.0	

调查显示，46.6%的教师下载资源主要用于课堂教学，用于教师自身发展学习的仅有47%。教师们面对下载受限制，资源繁且质量不高的现状，只能消耗大量时间去费尽心思精心挑选与自己课堂主题相适应的资源，进行下载整理并修改。由于教师职业劳动量大、耗时长的特点，部分教师只能在有限的时间内上网搜索整理用于自己课堂教学的内容或仅供备课使用，很少有时间去为提高自身教育教学知识水平而进行网络搜索学习。

(三)教师对于资源类型的需求

表6是教师们对下载资源的主要用途的看法，按紧迫性由强到弱排序。

表6 教师资源类型需求

资源类型＼紧迫性		紧迫一	紧迫二	紧迫三	紧迫四	紧迫五
		百分比	百分比	百分比	百分比	百分比
有效	教学课件	76.7	5.5	3.1	2.5	5.5
	图片	0	23.3	3.1	1.8	3.7
	专家视频	12.3	28.2	18.4	3.1	4.3

续表

资源类型	紧迫性	紧迫一	紧迫二	紧迫三	紧迫四	紧迫五
		百分比	百分比	百分比	百分比	百分比
有效	教学案例	4.9	28.2	32.5	9.2	4.3
	成长故事	0	0	5.5	9.8	9.2
	教学论文	0	1.2	9.2	15.3	7.4
	教学反思	1.2	4.3	11.0	23.3	12.9
	教学设计	1.8	5.5	13.5	19.6	23.3
	网络课程	0.6	3.1	2.5	3.7	16.0
	文献资料	2.5	0.6	0.6	4.3	4.3
	合计	100.0	100.0	99.4	92.6	90.9
缺失	系统			06	7.4	9.1
合计		100.0	100.0	100.0	100.0	100.0

结果显示,教师对于资源的需求还是较大的,而且内容较广,包括教学课件、图片素材、专家讲座视频、优秀的教学案例、成长故事、相关学科教学论文、教学反思报告、优秀的教学设计、网络公开课、期刊文献资料等。同时,上表可看出,其中教师对教学课件的需求最紧迫,占76.7%,其次按需求紧迫顺序依次是教学案例(53%),专家视频(30%),教学反思(38%),教学设计(38%)。

(四)对资源库建设的一些建议

对于教师对资源需求量大,种类多等情况,我们在问卷中设计了的诸如人力资源库、课程与教学资源库、数字化视频库、教学成长反思库、教师风采图片库、研究性学习库、交互平台、资源库网络管理系统的八个字库。而对于教师培训资源库主要包含哪些字库的问题,按需求紧迫性排序,73%的教师都认为首先应包含课程与教学资源库。其次是教学成长反思库(39.9%)、研究型学习库(27%)。

同时,一线教师认为,网络上现有的资源库资源杂、繁、重复率高;现有资源库的资源虽然能满足教师的教育教学使用,但追求数量,不求质量,许多内容缺乏教育性和科学性,可用性不高;阻碍教师下载资源的因素较多,使教师放弃对渴求资源的下载使用;对于网络资源种类的局限性及下载的限制性,教师只能为满足当前课堂教学需要而下载一些劣质资源,进行加工后使用,迫切需要优质资源,建设教师内容广泛、资源共享的教师培训资源库是极其必要的。

五、宁夏教师培训资源库的建设构想

根据以上调查结果,我们认为建设规范、高效、合理的开放、共享型教师培训资源库迫在眉睫。

（一）宁夏教师教育资源库建设的指导思想及总体思路

以国内外资源库的建设的相关研究为理论指导，借鉴国内外资源库建设的方法，按照"资源+平台+服务"的模式，整合各类优质教育资源，建设多层次、智能化的开放式教育平台。平台开发采用统一规划、共同建设、科学管理的原则。资源采用通过专家认证，采用共建、评选、购买、共享等策略，收集国内外、各区县、各学校独特的精品资源。

（二）教师培训资源库建设的具体内容

根据教师在职培训的实际需求和广大教师对资源库建设的一些建议，课题组构想的宁夏中小学教师在职培训资源库建设包括人力资源库、课程与教学资源库、数字化视频库、教学成长反思库、研究性学习资源库、对话交流平台、资源库网络管理系统等七个子库如备注所示：

1. 人力资源库

人力资源主要包括三类人员：第一类是具有专业知识、专业技能和教学经验的培训者，主要有省内、省外长期从事教师继续教育研究的知名专家教授，自治区各教研室的教研员，中小学的区级骨干教师等；第二类是参与宁夏"国培计划"中小学教师在职培训项目的研修学员，主要是在义务教育学校具有良好发展潜力的中青年地市级以上骨干教师和普通教师；第三类是省级教师培训机构的教师培训管理专家，主要是宁夏"国培计划"中小学教师在职培训项目的工作领导人员。以上三类人员可分别称之为"师资团队、服务团队、管理团队"。在人力资源库里具体包括个各团队成员的姓名、性别、名族、职位、职称、联系方式、培训学科，指导教师等信息。人力资源属于智力资源的主体，作为第一资源在培训中直接发挥作用。参与培训或未参与培训的一线教育教学工作者可以在人力资源库中随意查找专家团队与培训团队相关联的学习资源，帮助并指导自己的教育教学实际工作，提高教学质量。

2. 课程与教学资源库

在课程与教学资源库中将提供"教学素材类资源（包括中小学各学科教学课件、教学设计、教学案例分析等）、教师培训资源（包括培训专家的课件与讲义、学员培训感言、心得体会等）"，以满足广大中小学师生"教与学"的需要。课程与教学资源库的内容将覆盖基础教育领域的各个学科，各类资源均以 word 文档或 microsoft powerpoint 的形式呈现，广大中小学教师和学生可以在此库中无偿下载自己所需要的材料，直接运用到教育教学实践工作中，减轻工作压力，提高教学质量。

3. 教学成长反思库

教学成长反思库里包括参与宁夏中小学教师在职培训项目研修学员的教学反思、教学日记、教学札记、成长故事和学习笔记等，可供其他未参与中小学教师在职培训项目活动的广大一线教育教学工作者阅读学习，以便改进自己的教学方法、在提高教学质量的同时,了解中小学教师在职培训的相关事宜。

4. 研究性学习资源库

研究性学习资源库主要包括两方面的内容,第一类是参与宁夏中小学教师在职培训项目研修学员的研究课题或项目的设计方案、活动记载、研究资料、研究报告、研究心得、研究总结等;第二类是省内、省外长期从事教师继续教育研究的知名专家教授、自治区各教研室的教研员、中小学的区级骨干教师的研究课题与论文等。管理人员可适当、适时的将研究者查阅的各学科最前沿的文献资料进行资源共享,以方便其他教师阅读相关学科的文献资料,了解该学科或其他学科最权威最前沿的发展动态,丰富自己的知识体系,向全面发展的教育实践工作者迈步。

5. 数字化视频库

数字化视频库中主要包括:师资团队中各个专家教授的讲座视频、各学科优秀的教学课例、教学素材资源、优秀教师的精品课程、信息技术能力培训教程、网络课堂和网上数字教研在内的完整的视频解决方案。中小学的一线教师可通过在线观看的学习方式学习专家教授的教学经验,指导自己的教育教学实践工作,还可通过特定方式将教学素材下载下来,运用到教育教学实践工作中,提高自己的教育教学质量,从而提高整个学校、整个地区、整个国家的教育教学质量,推动我国中小学教育事业向更高层次的发展。

6. 对话交互平台

对话交互平台本着充分交流、互动及开放的原则为广大中小学教师服务。对话交流平台就是一个共同交流的场地,类似于一个"群",这个"群"里的成员包括省内、省外长期从事教师继续教育研究的知名专家教授、自治区各教研室的教研员、中小学的区级骨干教师、参与过宁夏"国培计划"中小学在职教师培训项目的教师、未参与教师培训项目的一线教育教学工作者等。通过这个对话交流平台,一线教育教学工作者可以将自己在日常教学工作中遇到的问题、难题与专家或教研员直接进行交流,听取专家及其他教师的建议,帮助自己有效进行教学。区级优秀、骨干教师可将自己在教学中针对某一问题或某一类学生总结出的教学经验与其他教师分享。例如针对"学困生"或者对于缺乏学习兴趣的这样一些学生,作为教师应该采用哪些行之有效的方法进行教育,提高学生的学习效率,做到有效教学,普通一线教师也可将自己在教学中遇到的经典教学事迹与其他教师交流,参与"国培计划"项目活动的教师也可将自己学习的过程、心得体会与其他教师进行交流。总之,通过对话交流这个平台,充分发挥教师与专家之间的互动与交流,将有助于一线教育教学工作者改进自己的教学手段,提高中小学教育教学质量,做到有效教学。

7. 资源库网络管理系统

资源库网络管理系统共包括四项内容:用户管理系统、资源管理系统、高效检索系统与资源认证系统。高效检索系统:高品质的检索功能是海量资源中快速查询信息的保证,因此必须开发相应的资源搜索引擎,便于在海量数据中实现亚秒级检索,在极短的时间内显示查询结果。资源认证系统:对不同来源、不同种类、不同层次的资源,按照相关标准,通过一定的程序,由"国培计划"项目组组织专家对教育资源进行内容、水平、技术标准等方面的审核和认证。

总之,建设教师在职培训资源库的目标就是克服网络上现有资源的种种问题,使教师不再为资源繁、杂、乱、质量不高而发愁;建立开放、共享型的资源库,让教师轻松下载资源,并乐于将自己的教学"法宝"上传共享。资源库的建设力求为广大教师提供第一手优质教育教学资源,丰富教师的教学课堂,增强教师自身的教育知识水平,促进教师自身专业发展。并对其他地区教师培训机构及一线教师教育教学发展提供借鉴。

(三)教师培训资源库建设的注重取向

在教师培训资源库的建设中,应注重下列取向。

1. 方便下载

经调查,有 69.9% 的教师认为网上下载资源不方便,主要原因有四方面:第一,经济条件不充足,学校或家中没有可利用的网络或电脑设施;第二,对于从电脑上下载资源的方法掌握不熟练甚至不会下载资源;第三,下载资源的过程中需要支付相应的费用、积分点数或者财富值;第四,资源过于繁杂、错乱,并且资源质量较低。以上原因使得一线教育工作者较少使用网络直接下载教学所需的资源,他们只是在网上查阅相关资料,然后自己摘抄下来或者记在脑海里运用到教学工作中。而我们所建设的基于教师培训的资源库本着充分服务广大中小学一线教育工作者的原则,呈现内容丰富、形式多样、高质量的资源可供一线教育工作者无偿下载使用。资源库中专门设有某一领域,内容是关于信息技术能力培训教程、网络课堂和网上数字教研在内的完整的视频解决方案,对于不会运用信息技术能力或方法掌握不熟练却想下载各类资源的教师,可以先在这一领域学习相关的信息技术,帮助自己解决下载资源过程中存在的问题,以便能够快捷的、有效的下载自己所需要的资源。

2. 有效地资源共享

经调查,有 57.7% 的培训教师非常乐意将自己的教学案例、教学课件、教学反思日志、教学成长故事等上传于网络平台上与其他教师一起分享。所以我们所建设的基于教师培训的资源库本着资源充分共享性的原则,不仅方便教师下载各类资源,同时也积极鼓励广大一线教师积极分享自己的宝贵资源。但教师并不是随意上传自己的资料,对于乐意上传自己教学资源的教师,首先会有专门负责资料分享的管理团队会对这些资料进行审核,经审核后将资源分为优质与普通两大类。其次,对于优质资源的上传者,管理者会公开发放一份荣誉证书,该荣誉证书将于教师的绩效工资相关联,对于普通资源的上传者,管理者会给予适当的点数或积分奖励。

3. 及时进行对话交流

经调查，有64.4%的教师希望在资源库的交互平台上提供与培训专家交流互动的模块，有27%的教师希望在交互平台上，能与参与培训的学员相互学习交流，有7.4%的教师希望能与培训机构团队进行交流互动。所以，在基于教师培训资源库中的交互对话平台本着充分交流、互动与开放的原则，提供机会使一线教育工作者与专家、教研员、区级骨干教师充分的交流互动，还可与参加过培训的学员或培训机构的管理团队进行互动交流。在这个平台上，一线教育工作者可随时注册登录，然后与专家交流研讨自己在工作中遇到的难题，或者以邮件的形式与相关学科的教研学或骨干教师探讨有效地教学方法、教学形式或教学手段。专家、教研员或骨干教师可轮班每天抽出固定的一小时时间与一线教师在线直接对话交流，不仅提高教师自身科研能力，而且有助于一线教师改进自己的教学方法与手段，提高自身的教学水平，从而做到有效教学。

备注：

教师培训资源库建设的模型

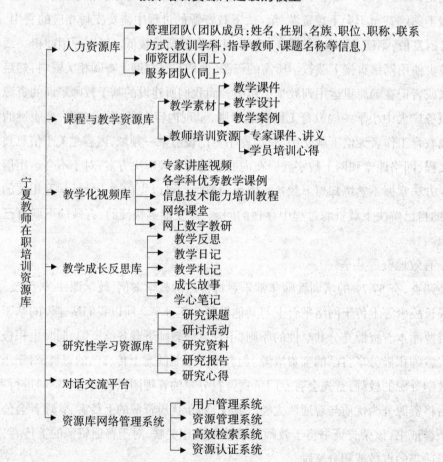

第2篇

成长故事篇

"教"与"研"

——"国培"随感

邹慧君

宁夏中卫市中宁县第三小学

通过这次"国培计划"三个月的培训,使我提高了认识,理清了思路,学到了新的课程理念,找到了自身的差距和不足。我从中学习到了很多知识,而且在"国培计划"中有幸倾听了众多专家和学者的精彩讲解,使我对新教材有了更多新的认识。"国培"已近尾声,回想学习中,多位教育名家的讲座为我们的教育科学理论注入了源头活水,给我带来了心智的启迪、情感的熏陶和精神的享受,让我饱享了高规格的"文化大餐",他们以鲜活的案例和丰富的知识内涵及精湛的理论阐述,给了我强烈的感染和深深的理论引领,每一天都能感受到思想火花的冲击;我分享到了收获的喜悦,接受了思想上的洗礼,受益匪浅。为我们搭建了一个交流学习的平台,能和更多的同行交流,探讨了疑惑。在一次次的感悟中,颇感自己的责任重大、知识贫乏。通过这次"国培",收获颇丰、感想颇深、眼界开阔了、思考问题能站在更高的境界。心中的困惑、教学中的疑难、成功的经验都是我们热心交流的话题。这是一个畅所欲言、平等交流的地方,使我对教育与新课程又有了一个新的认识,不断完善自己,多多吸取别人的经验,使自己在"国培"中成长。下面是我的学习心得:

首先,要更新自己的观念,将研究作为我们教学工作中的一部分。长期以来,在我们教师中,对开展教育科研很多人存在着一些错误观点。如讨厌教学,从来不想;跟从科研,不推不动;想做科研,无从下手;主动科研,不断探索。当前,教师应当努力成为教育目的的实现者、教学活动的指导者、教学方法的探索者、教学活动的创造者。丰富的教育实践为中学教师开展教育科研活动提供了广阔的天地。

其次,我们需要具有广博的文化知识。博览课外书籍,广泛吸收养分,补充更新知识,是教师增加和更新知识积累、提高教研水平不可或缺的途径。教研写作需要教师有厚重的文化积淀,因而应注意平时资料的收集。同时,坚持写好教学后记,也有利于积累教学经验和教研素材,为科研提供有力的例证。教师在积累的同时,还要多反思自己。教师每天都在从事教育教学工作，新鲜感和好奇心可能会逐渐消退，难以怦然心动。这就需要我们不断反思，去开辟新的思维空间，去探索新的奥妙。

再次，要上好本学科的每一节课，着眼小问题。教学实践是开展教学研究的平台和土壤。许多科研课题往往来自教学中的心得，许多卓有科研成效的老师也多得益于教学实际的锻炼。事实上，对于一个普通老师来说，上好一节课，就是一次教研。

最后，要懂得一些进行教研的方法。有些教师片面地把教研理解为写文章，这是一种很狭义的看法。要进行课题研究，教师就必须学会如何选题、教学研究的方法，如何控制实验过程，如何结题等。一句话，就是教师绝不能只凭个人意志、只凭自我感觉、只凭工作习惯或只凭几分热情去搞教研活动，一定要以科学的态度和方法去搞教研活动。

"不经一番寒彻骨，哪得梅花扑鼻香。"作为骨干教师培训对象，在今后的日子里，我将不断地学习理论知识，用理论指导教学实践，研究和探索教育、教学规律，把科研和教学结合起来，做一个专家型、学者型的教师，使自己具有所教学科知识方面的前瞻性。这样，才能培养出新时期发现型、发明型、创造型、创新型的学生。 教师要想以高贵的姿态行走，就要在教学中学会反思，在反思中总结，真正提高教学能力，做一个智慧型的老师。

"国培"中的成长

——中西部项目脱产置换研修成长故事

韩晓兵

宁夏中卫市特殊教育学校

　　时间过得真快,转眼间三个月的"国培"已接近尾声。作为一名年轻的班主任,本身的专业知识、处理问题的能力有限,在新课程、新理念的冲击下,很多时候让我无所适从,甚至束手无策。经过这段时间自己在"国培"中认真地听了许多专家教授的讲座,与同行们的切磋交流,我感觉自己已逐渐成熟起来。

　　相较于许多同龄的老师,甚至于许多比我更年轻的教师,我经常会有种底气不足的感觉。记得我是在中卫市特殊教育学校踏上工作岗位的,凭着一股年轻人特有的热情一头扎进了茫茫教海之中,这一扎进去就几乎在里面迷失了方向。

　　记得我当时任教的是一年级,面对着全班十二三个特殊儿童,而且又是班主任,我一下子懵了,在没有任何人指导的情况下自己便边摸索边开始教了起来。我还清楚地记得第一次全校公开课我就讲了个倒数第一,虽然校长没点名批评,但这样的结果也是够丢面子的,于是我便一门心思地研究起教学来,怎样提高成绩来。就这样,当许多同龄的老师或许在接受专业培训,或许在潜心钻研教材、琢磨教法时,我正在琢磨着各种题型,想方设法提高课堂教学效果,而究竟什么是语文,究竟怎样上好语文课还没摸出多少门道,虽然其间也曾学习过洋思的目标教学法,学过快乐教学法,学过情境教学法,但是却都如雾里看花一般,反而越学越迷糊。不知不觉间几年的时光便这样弹指而过了,看着别的同龄人那娴熟的教学技巧,常常暗暗羡慕。当时,上公开课对我来说是最头疼的事。为了赶上别人的步伐,我开始钻研起教材,研究起教法来,但是当时既没有现在的师徒结对,也没有经常性的外出听课机会,更没有请专家当面指导的机会,所以对于闭门造车的我来说,提高的速度是可想而知的了。慢慢地进入了课改时期,在课改刚开始那段时间,我又学到了许多的花架子,不管怎样的课文,都让学生来演一演,课堂上看起来轰轰烈烈,其实却毫无内涵。在这一时期,我甚至步入了这样一个误区:为了体现启发式教学,突出学生的主体地位,有时我甚至学会了带着学生绕弯子，只要能使一些话从学生口里说出来，不遗余力地启了又启，心想着在一些公开课上看到的学生精彩至极的发言，我有时只能感叹自己的学生怎么反应就那么迟钝呢，可却没真正认识到自己的教学有什么不当之处。

直到最近几年，随着课改的不断深入，也随着学校对教师专业素养的重视和培养，我对语文这门学科才有了越来越清醒的认识和把握。首先我已经能正确摆好老师和学生的关系了，该讲授时还是得讲授，教师要尽好传道、授业、解惑的职能，而该让学生自由阐述的地方则尽量让学生自由理解、自主表达；其次，对于语文课究竟该干些什么也更清楚了，以前我经常会把每篇课文都像数学课那样走马观花地讲解过去，把语文的工具性和人文性完全割离，忽视了对文本的理解，忽视了对课文语言的内化，没好好地把每篇文章当成一个语文范例去引导学生好好理解，好好掌握。现在，我已经能尽量克服那种架空式的语文教学了。再次，通过学习以及校内公开课的开展，我对各种教学技巧也掌握了不少，譬如解字的基本方法、指导学生进行课堂说话的基本方法等等；还有就是对怎样培养学生的语文素养也有了更明确的认识，知道了学生的读书、表达、课堂交流、质疑等能力都是在老师有序的指导、训练下才能逐步提升的，而不会像以前一样，盲目地要求学生个个都是不学而成的"天才"了。

也许我这些自认为进步的地方在许多老师看来还是显得比较肤浅的，的确，相对于许多老师来说我在语文上是比较晚熟。虽然我的起步是晚的，教学还是不成熟的，但是，也许正是那份不成熟才促使我在语文教学这条漫漫长路上时刻保持着一种不断学习、求索的精神吧，我不敢说自己会成为优秀的语文教师，但是我一定会努力使自己无愧于这个岗位。

参加这次"国培"的机会是难得的，我觉得自己身上的压力更大了，但我一定要把压力变成动力，在今后教育教学改革中，我要更加努力学习各种教育科学理论和业务知识，与全体教师共同致力于新课改的研究和探索中，共同寻找适应现代教学改革的新路子，切实以新观念、新思路、新方法投入教学，为新时代培养更多富有创新意识、创新精神和创新能力的合格人才作出贡献！

痴情家乡教育，感受育人幸福

赵彦宁

灵武市梧桐树学校

作为一名农村教师，我时常问自己，感觉最幸福的是什么？当走进教室学生便纷纷簇拥着你，是幸福；当你一个眼神学生便心领神会，是幸福；当学生受了批评依然甜甜的呼唤着你，是幸福；当学生说道，长大了，想象你一样，当一名美丽的老师，那更是幸福……在农村教育这片芳草地里，21 年来我为幸福而劳作，也在劳作中收获着幸福。

——题记

1992 年，从师范毕业后，我便被分到了家乡——梧桐树学校，从此成为了教育战线上的普通一员。21 年来，笔墨春秋，书写了我教书育人的喜怒哀乐；讲台岁月，浸透着我不懈追求的挚爱深情。我爱自己的家乡，爱自己的事业，我愿一生痴情家乡教育，感受育人幸福。

以爱为根，暖学生心灵

因为爱教育，所以更爱学生。作为一名班主任，我深知"育人"比"教书"更重要，如何培养学生以一颗质朴的爱心去对待自己及他人，是我在学生心灵建设方面经常思考的一个问题。以身示范，先把爱心献给每一个学生。21 年我始终用一颗慈母心深爱着、感化着每一个学生。哪位学生学习遇到困难了，我想办法帮助；哪位学生闹情绪了，我及时了解，即使排解；哪位学生病了，我陪他上医院，督促他吃药……每时每刻关注学生的思想动态、行为习惯、身体状况，及时送上一丝温暖。

这么多年来，我每天早晨准时进入班级，陪学生一起学习，一起解决问题。同时，观察学生的一些细微的变化，给予他们正确的教育、引导。我既关心孩子们的生活，又关心他们的健康，还关心他们的学习方法，更关心他们怎样做人。

农村学生由于家庭条件、学习基础等原因，经常产生厌学、逃学、甚至想辍学的念头。

对于思想动荡的学生,我经常放弃休息时间,进行家访,与学生个别谈心,了解学生的心理动态,家庭状况,耐心细致地做好"问题学生"的转化工作。我时常留心观察,注意发现他们身上的闪光点,及时夸奖,弥补他们的"信心"。在我的鼓励帮助下,曾有多名学生,重拾起学习的信心,扬起理想的风帆,跨进学校的大门。

以学为线,提自我素质

从吴忠师范毕业后,我先是做了13年的小学教育工作。在这期间,曾经在一所山区学校带过复式班,(即一个班内会有两个年级,如二、四年级)。当时,凭着刚刚毕业的热情,我不仅研究两个年级的各门教材教法,认真执教,还尝试着为全校学生上体育课、音乐课,以丰富全校不足70人的校内生活。正是由于自己的认真执教与不断钻研的精神,在山区学校呆的两年,我带的二、四年级和三、五年级复式教学每学期教学成绩均是全学区第一。

1994年8月,我来到了梧桐树小学,这里学生多,老师也多,我感受到了浓浓的教、学、研的气氛,但也感受到自己的不足。所以我虚心地向经验丰富的教师请教,追着听他们的课,并请他们指导自己的课。很快,我成长为一名受学生欢迎、领导认可的青年教师。感觉到自己知识的欠缺,学历不足,1996年我参加了大学专科函授学习,并取得学历资格。

2005年8月,我应聘来到梧桐树中学,又开始了自己新的教学历程,其中的学、研、钻,自不必说。由于学历的不达标,2009年再次参加大学本科函授学习,三年后取得学历资格。

以技立身,育梧桐人才

"学高为师,身正为范。"如果说德为师之魂,那么才就是师之本。二十几年来,我在梧桐树学校先后担任过小学及初中语文教学工作,凭着勤奋、扎实、一丝不苟的精神,教学能力和专业技能赢得了学生、同事、家长的一致赞誉。逐渐成长为一名骨干教师、学科带头人。无论是与老教师还是青年教师搭档时,我都虚心的与他们交流教材,讨论教法,并积极承担青年教师的培养任务。交流中,不但提高了自己的教学能力,同时也带出了一批优秀青年教师,大大促进了梧桐树学校教育事业的发展。在近几年农村教师"进城热"的大潮中,有人问我:"以你的才能,完全可以进城。你为什么一次次放过进城的大好机会?"我毫不犹豫地告诉他们:"我爱我的家乡,我爱梧桐教育这片芳草地。"

一分耕耘,一分收获

"宝剑锋从磨砺出,梅花香自苦寒来。"近年来,我先后被评为"银川市优秀教师",灵武市"优秀教师""模范班主任""优秀共产党员",梧桐树学校"先进个人""三八红旗手"等光荣称号。我所带的班级,无论教学成绩,还是班级考核,也屡屡名列学校前茅。

另外,我撰写的多篇论文分别获得国家奖、自治区奖、灵武市级奖;与此同时,学生素质教育也在开花结果。在我精心指导下,学生参加灵武市演讲比赛也多次获一、二等奖。

近几年,多位学生的作文也分别获市级二、三等奖。

曾有人感慨,教师的生命像一个长长的句子,艰辛是定语,耐心是状语,热情是补语;但对于追求幸福教育的教师来说,生命的长句中还有一个定语,那就是幸福。21年来,在梧桐树这片芳草地上,我付出了辛勤的耕耘、洒下了滴滴汗水。但我无怨无悔,因为痴情家乡教育的同时,我也感受着育人的幸福。

难忘"国培"

马荣芳

盐池县长城希望小学

从教 15 年了，曾经参加过许多的培训，然而如此全面系统的培训还是第一次。在这次培训中，有许多令人难忘的瞬间，而我在这些点滴的瞬间中不断地发展、不断地成长着。

当听到要进行三个月的置换培训的消息后，我特别兴奋，一直都想走出去学习的我，现在终于有机会了。2013 年 8 月 10 日下午，我和几个同事一起来到了我们宁夏的最高学府——宁夏大学。一进校园我就被大学校园这种氛围给吸引住了，心想：终于有机会过一过大学的生活了。当其他学员不断地埋怨住宿条件差，伙食太贵时，我却在心里暗喜。事实也像我想的那样，通过这次培训，我的教学观念改变了，教学理论提升了，课堂教学能力提高了，而且还结识了许多朋友，建立了深厚的友谊。

培训中的每一件小事，都能让我得到反思提升。每一个学员身上的亮点都是我学习的榜样，记得在一次参与式教学的实践课上，老师将我们学员分成六个组，让我们每个组表演一个双簧，这可是音乐教师的强项，我们组派了谢丛笑老师和郭哲强老师去表演我们盐池的特产——羊肉。谢老师幽默、风趣、形象的"吃一口羊肉，喝一碗酒"的动作给我留下了深刻的影响，这件事也使我明白了，作为一名音乐教师，教师的基本素养是多么的重要，一个形象生动的示范将会给学生一生留下永久的回忆，特别是对于我们音乐教师来说，就显得尤为重要了。

在这次的培训中，专家的讲座异彩纷呈，特别是首都师范大学的郑莉教授的讲座，仿佛给我们开启了一扇大门，令大家赞不绝口，她给我们带来了许多国内外先进的教学理念和方法，使我们大家又唱又跳，十分愉快。为了尽快学会这些先进的教学法，中午一吃完饭，学员们就开始互相学习，互相练了起来，那种情景真是记忆犹新，从这件事上，我看到了我们学员们那种锲而不舍的学习精神。

如果说郑莉老师的讲座给我们的是肢体上的体验，那么中国音乐教育杂志社金亚文教授的课给我们的就是一次心灵上的愉悦。金教授通过一首《老师我想你》这首歌的欣赏,不但告诉了我们怎样引导学生有效的欣赏,还教给了我们欣赏的步骤,同时我们也感受到了《老师我爱你》这首歌的旋律之美,简直就是一种享受。这两位教授真是令我无比的敬仰和崇拜,他们也将是我今后努力的方向。

在这次培训中除了以上那些美好的瞬间外,也有一些让我觉得遗憾的地方,也很令我难忘。

10月11日开始我们进入了"影子教师"跟岗培训阶段,在此期间,我们参加了"影子学校"的家长听课日活动,一位年轻的老师在上家长听课日的公开课时,课堂上出现了纪律混乱、课堂失控的境地。看到这种现象,我很是不能理解,于是在跟岗实践总结交流会上,我说出了这种现象,后来我才意识到所有人都谈的是"影子学校"的优点,而我却提到了缺点,当时,我就后悔了,觉得很不应该。其实,我并不是想在背后说他们的坏话,我只是想说出这种音乐课上的共性,供大家一起讨论交流,看最终能不能形成值得研究的课题内容,却没有与学员达成共识,这件事让我觉得很遗憾。从这件事中让我明白了:有些事是可以说的,而有些事是不可以说的,有些事要想说就要注意方式方法。

另外,在对许彦、左秀玲和袁霞三位老师的汇报展示课进行评价时,我只评了许彦老师的课,却没有评其他两位老师的课,这件事考虑很不周全,三位老师都很认真地为我们准备了展示课,出于对三位的尊重应该分别进行评价,而且应表示感谢,通过这件事,使我明白了发言也一定要讲究艺术性。

这两件事是我在这次培训中留下的两个小小的遗憾,在今后的为人处世中,我将引以为戒,三思而后行,因为"凡事预则立,不预,则不立"。

转眼间,三个月的培训结束了,这期间我品尝到了思考、交流和研讨的乐趣,体会到了工作、学习和成长的充实与快乐!感谢"国培"为我提供了这么好的学习平台,我将把在这里所学到的一切,逐渐渗透到我的教学实践中,努力使自己的教学生涯常教常新。

"国培"伴我成长

铁玉芳

吴忠市第一中学

2009 年

作为一名参加工作十多年的语文教师,我一直在农村任教。相对来说农村的教研相对薄弱,凭着自己的努力和摸索,我总结了一点经验,但是在工作中我常常觉得教学遇到了瓶颈,为此,我很苦恼。这时,学校、教研室给了我一次这样的机会,系统而扎实的"国培"培训还是头一回参加,从中我受益匪浅!

作为一名普通的农村教师,有机会来充实和完善自己,我觉得我的努力得到了认可,我很骄傲。但通过培训,我更多的感受是压力,是时不我待的紧迫感。

在培训中,我经常感觉到自己与一名优秀的语文教师的差距,他们很多都已经形成了自己的教学风格,无论是课堂教学还是教学方式都趋近于完美。即使是特岗教师如四中的马学梅、杨马湖的苏晓军等都已经能够独当一面了,我也希望自己的教学能够迅速由粗放型向细腻型转变!

回首"国培"远程培训,真是内容丰富,形式多样,效果明显。培训中有吴忠市教研员马凌涛老师的细心指导,有市区中学优秀教师的示范课,有一线教师的亲自评课、讲课,有学员围绕专题进行的各种学习,还有我们回校后的教育教学实践。语文教研员为我们精心安排的这些培训内容,使我心中充满了感激。

那一年的学习,我既有观念上的巨大转变,也有理论上的提高,更有教学艺术的提高。那是收获丰厚的一年,也是促进我教学上不断成长的一年。所以我一次又一次地告诉自己必须要以十二分的干劲和热情努力!

2011 年

2010 年,由于学校布局调整,三校合一,我成为了一名城市教师。初入城区学校,新的教学环境、新的学情、新的同事,我面临着巨大的压力。

这时,作为一名青年骨干教师,我参加了"国培"远程培训。每天看见同事们在电脑前,点击鼠标,敲击键盘,观看视频,很认真地进行着"国培"远程教育,觉得挺新鲜挺有趣的,感觉会是很轻松愉快。拿到账号后赶紧登录,进行视频学习,写评论交作业。大概看了几个视频,交了五六个作业后,心情就不那么愉快了,时有疑惑和着急。有时候视频播放只有二十来分钟,而要求是四十五分钟,不知道是退出还是重头再看。有时候,视频与文本资料对不上号。有时候,只有视频,而没有文本或 PPT。考核内容也比较多,观看视频有要求,作业多且要求原创,还要写评论、写反思、交总结,其他学科的远程培训好像没有生物学科要求的严格,作业也不多。正好这段时间又碰上几个大型的检查,感觉到培训与日常的工作有冲突,很多的学习任务都只好集中在周末进行。要想顺利培训结业且达到培训目的,对自己的业务素质的提高真正有帮助,还是要克服一定的困难。

幸好,在学习中渐入佳境。从中我不仅在教育教学方面有长足的进步,在班级管理中也有了自己的一套办法。在学习结束时,我深深地体会到在远程培训中,有更丰富的教学资源、更多的合作伙伴与自己讨论、交流。真是受益良多!

这样,在培训结束后,我被评为优秀学员,受到了领导和同事的认可,我在新学校扎下了根。

2013 年

2013 年 8 月 11 日至 11 月 11 日,作为自治区级骨干教师培养对象,我参加了 2013 年宁夏大学"国培计划"初中语文置换脱产研修班,为期 3 个月的学习。

研修大致分为两大板块:其一是教育教学理论的学习和研讨,聆听区内外教育专家、区内知名的教研员、一线语文教师关于教育教学理论、课堂教学研究和学校德育教育、教育教学管理等方面的讲座;其二是进入银川十五进行为期两周的跟班研修学习先进地区和学校的教育教学经验,并与指导老师进行交流,亲身体会新的教育教学理念发达地区的实施。研修期间,积极参加各种研修活动、完成相应的学习任务,做了详细的笔记,保质保量地完成了培训要求的各项任务,圆满结束了研修任务。

经过 3 个月的学习和研修,对我自身专业成长有了很大的推动作用,在学习和研修的过程中,我有了许多收获:教师不能作为教科书的传声筒,教师对文本应该有自己的解读和认识。要通过主问题的引领来引领学生学会欣赏、运用语言文字,热爱生活。

参加专家引领、同伴互助,我深刻地体会到:越反思,越觉得自己在教学的道路上越渺小,觉得自己荒废了太多太多的时光。不仅产生深深的愧疚,觉得自己肩上的责任重大,不敢再有丝毫的懈怠之心。

回首这么多年我的成长历程,我欣喜:我与"国培"一起成长。"国培"伴随着我,由普通的农村教师成长成为一名自治区级骨干教师培养对象。每当我在成长道路上遇到困难时,总是"国培"给予我指导,引导我走上正确的道路。每当我觉得疲惫时,总是"国培"让我看到:更多优秀的同仁们,他们的坚守、信念,鼓励我继续向前走。当然,在教师专业化的道路上,未来的路还有很长,但我相信:未来的路我会走得更坚实!

化蛹成蝶 只为美丽绽放

安建忠

银川市贺兰县教研室

2013 年 8 月 10 日至 11 月 10 日,我非常荣幸地参加了 2013 年"国培计划"自治区级第四期骨干教师培养对象置换脱产研修。脱产研修以其特殊而独特的魅力带给我回味无穷的学习体验。通过 90 天的培训,我感悟到了什么是精彩的人生,我听到了许多美丽的教育故事,我收获了许多深邃的教育思想。我心海激荡,在这里我聆听到了教育花开的声音。回首三个月的培训、学习、跟岗实践活动,感觉不虚此行,令我难以释怀。不仅仅是因为我全身心地投入了学习的全过程,收获了丰厚的教育教学专业知识,更因为这次"国培"置换研修让我学会了思考,唤醒了我久远教育理想,拓展了我的教育视野,提升了我的教科研能力,让我的教育思想和教育行为有了真真切切的转变。

一、进入思考的境界,享受专业知识学习的快乐

50 多名区内外专家为 410 名区内各县的骨干教师进行了为其 50 天的理论培训,这在我的教师生涯中是少有的,使我终身享用。

马兰、仇千记、贺晓锦、任菊莲、杨馨凤、宋光琼等教研员分别从小学语文识字写字教学、口语交际、综合实践活动、阅读教学、习作教学五大领域结合具体课例(事例)做了实践性引领和指导。让我明白了如何以学定教,如何开展校本教研,如何指导学生写话、习作等。"国培"学习不但告诉我"教给学生什么",而且结合实例,告诉我"怎么做""为什么要这么做",提升了我的教学技能。听了专家们紧扣新课标理念、深入浅出的讲析,充实了我的头脑,使我领悟到了教学的精神实质,也提高了教学能力。

陈玉华、华俊昌、陈琼、郝振君老师的参与式教学实践与指导,让我们看到了合作学习的魅力和优势。张丽锦、吴增强、马丽、丁晓玲、曾祥岚老师的心理学辅导,让我们知道了健康的真正要义和如何疏导心理健康的问题,并找到了对策。在"国培"的第二阶段,我来到

了西夏九小，开始了自己培训实践的第一步。自此，一个个早晨、一堂堂课，一声声问候，让我执着于说课、听课与教研的常态教学活动中。在这期间，给我影响最深的莫过于指导教师王君。在实践的三个星期里，她毫无保留地把自己真实的课堂再现给了我，因为真实，固然让我看到了些许缺点，但最令我难忘的还是特色化的常态课。实事求是地讲，我的确学到了几招。

二、拓展视野和思路，专业能力得以提升

研修期间，我一直在思考什么样的课才是一堂优秀的课。个人的思考总觉得不成熟和难以操作。在二十一小、湖畔分校、西夏九小、七小听多位教师的精彩课堂让我醍醐灌顶。好多节课给我留下了深刻的印象，使我真正看到了素质教育的课堂。他们的课堂教学目标简洁明了、教学内容简约充实、教学手段、媒体简单实用，教学环节简化朴实，教学语言简洁流畅，教学方法、策略灵活，落实了教学真实，教法朴实，训练扎实……贯彻了简约、务实、求实、有度的教学理念。让我真正理解了"简简单单教语文、扎扎实实求发展"的内涵。我想，在今后的教学中，一定会让学生把自己的创造力展现在语文课上，让其在知识的海洋里自由翱翔。

在跟岗过程中，在有效教学方面，我也学习到了一些技巧和策略。比如教学目标的确立问题，课堂问题的设计，教学过程的设计，对学生的评价等。当然，有效教学还必须懂得如何规范教学行为，比如懂得如何突出重点、化解难点，如何进行课堂拓展，如何总结课堂所学等等。我在不断地反思自己的教学行为，我的教学行为是否规范，我的课堂是否有吸引力、我的教学是否有效等，得到的答案是否定的。我也许顺利地完成了教学任务，教授完了课本上的知识点，迫使学生记住了一些基础知识，但是，我的课堂是没有活力和激情的，我没有注重教学中的细节来调动学生的主动性和积极性，培养学生的创新意识，我做的一些教学改革还只是皮毛的，没有深入骨髓和触及灵魂。本次跟岗实践让我在反思中有所收获，让我在学习中找到了方向。许多一线走出去的专家、教授都是将细节转化为理论，再用理论结合实践。

三、专家引领和示范，提升了专业理念和师德

华俊昌老师的校园文化及校本教研，让我们感性认识了文化的内涵。他用独特的视角、深邃的思考，扎实的工作作风和积极乐观的心态，使我深切领悟到"学高为师、身正为范、学无止境"的真谛；他用有趣的故事启发我们，用独特的教学风格和生动的语言感染我们，用他的成功经历引领我们：校本研究的重大意义，如何开展校本研究，校本研究成果的呈现方式是什么，以及校本研究的管理办法。我们要学习他"教育就是生活，在生活中创造教育，在教学中实践生活"的精神理念。郑桦、马生林、张燕玲、陈春霞等教授就中国传统文

化、汉语言文字等方面阐述了继承中华经典传统文化,弘扬汉字的思想理念,我们要做个有根的中国人。潘忠宇、万平、戴联荣、郭文斌教授的师德教育讲座,让我们进一步认识到自身的使命感、责任感,立德树人,教书育人的任务和职责。尤其是郭文斌老师的《教师是一盏灯》,对我触动很大。万平老师的温暖教育让我感动,洗涤了我的心灵。

赵志坚、王林教授信息技术、网络资源方面的讲座让我们懂得了学科教学如何与信息技术深度融合的理念。田继忠、支爱玲、周福盛教授的课题辅导讲座,从课题的选择与设计,常用的方法、课题研究资料整理、成果表述与解题方面,普及了教育科研的知识和理念。尤其是课题研究是自己实践中的一个特殊收获。在周教授、田所长、支老师、华老师等专家的精心指导下,我先后五次修改课题,期间阅读了大量的资料,掌握了课题研究的基础知识。在这一过程中,各位专家严谨的治学态度和吴丽莉老师几乎苛刻的指导风格使我获益匪浅,终生难忘。我的课题《小学中高年级语文课外阅读指导有效策略的研究》经几位老师的多次指导,终于成题。是他们教会了我如何做课题,尤其是教会了我基本的方法和学习的勇气,提升了我的教科研能力,我将努力向研究型学者型教师发展。

培训即将结束,回头望去,精彩的讲座、热情的老师、朴素的学员、动人的联欢、激烈的争论、有好的交流,一切的一切,不绝于耳。回去了,就应该继续学习,继续昨日的精彩,更新今日的不凡,创造明日的业绩。

争做一名种子教师,就不忘树立一种"种子"意识,是种子,就该发芽,就该生根,就该破土而出,出淤泥而不染,经得起风吹日晒,最终结出累累硕果。因此,我会把此次培训当作自己教师生涯的一个新的起点,将 2013 年 8 月 10 日至 11 月 10 日这段时间,作为给自己建立"精神账户"的时间,以后再回到这个账户上提款,并不断地存款于这个账户,为教育留下取之不竭、用之不竭的财富,把真善美的教育留给孩子。让我们继续带着火热的心上路——让教育的人生从此与众不同。

回首研修路，这边风景独好

——"国培计划2013"置换脱产研修成长故事

马海燕

吴忠市开元小学

2013年8月10日一个美好的夏日，我怀揣着一份久远的梦想，激荡着一份热切的期待，欣然来到宁夏大学参加"国培计划"置换脱产研修学习。三个月的学习时光，来时长，去时短，总觉得就在回眸之间竟已结束行程。回首这三个月的培训，我觉得用"紧张、忙碌、充实、成长"这八个字来概括再恰当不过了。宝贵的学习机会，让我增长了知识，改变了观念，拓宽了视野，坚定了信念。在这短短的90天脱产研修的日子里，我们白天为学习而忙，晚上为作业而碌。我和学员们用智慧点燃智慧，用激情澎湃激情，一同思考，一同进步，在彼此的启迪中共同成长！我深深的感慨：这次培训是我参加工作18年中最难忘的一次旅程！当学习临近结束，当我挑灯走进夜的深处，我细品所学，总结所得，在"国培"小语班这个群星璀璨的大花园中，我似乎听到了花开的声音，看到了自己内心深处破茧成蝶的梦想……

专家引领——拨云见日，润物无声

这次培训，宁夏大学精心地为大家准备了丰富的大餐盛宴——让我们这些一线教师得以聆听区内外教育专家的生动、形象而又精彩的讲座，提高了自身的业务水平和业务知识。

宁夏大学教育学院曾祥岚院长的讲座《提高教师自我心理调节能力，享受高质量生活》，令我心动，让我垂泪！十八年来，我始终不忘自己是一名小学教师，一个中专毕业生，一个被大学拒之门外的人。尽管我的教学能力在当地学校被人推崇，尽管我的教学质量名列前茅，但我始终觉得自己就是一个小学语文教师，我的职业没有什么让我觉得光鲜亮丽的地方。然而，听了曾教授的讲座后，我突然顿悟：不论我身处何位，一定要优化自我内涵，摆脱心理困扰，由内而外的散发出属于我独有的精神魅力，做高品质的人。尤其是在曾教授的讲座中提到,作为家长要把孩子的责任一点一点归还给孩子,让孩子充满生命的能量!多好的诠释啊!听到这里我流泪了!这让我深深感受到我不是一个"好"妈妈,我在教育自己的孩子时,为他包办代替的太多了,使得我和儿子的关系成了我最大的困扰。下课后,我马上给儿子发了一个长长的短信,告诉他我的反思,我的收获,我的感受,也正因为这一次讲座,让我和儿子的关系发生了天大的变化,这也许是我参加培训最大的收获之一吧!

宁夏大学俞世伟教授的精彩报告,深深地折服了我,给我们全体学员带来了极大的鼓舞。俞教授从"师智、师德、师风"三个方面为我们进行了深刻的解读。尤其是俞教授讲到师之品行时,他是这样讲的:智性,为我事业之术;德性,为我事业之品;二者均为我师之基,为此,我一日不敢懈怠我之技,一时不敢懈怠我之德,尽管沧桑辛劳其中,从中体味学子与我智性之乐,尽管得失计较在眼前,从中倍感德性人格之贵重!这让我们每一位学员深深感受到作为教师,良好的师德师风是我们从事教学的不变信念。

这次培训研修活动形式多样、内容丰富,我们领略了几十位专家、教授的专业风采和敬业精神。他们孜孜不倦的教诲,至诚至善的人文关怀,使我们感觉到,宁夏大学是我们广大一线教师知识更新的殿堂、教学成长的精神家园。我们的思维视野得以扩展,学科知识得以丰富,思想观念得到更新,教学和研究能力得到提高。

跟岗实践——如影随形,如沐春风

"岁月如歌,时间如风!"转眼,"国培计划"已到了"跟岗研修"时间。我们有幸被安排到了银川市第二十一小学湖畔分校这所名扬区内外的优秀学校。半个月的影子实践让我们感到了湖畔小学办学有深度、教学有亮度、育人有宽度!

在湖畔,我们每一个学员都珍惜机会,与指导教师如影随形,下深水近距离交流,全方位观察。感受影子教师的教学理念、教学行为和教学效果。影子老师们的教学风格迥然不同,但是她们都共有一个共同的特点:课堂随堂不随意,我们亲眼目睹了名师的课堂教学,亲身体验学校的教研氛围,培训中指导教师手把手地教,学员虚心好学,勤于思考,深入研讨,思想碰撞,闪烁着智慧的火花,学到了真本领。使得我们的内涵变得深厚,眼界变得开阔,心中如沐春风。

半个月的如影随形地学习,让我们把第一阶段的理论学习和导师的课堂教学实践结合起来,真正领悟了语文教学的核心是"一个中心""两个基本点",即以语言训练为中心,培养学生听、说、读、写的语文能力,提高人文素养。语文教学要由"教教材"变成"用教材教",由"教课文"变成"用课文学语言、用语言"。

给我启发最大的还是湖畔小学别具特色的教研活动。在短短两周多的时间内,我亲自参加了四次教研活动,有以课为例的课例分析研讨活动,有抛出话题教师思维相撞的话题教研,有多组共研的集体备课活动,有专题交流活动,每一次活动都开展得扎实有效,使我从教研活动中得到更为深刻的启示。

交流研讨——集思凝智,共同成长

在听专家讲座的同时,我积极参与教学研讨——尽管刚来时有些羞涩,有些胆小,但在研讨中,我总是努力战胜自己,走上讲台,演绎学习的激情。无论是参与班级开展的专题研讨,还是专家讲座过程中的交流互动,无论是在影子学校的教研活动,还是汇报课的公开教学,每次讨论,都有我的身影,我和学友们、同事们共同交流,共同研讨,开拓了教研视野,而这些,也使得我渐渐变得自信!

还记得 9 月 24 日的晚上,我们小语班在教室里进行又一次的专题研讨活动,而这次活动在班长的安排下由我来主持。接到这个任务时,我感到犹豫而忐忑,因为我知道我们小语班是藏龙卧虎的地方,许多学员都是来自各市县的校长、副校长、教研员等,他们的专业水平和教学能力都是当地首屈一指的,我在这样一个群体面前主持活动,那可是需要胆量和机智的,但是一番思想斗争后我欣然接受了。我认真的做了活动前的准备工作,围绕"语文课堂教学中的教学资源"这一话题搜集并整理出了许多资料,并对研讨活动的形式进行了细致的安排,结果,这次活动开展的非常成功,许多学员都谈出了自己的认识和见解,活动实效性很强。

我最想说的是:这次"国培计划"脱产培训帮我完成了我人生的破茧成蝶的最美时刻!"相信今后,我的教学生涯会越来越自信,越来越精彩!

反思总结——取长补短,拔节开花

从到宁夏大学学习的第一天起,我每天都认真完成学习感悟、学习反思的撰写,于是在每天的反思中,我学到了许多——

在仇千记老师的讲座中,我明白了"语文是写出来和读出来的",教师要引导学生进行语言的积累,让语文学习焕发出生命力的活力,让语文学习充满成长的动力,让语文学习绽放智慧的潜力!

在马兰老师《作业的设计、批改与检查反馈》中,我明白了作业要倡简增效,务本求是,一课一得,得得相加,就会转化为学生的学习能力。

在顾丽萍老师的常态课中,我领略了语文教学的真谛:"教育到底是什么?它是当人们忘记了书本上的知识后而仍能留存的东西。这仍能够留存的东西首先应该包括老师的关爱与魅力,也包括一把把开启智慧大门的金钥匙,即能帮助他终身学习的学习方法。"

弹指一挥间,为期三个月的小学语文骨干教师"国培"研修即将落下帷幕。我们如期完成了本阶段的研修任务。三个月的朝夕相处,三个月的孜孜以求,三个月的交流碰撞,我们结下了深深的友谊,也收回了沉甸甸的果实!这次培训研修,不仅使我们的知识得以扩充、教学理念得以更新,更是对心灵的一次洗涤!我轻轻告诉自己,在今后的教育教学征途中,我要做一名热爱学习的教师,做一个真正的行动研究者,更做一个教学领跑者。我要把这次培训学习的新知识带回去,要通过自己的努力,带动身边的伙伴,共同奔跑在专业成长之路上。一切似乎在瞬间,转眼之间三个月就已过去。从一开始的忐忑不安到逐渐从容,到最后的不舍,回顾培训期间的日日夜夜,点点滴滴,真的要对本次培训活动说声谢谢!

　　这次培训,就像冬日里一抹浓浓的绿意,带给我无限希望!回首研修路,这边风景独好!

教科研引领我成长

简　玲

银川市第十三中学

在我的心目中,教育科研就是使我在教学心智上成长发育的启蒙老师,是我在教育理念上积极转变的热心向导,也是我们所有学科教师的好伴侣。

这不禁让我回忆起 1996 年参加工作一年半的时候，那时我还是一名师范毕业生,分到贺兰县旭光一小任教。那一天学区教导夏主任拿着一份银川市教科所征集论文的文件,让我试着写一篇论文。我当时心里想,写教学论文?我从来没有尝试过,写什么,怎么写呢?平时只顾着低头干活,不去抬头看路的我,拿起不常翻阅的教科研杂志,看看人家怎么写论文的。这一看,我就稍微有点眉目了,写论文原来就是教学理论联系实践教学,谈出自己的观点。当时我教二年级,于是我就拟写了一份《根据大纲要求,进行句子教学》,进行反复的修改,又让夏主任做了指导,然后用工整的楷书誊写了三份交了上去。我当时想是不会被评上奖的。没想到几个月过后,居然得到了市教科所一张二等奖的证书,这在我们仅有十来个人的农村小学是一个不小的轰动,也引来了同事们羡慕的目光和夸赞,说:"小简才参加工作,就有论文获奖了!"现在看来,这一张小奖状好像也算不得什么,但在当时对我来说却意义非凡,这一个小小的甜头让我知道了教学是不能只一味的低头蛮干,而忽略了自我经验的累积;也不能故步自封在自我狭小的天地中,而忽略了教学理论经验的学习。向有经验的教师借鉴和学习,可以避免我们在教学上走许多弯路。

之后,教科所王玮光所长又送讲座下乡。那年六月份,我们骑上自行车走了十几里的乡镇小路赶到贺兰二中,学区一百多位教师,挤在一间不大的会议室里,听王老师教给我们一些写论文的方法。当时,我听得很认真,本子上也记得满满的,他教我们平时要做一些教学日志,教学心得,成功或不成功的地方都可以记下来,我才明白了原来学写论文是要有源头活水的。只记得这次讲座的最后,王玮光老师用王国维《人间词话》结尾处那段"古今之成大事者必先经过三种境界……"做了结束语,对我有很大的启发和警醒。

"昨夜西风凋碧树,独上高楼,望断天涯路。"是的,积淀素质良好,业务优秀的教学功底就要忍得住寂寞,耐得住冷清,当别人浮躁不堪之时,我们依然要做的就是执着于这份事业,全身心地投入于教学之中。这种对教学勤奋钻研的态度和不断的追求上进的精神,也使我有了良好的契机,使得我在小学工作四年后调到了贺兰县四十里店中学,从小学语文到中学语文,教学领域有了全新的挑战。对待日常教学,我始终是一种严谨认真的态度,也练就了我扎实的教学基本功。1999 年,我得到了贺兰县教研员的推荐,参加全国省会城市青年教师银川市优质课选拔赛的初赛。我进行了充分的准备,讲授《变色龙》一课。清楚地记得那是 1999 年 11 月 3 日,全市优质课选拔赛在银川六中激烈地进行。阶梯教室里黑压压的一片,各市县都派了教师代表前来观摩学习。以前我曾参加过数次的贺兰县的优质课的竞赛,得到过不同的奖项,从来没有想象过有一天我会代表贺兰县的语文教师参加首府的比赛。那年我 21 岁,登上讲台,我想我这样一位从师范毕业的来自农村中学的小老师,教学水平肯定是不能跟银川市的老师相提并论了,但只要登上大赛的讲台,无论得到怎样的奖项,至少也是对自己教学能力的一种检验和挑战。初赛有 16 位选手,各有千秋,难分伯仲,参赛的老师们,或深情款款,或激情飞扬,或泪眼婆娑,而我侧重于调动学生参与。经过激烈地角逐,没有想到的是,我居然进入了决赛。银川市教研员朱为民老师,是这次活动的组织者也是评委,在做总结时我的教学设计得到了朱老师的极大肯定。至今在我心里,我一直永远对朱老师心怀感激:他没有因为我的低起点而忽视我。他的中肯的评价进一步坚定了我的教育追求和树立了我的教学信心。

很快,2000 年 3 月,我又参加了这次选拔赛的决赛。这次,我吸取上次朱老师所点评的不足之处,对教学设计略作修改。面对 300 多位听课的教师,我沉着、大胆地走上了决赛的讲台,以每一个大组为单位,展开组与组之间的竞争,学生的积极性被我充分调动了起来,学生大胆的问答,激情的诵读,极好的佳作,出乎意料的现场发挥。博得听课评委与老师的掌声。这节课,最终被评为特等奖,这是我之前一点没想到的。

随后,朱为民老师又组织了送课下乡活动。其中的一位做课人是当时在六中的王亚斌校长,讲授《装在套子里的人》。我第一次觉得语文课可以这样上:轻松、调侃、幽默、深刻,学生也从中领悟了许多,成长了许多。现在我仍能回忆起当时的一些细节,王老师深沉而富有磁性的声音似乎还在我的耳畔回响。后来,又听过王老师的《雄关赋》,他课堂上的旁征博引,时而滔滔不绝、一泻千里,让你心神澎湃;时而又柳暗花明、九曲回环,让你掩卷沉思。后来,我们因为工作又近距离地接触过几次,至今,他是我走进语文教坛以来,让我最为敬佩的一位语文老师。

语文优质课大赛,给了我展示的舞台和机会,我被银川十三中的杨鸣亮校长看好,2000 年 9 月份,调到十三中工作,一切都是重头做起。那时,银川市还没有划分三区,朱为民老师经常光临我校指导教研工作。朱老师平时待人极为温和,可评起课来却丝毫不留情面。记得我校的某老师经过精心准备和策划,讲了《唐雎不辱使命》一课,下课后,朱老师问旁边的学生,题目怎么理解,学生没有答上来,评课时朱老师就严厉的批评道:"学生连课文内容都没有理解,连题目意思都不知道,一上课就让学生进行表演,怎么表演?即使表演,也应将正确的知识展示给学生……"朱老师的一番评价,把当时做课的老师都说哭了。也正是朱老师这种对各校老师严格要求、对工作精益求精的精神,才使得我们在朱老师的指导下不断进步,全国的大赛上才有数次获得一等奖的老师!

2002 年,全国语文优质课大赛在银川举行,来自全国各地的教学能手展示了自己的风采,同时参加这次大赛的有唐中和十中的教师,那时的感觉是我们银川市的语文老师一点儿也不比一、二线城市的老师弱。当然,这对于我们广大的语文教师来说,又是一次难得的学习机会。

2005 年金秋十月,在教科所的应邀下,全国特级教师苏州十中的黄老师在银川三中对我们进行苏教版教材培训。黄老师除了将苏教与人教两种不同版本的教材进行对比外,还着重向我们传授了一些在课外阅读方面行之有效的做法。这次培训,虽然牺牲了黄金周的休息时间,但听后我很是受益,也在一直思考,怎样改变语文教学这种少慢差费、事倍功半的现象?怎样让我们语文教师从一天早晚埋头批改如山的作业、作文堆中解脱出来?新一轮的教学又开始了,这一次,我没有和备课组的其他老师一样,去给学生订购课外练习册,然后就是在早读、自习没完没了的练习、讲解。而是按照黄老师的方法,从调动学生的课外阅读积极性和培养阅读习惯入手,慢慢渗透,使学生爱上语文、爱上文学,从而逐步提高阅读与写作的能力。三年中,我一直坚持着对课外练习册的拒绝使用和对课外阅读的执着要求,只在中考复习时用了教育厅教研室编写的《学习之友》。三年阅读实践的坚持,使得我所带的两个班的中考成绩远远高于校平均分之上。饮水思源,这还要感谢远在苏州的黄老师的传金送宝。

时光又前进到 2008 年的夏天,我又带新一轮的学生了,教科所的任颖老师来我校随机听课,那时我正在进行有关人物描写方法的系列指导,拍摄并剪辑了师生中一些眼部特征的画面,指导学生写作《怎样描写人物的眼睛》。这节课,因为我对幻灯片上人物眼部特征和内涵没有进行很仔细的观察和体会,使得学生在课堂练习的片段中也出现了一些问题。评课时,任老师一一仔细的给我指了出来,包括如何对学生的习作进行有价值的点评,任老师都做了示范。应该说,在教学的成长之路上,针对学生习作的实际情况,如何有效地进行指导,我还是一个盲点,任老师对我的悉心指导,使我又避免了走许多弯路。

又是一个六月,2009 年临近中考时期,王玮光所长亲临我校,面对面的给 500 多毕业生讲授考场作文的技巧,怎样确定中心,怎样命题,如何根据文章中心选材,如何提高文章的立意,怎样开头结尾、合理安排文章的结构,如何写好话题作文,拟一个靓睛的标题等等。王所长用了整整四个下午的时间,解答了许多学生在作文方面的困惑,给炎热烦躁的六月带来了丝丝凉意。当时,我就在想银川市二十多所初中学校,这一轮要是挨个讲下来,得耗费多少精力?说实话,王所长的这种敬业精神着实令我感动。

聆听了任老师和王所长的作文指导后,我对指导学生的作文教学有了一定的把握。2010 年底,我代表金凤区参加了银川市优质课大赛,向别人避免的作文教学发出了挑战,课题是《一举一动总关情》,指导学生如何进行人物动作的描写,在 40 多个选手之中,我新颖的设计荣获了一等奖

2011 年暑假,我有幸参加了银川市第四期骨干教师的培训学习。张建才所长为我们 100 多位教师进行了《教师专业发展与骨干教师角色的扮演》的讲座。张所长底气十足,浑厚的声音,一上台笑言:"暑假很美好,培训很烦恼,是不是?"我们大伙齐曰:"是。"这番幽默的开场白给三伏天精神倦怠的我们打了一个强心剂,顿时我们也来了精神。张所长的讲座深入浅出、通俗易懂、新颖别致,骨干教师需要扮演好"海绵"的角色,"蜜蜂"的角色,"火种"的角色,"厨师"的角色,"熟练工匠"的角色,"农技员"的角色,"望闻问切"的角色……这些,与众不同的拉家常式的方式,将日常生活与教学联系起来,是我闻所未闻的,天哪,我怎么就从来没这样想过呢!

"众里寻他千百度,蓦然回首,那人却在灯火阑珊处。"十八年教学生涯,一路上有你相伴,我与教科所结下了不解之缘。在教科所的悉心指导下,我成为金凤区第一批骨干教师;多篇论文、教学设计获得不同级别的奖项;代表银川市语文教师做复习研讨课,向三区两县送课;加入了自治区级的创新作文课题组,并有一定的成果;去年,向自治区第四届基础教育课题组申请并立项了《在生本理念下初中语文阅读教学组织形式的研究与实践》,成为课题的负责人。去年,我在全国语文大赛的课堂上一展风采,实现了多年的夙愿!

又是一个金秋时节,又是一个收获的季节,我又坐到了 2013"国培"中语班的课堂上,怀揣着饱满的热情,珍藏着希望的种子,酝酿着对课堂教学艺术的再次提高,带着一种美好的向往,一种青春的激情,投入了火热的学习活动中来。每一天都过得那样充实而有意义,每一堂精彩的讲座都能给我带来深深的触动。"衣带渐宽终不悔,为伊消得人憔悴。"未来的路上,我将继续上下求索,用三尺讲台铺就更好更高的篇章,真正成为一名脚踏实地、与时俱进的教育工作者。

教师个人成长故事

张建锋

中宁县第六中学

时光如白驹过隙，转瞬即逝。以前写文章常用这句名言，只觉得它好有文采；现在每每读到它，回想起自己从教 20 年的历程，对它便有了一种从未有过的真切体会。我是一个平凡的人，但我懂得笨鸟先飞，多一份付出，多一些勤勉，经过这么多年的累积，便多了一份属于自己的思考和感悟。今天抱着学习的态度，与大家交流成长体会，收获成长快乐。

回首往事，我常有这样的体会：每当忙碌了一天后，我总会拿"太累了、该放松放松"等托词来给自己业余时间的"放假"找理由；我也常陷入这样的窘境：忙了一天，忙了一个星期，或是更多，可每当回首这段时光的时候，往往是一片空白，好像什么都没做。为什么会这样呢？因为少了一份学习，少了一份反思，更少了一片宁静的属于自己的心灵空间……如此日复一日，当我蓦然回首时，已然"尘满面，鬓如霜"。我不止一次地这样设想，不止一次地感到可怕。

正因为有了这样的忧患，所以在我的教育工作中，更多的时候还是充实，还是不断地在进步。在我这些年的成长道路上，我身边的老师们一直在引导着我，激励着我，使得我多次在全区论文比赛中获奖。我所取得的每一点成绩，都离不开他们的真情帮助。每一位老师可以说就是一本"人"字的教科书。每一本书都是能够很快发挥教学功能的书；每一本书都是能够用自己的生命实践为学生编写教科书的人。在他们身上我看到了老师的智慧，而才学其实是"书"的内容，所以我养成了阅读课外书的习惯。法国卢梭曾经说过"青年是学习智慧的时期"，读书让人明智，读书让人深刻。阅读的习惯对于我的工作、我的成长，帮助是巨大的。我希望可以自豪的站在我的学生面前说："我是一本永远也读不完的资料书；一本让他们每天都惊奇的教科书！"

如果说，身边的榜样引领着我成长的话，那么自身的不断努力，则是成长的必备条件。我喜欢这样一句话：实践出真知，磨砺育新人。用在我们教师身上，又是何其的恰当。回想自己这些年的从教经历,感触最多的是工作越忙碌内心就越充实。

回顾多年所走过的脚印,无论是深深浅浅,无论是大大小小,都有值得回忆的经历。如果说我在"虚心学和勤实践"上做出了一点成绩的话,那么更引起我注意的还是在这些过程中存在的欠缺和不足。无论是教育还是教学工作,在探索过程中,"此事躬行"方知浅,学海无涯需努力,少壮工夫老始成,莫使金樽空对月。这是我借古诗拼凑的心得体会,当作结束语!

太阳的事业，绿叶的情怀

季小煜

中宁县第一小学

芸芸众生，茫茫人海之中，我只是一名平平常常，毫不起眼的小学教师，然而，我依然快乐地经营着我朴素而坚实的人生。我匆匆的脚步，从来没有停止过追求，在教学改革的大潮中，我从没有吝啬过心血和汗水。因为我坚信：既然选择了教育事业，那么，我就要为教育事业贡献自己的一份力量。

1995 年，我带着投身教育事业的憧憬，走上了教学工作的岗位，踏进了小学校园的一刹那，看着一双双清纯明澈的眼睛，听着一声声清脆甜美的童音，我便感知了无怨无悔的一生，知道了明天的任重而道远，也知道了通往教室的小路是那样短，几分钟就能走到，然而，它需要我走上一生。我阔步迈上讲台，星光蜂拥而来！期待蜂拥而来！渴望蜂拥而来！热诚蜂拥而来！此时，我就像哨兵走上岗哨，像农民扶起了犁杖，我感到肩头的沉重。这是目光，这是几十双神奇的目光，他们拍摄了我每天的一举一动，此时，我更深地理解到：如果没有伏羲氏教人狩猎，没有神农氏教人稼穑，人类能摆脱愚昧成为造物主的宠儿吗？如果没有孔子用《诗》《书》《礼》《乐》教弟子，没有马卡连柯用热诚的血汗谱写《教育诗篇》，人类能造就文明成为自然界的骄子吗？我们不仅要教给学生知识，而且我们的一言一行、一举一动，都将深深地影响着学生，影响着一代人的健康成长，我们的责任是多么的重大啊！

也许有人会这样认为，小学教师不外乎是教学生认认字、教学生加、减、乘、除，是一种很轻松的劳动。但是，十几年的工作经验告诉我：做好这份工作，不仅要付出艰辛的劳动，更重要的是靠心灵去感受、去体验、去耕耘，教学工作是一种心灵的艺术。

一次期中考试后，我班不及格的依然是张浩——那个长的乖巧但不爱学习的小男孩。

他平时活泼好动，能说会道，可只要一沾上学习，就像泄了气的皮球，两眼黯然无神。卷子上鲜红的 50 分就像烙铁烙在我心上一样火烧火燎的痛。当张浩听到自己的分数时，他的脸刷的红了，教室里有些骚动。"还记得你上次考了多少分吗？张浩。"这一个突如其来的问题使全班同学都愣了。我微笑着说："我记得很清楚,是 49 分,同学们,请问这一次的题比上一次的题是简单了还是难了?"同学们都不清楚我是什么意思,但还是异口同声地回答:"难了。""那么张浩的学习是进步了还是退步了呢?"一阵沉默后,一只只小手举了起来"他增加一分,是进步了。""张浩这段时间学习刻苦多了,所以学习进步了……"张浩很诧异地听着同学们的发言,埋着的头渐渐地抬了起来,无所谓的眼神没有了,眼眶里居然看到晶莹的泪花在闪动,终于,他忍不住了,趴在桌子上啜泣起来。这个曾经被同学们视为最不爱学习的学生,竟然为"50 分"而掉泪了。我看着他抽动的肩膀,眼圈不由红了,一时说不出话来。

我时常反思自己,我就像一个种庄稼的农人,正以我的智慧和心血,辛勤和汗水,浇灌着一块块麦田,这些麦苗儿在阳光雨露的滋养下,一节一节地拔高、长壮,然后各自开了花,长出果实。当然,这块麦田里,很可能参差不齐,但每一株麦苗都是独特的,都有开花结果的梦想,都向往着美好灿烂的明天。"50 分的表扬"告诉我,作为麦田的守望者,不仅要会"锦上添花",更要会"雪中送炭"。对暂时的弱势者,应多一分宽容,多一分理解,多一分爱心,多一分鼓励。宽容铸就自信,理解传递真情,爱心成就希望,鼓励放飞理想!

"宝剑锋从磨砺出,梅花香自苦寒来。"有一次,学校要和其他兄弟学校搞教学研讨活动,我又承担公开课。不巧的是那几天身体不舒服。没有办法,我只好找校长要求换人,可校长的回答是:"要处理好个人的事情,更要干好本职工作。"我碰了一鼻子灰,灰溜溜地回到办公室,开始备课。课备好了,回到家中进行演练。儿子当学生,老公自然成了听课人。我不停地问,儿子不停地思考回答,老公时而点头,时而微笑。那天,为了当好我的陪练,儿子没有完成家庭作业,老公耽误了一次朋友的酒会。第二天上课时,我发挥得也不错,赢得了几百名听课教师的阵阵掌声和领导的好评。中午下班后,我带着胜利的喜悦回到家中,感谢老公的支持,老公笑了。再看看坐在一旁的儿子却一言不发,满脸不高兴的样子。我问道:"儿子,怎么了?""还问呢,都怨你,昨天的家庭作业没写,老师罚站了,真丢人!"儿子气冲冲朝我就是一句。我笑着将儿子一把搂在怀里说:"儿子,没事,为了妈妈上好课,今天的站罚得值!"儿子无奈地对着我也笑了。

就这样,为了上好一堂公开课,我常常将课堂搬进了教研组、办公室,搬回了我家的客厅。同组教师成了会诊我课堂教学的名医,我的孩子变成了我的学生,我的丈夫成了我最忠实的听众。一次又一次,一遍又一遍,我对着家里的大镜子讲了再讲,练了又练。看名师课堂,听专家讲座,问身边的教师,思自己的课堂。常听常看,多思多想,多用心,磨砺让我的课堂变得精彩纷呈,让我的羽翼更加丰满。

"崖头滴水,日复一日,年复一年,以天下之至柔,驰骋天下之至坚。"或许,教学之精髓莫过于此。19 年的教学之旅,虽布满荆棘,却依然诗意。每一个早晨都是一个愉快的邀请,每一个深夜都是一份充实的回味。一路走来,步履匆匆,蓦然回首,梦想在心头开花。

2013 年的 8 月 9 日是个特殊的日子,我得知要参加三个月的"置换脱产研修"培训,满心的欢喜和期待不言而喻。我期待有这样的学习机会,来提升我的业务素质。走进"培训",整日的忙碌和辛苦让我不可名状;深入"培训"紧张的幸福和充实不期而至。转眼间,三个月过去了,回顾三个月的学习生活,不论是思想的丰实,专业的提升,还是置换学校的先进教学理念,都深深的撞击着我,我像井底跃出的青蛙,看到了教育这片浩瀚的天空,是如此的枝繁叶茂、鲜花盛开、阳光灿烂,让我目不暇接。在"培训"的日子里,我珍惜每一天的学习机会,每一天都有精彩,每一天都有进步,每一天都有收获。

专家引领,快乐成长。培训期间,认真聆听了许多专家教授的精彩报告,及时同众多一线的同行进行交流,每一天的培训都让我有所收获,每一天的交流都让我深刻反思。在悉心倾听中,在交流碰撞中,我重新审视自己的教育教学,不断地进行反思,可以说每天都有新的认识、新的体会,每天的学习都让我受益匪浅。例如:我听了北京市东城区史家胡同小学语文教师、班主任万平老师的讲座,以文载道,以教养德,润物无声,小小的日记,见证着孩子们的进步与成长。这春风化雨、润物无声的日子,让我知道,教师工作是神圣的,一线工作更是具体、琐碎、辛苦而平凡,但是平凡的工作决不平庸!因为工作着是美丽的……我不能一一列举每天的感动,也不能倾诉每天的思考,但在内心深处,我已将它们化作一种动力,点燃自己心灵深处的火种,激励自己不断前进。

专业提升,服务教学。在分科培训过程中,我重新审视了自己:作为一名教师,只有不断地夯实自己的专业基础,才能更好地服务教学。专家的讲座和范画让我如沐春风、耳目一新,也让我经历了一次次思想的洗礼,享受了一顿精神上的营养大餐,他们的讲座为我们一线教师的教学指明了方向——以人为本,走进学生的思维,做有效的教学,关注学生的成长。

交流实践,开阔视野。根据"国培"办的要求,2013 年 10 月 10 日,我与来自各县市的21 位老师,怀着喜悦的心情走进银川二十一小湖畔分校,近一个月来,我抓住这个千载难逢的机会,充分感受了本校先进教育理念、教育方法、教育思想、管理经验,领略了该校的文化建设、办学特色、经验分享、活动开展等方面的实践经验,让我受益匪浅。

课题研究,升华思想。通过学习我将认真反思自己的教学,探索课程中的亮点、热点、难点问题,将"国培"的教育理念和方法运用到教学实践中,真正实现融会贯通,努力做教科研教师。根据自己的学科特点和本校实际制定了教研课题《中宁一小美育校本教材的开发和研究》,我将借助"国培"的东风,加强思考和反思,做好后续的课题研究工作,使自己研有所得。

三个月的培训生活虽然短暂,却让我回味无穷。"国培"像一座大山,以它的厚重孕育着生机和活力,使我如痴如醉;"国培"如一股长流水,以它的鲜活滋润着我们的心田;"国培"以它特有的高度,让我们有机会站在新的高度极目远眺,广纳博取,为教育的发展贡献自己的力量。

　　漫漫人生路,追求与探索中,我将永远点燃激情去跋涉。因为我坚信:行者无疆,不惧沧桑。只要去跋涉,脚总比路长;只要去攀登,人总比山高。

　　作为一名教师,生活给予我的只是一支粉笔,我却用它描绘生命的蓝图;作为一名教师,社会给予我的只是一把耕犁,我却用它开垦知识的田野。飞扬的粉尘将染白油亮的乌丝,劳碌的时光将拓深光洁的额头,蜡烛成灰的过程将诠释一生的结局,但为了犁园的芬芳,我愿把华美的青春融入这清贫的日子里。

　　我漫步在校园,一种深深的情愫荡漾胸间,我是一株小草,但小草也有小草的光芒,只要春风吹到的地方,就会染绿山川和大地。我们也许是平凡的,但是我们一定要有选择:成不了太阳,星星要做最亮的一颗;成不了森林,树木要做最有生命力的一棵;成不了花朵,绿叶要做最肥硕的一片。只要我们坚信自己,百折不挠,自强不息,一定可以在自己的工作岗位上开创出一片灿烂的天空。

　　"三尺讲台一梦牵",我将一次次地走上讲台,挥动教鞭,弧线如虹,我进一步懂得了美丽和纯真!三尺讲台,我始终不会离开你,我依恋的伴侣!你是我永久的归宿,是我耕耘的土地,是我欢乐的伊甸园,是我青春的缩影。在这里,我的人生更加坚实,我的责任更加重大。

　　我选择了太阳的事业,绿叶的情怀!我骄傲,我选择了太阳底下最光辉的事业。我骄傲——我是一名小学教师!

先做一个好学生，再做一个好教师

黄桂珍

中卫市第四中学

时间过得好快,接到培训通知到宁大报到的时候还穿着半袖长裙,而今我已经换上冬装了,这意味着为期三个月的"国培"置换培训学习就要结束了,真有些不舍。通过这段时间的学习与交流,我不仅学到了许多书本上学不到的知识,而且结交了不少教育知己,虽然学习安排得很满很紧张,作业量也很大,生活条件又比较艰苦,但整体感觉良好。一句话概言之:累并快乐着! 起初,有些抱怨;后来,一片痴情。"国培"给了我太多的启示和感慨!

教学近 20 年了,教材内容已经烂熟于心,不带课本都能讲好一堂新课。虽说教材在变,可是很多内容依然保持不变,靠着自己积累的教学方法,成型了的自己独有的一套思路,觉得上课真的没什么的。谁知在接下来的培训中,真的是让我"大开眼界",完全超出我的"第一感觉"。培训的内容丰富,培训课程的设计非常贴近我们的课堂教学,贴近教师实际现状,这些内容一部分正是我们所需要追求的,一部分内容又是需要我们要改变的。

平时工作在教学第一线,忙于上课,忙于排练、忙于各种大型小型与音乐有关的活动,在我的脑海里,品质高尚、知识扎实、教法娴熟就算是一个好教师了。虽说自己在教育教学实践中也发现了许多问题,有了一些思考,也曾经尝试过从更广阔的背景中审视、研究它们,但是来自于学校的任务、家庭的琐事总是让自己一次次的只考虑如何把具体的任务完成交差就好,而无暇寻找时间来进行系统的教育理论学习。

曾经的自己很有上进心,很好强,在大学的时候就入了党,一直保持班里的前三名直到毕业,可是参加工作的这近二十年似乎把我的热情扑灭了,工作的周期重复让自己对自己失去了信心,也想尽快地调整好心态,也知道自己这样不应该,可就是提不起精神,毕业前的那些抱负突然就消失得无影无踪,追求、理想也跟着不见了,只是一味地把教师当作了一个谋生的手段。通过这次的培训,我重新审视了自己,作为一名教师不仅不能丢掉专业,更要进一步的加强自己的专业技能,要通过自身的素养来感染学生,努力在工作中寻找自己的幸福感,通过不断的学习,不断的提高来充实自己,找到自己的人生价值。实话实说,在经历这次培训之前,自己被时间支配,我想从现在开始我要主动出击,来支配我的时间。

"国培"中,我从郑莉教授那里强烈地感受到对学生的教育其实就是爱的教育、乐的教育。从爱出发,平等的爱,理解的爱,尊重的爱,信任的爱,真正把音乐带进课堂,真正让学生直接感受音乐。一个简单的手势就让课堂"活"了起来,学生"动"了起来,真正地做到让音乐打动学生,而出现学生自己主动关注喜爱的音乐,深入了解音乐的局面,我才真正感受到只要教师教学方法得当,注意和学生沟通,学生就会喜欢你,和你疯狂的喜欢音乐,玩音乐。从金教授那里我感觉到师爱要全面、公平。要教会如何让学生学会学习,掌握学习的方法,更要明确要把什么样的知识带给学生。通过这次培训,我要从以下方面改变自己:

一、改变观念

我要不断提升自己的知识结构,要勇于接受新思想、新观念。根据学生的不同个性特点,年龄特点而采用不同的教育方法。不能只靠过去的经验,过去的模式,不能再做课堂的主宰,不能再忽视学生的主体。一个知识面不广、专业素质不强的教师,很难给学生以人格上的感召和音乐上的帮助,所以我要不断充实自己,提高自己。并且要在自己今后的课堂中大胆实践,大胆的留给学生自学的时间和空间,让学生有机会锻炼自己。

二、努力让学生感受音乐的快乐

以前并没有感觉到音乐老师有多大的价值,听了专家们的讲座,我欣喜地看到了,原来音乐老师是一个多么多彩的角色,我骄傲,我是音乐教师!我要让我的学生感受到学习音乐确实是一种乐趣,是终生难忘的回忆,是人生最不可缺少的一课。现在的学生学习负担很重,很多孩子有厌学情绪,而音乐课堂就是他们最期盼的放松机会,音乐课堂可以让他们没有任何负担的轻松学习,也可以说是一种释放,我希望自己能做到最好,真正让我的学生喜欢音乐,感悟音乐,从音乐中感受到轻松,感受到快乐。在今后的教学中我也要向郑老师那样,去筛选大量的音乐作品,选择更好的给学生,我要认真面对每一堂音乐课,争取把最多彩的一面展现给学生。

三、认真研究教学

做任何事,都要讲究方法,有了好的方法和技巧,做起事来,就会有事半功倍的效果。课堂更是这样,一定要讲究教学方法和教学技巧。只有掌握了科学的教学方法,注重教学实际,了解学生情况,教学上才会收到满意的效果。所以,我决定,再不能完全依靠过去的老经验老方法了,一定要跟得上时代的变化,跟得上学生的变化。

四、在制作班级简报中提高自己

培训期间,我有幸在班里给大家承担了学习委员的职责,每天学员的作业和感言三个月来数以千篇,我从中将全班学员的优秀文章或引起共鸣的感言挑选出来,一做考核纪录,二做资料,挑选出优秀稿件收录到了我们音乐班的共五期简报之中,让培训中的所有老师都可以及时的欣赏到大家的资源,工作量之大、任务之艰巨是可想而知的。培训条件很艰苦,旧宿舍,高低床,无网络,班里也不能提供电脑,我们就自己上网吧去制作,每期简报如果第二天要上交,我都要工作到晚上 12 点以后,五期的简报中,我争取让音乐班的所有学员都有机会在简报中出现,实现了资源共享。

五、培训结束了,学习不能结束

没有互动,就不可能产生智慧的火花,"国培"不仅让我在知识上得到了更新,意识上得到了提高,我们学员之间互相交流,互相评课,互相查找不足,共同进步,在反思中更拓宽了我的音乐视野,更充实了自己在教学方法的不足,因为互动,更加懂得了教学首先要做些什么,相信通过学习,我将努力把自己的感悟应用于实践,让自己在今后的教学工作中更加出色。

学在苦中求　艺在勤中练

董新国

青铜峡市陈袁滩中心小学

　　骨干教师这支基础教育的中坚力量,对推动本地的教育教学研究、师资队伍建设等做出了较大的贡献。我羡慕受人敬仰的名师侃侃而谈,欣赏优秀教研员诲人不倦的指导,更佩服优秀青年教师无私的追求与奉献。我庆幸自己是一名有活力的青年教师,有幸成为一名骨干教师培养对象,深知上级教研部门的良苦用心,也深感肩头责任重大。

一、绝知此事要躬行,衣带渐宽终不悔

　　1. 身在基层的青年教师,需要长期、扎实的实践。每个人都希望梦想成真,但成功似乎远在天边遥不可及。2013 年 8 月我有幸被派到宁夏大学参见置换脱产培训,这是一个难得的好机会。在三个月的跟岗研修的时间里,我每天都在收获着,跟岗研修期间的学习是紧张的,但我的心情是开朗的。这期间我聆听专家的讲座,获得了教研员的点拨,得到了教师的鼓励。参与了多次教育教学研讨活动,让我感觉到组织者、参与者、指导者各自发挥的作用有多大。处于对教育的热爱,对语文教学的热爱,我如饥似渴地学习着。倾心领悟每位专家的专题讲座,躬身参与实践研修,从不间断。我深知课堂教学是我的主阵地,在影子实践培训中,我主动深入到影子学校的课堂中,和自己以往的课堂教学做对比,弥补自己的不足。

　　能以良好的心态甘为人梯,不耻下问地向教师请教的教育理念、知识和经验,使自己快速成长。实践来不得半点虚假,语文教学决不能搞形式主义、走过场、弄花架子,要从小处着手,从细节着眼。我热爱教学和学生,不管走到哪里,总是特别关注课堂教学和学生活动。无论上课还是评课,每一堂课后都认真地撰写教学或听课后记,记下收获和遗憾。我知道如果不曾深入地走进课文,不曾为它的解读牵肠挂肚,不曾在学生面前充满激情地演绎它,就不会对它有真正的了解,有真的感情。

2. 要成为一名骨干教师需要顽强自觉的学习。"一年不学习,你所拥有的知识就会折扣 80%。"如果不学习,我们甚至无法与学生交流、沟通。尤其是语文老师要视学习为一种生活方式,视学习为一种生命状态,视学习为一种人生的必然选择,视学习为生活的良好习惯。我常被大气的语文老师折服,究其原因是他们渊博的知识和勤于笔耕的实践,更有好学的习惯。我也努力养成读书的习惯:以书本为友。不同的疑惑,不同的追求,翻开书卷里面就会有你想要的答案,你也会从中悟出人生的意义。养成积累的习惯:以报刊为师。对自己的报刊,看过了可以分门别类剪贴,对于有用的资料可以做成卡片。对于有关专题的资料,可以制成索引,这样查找起来非常快捷。对于感兴趣的文章,可以完整的复印备查,为了加深印象,可以摘抄相关段落。养成获取信息的习惯:以电脑为伴。不断提高信息技术的应用水平,充分利用计算机网络知识整合教学,提高工作效率和工作质量,开阔视野、扩大知识面。

二、不畏浮云遮望眼,领异标新二月花

1. 联系实际勤思考。在小班级的交流研讨中,各地区的教研员毫无保留地把他们的所见、所闻、所感,拿来与我们交流。我也深知课堂教学是我们的主阵地,要让思考贯穿课堂教学的全过程,要带着实际问题去思考。回想我每次在对课堂教学进行调研时,也发现现在的课堂存在很大的问题,急需规范教学行为,提高教学技能,教研员的很多做法都可以在我们的实践中得以实施。通过反思,发扬成绩、发现不足,改进教学,促进理性思考,从而推动了学校教学成绩的提高。

在影子学校我常思考探讨学生的年龄特点和知识水平,发现很多方式不适合学生的发展,积极要求要改变作业方式。在课堂上尝试着分层布置作业,部分学生批改作业,自主的综合实践活动,并把好的做法及时推广。还参与英语课堂教学的研讨,我发现学生对英语单词教学很感兴趣,就想到语文识字教学怎么会出现枯燥的尴尬局面。英语教学的很多做法是可以借鉴的,于是想着在低年级的识字教学中运用趣味识字、快乐识字。主动和英语老师探讨语文课堂教学,他们也学着怎样进行口语交际的训练,使两门学科达到共同发展。

2. 符合实际的研究,在自己的学科领域内开展"课题研究"。在学习期间边学习边完成即将结题的课题的结题报告,把探索出的经验上升到一个高度,又在思考确定性的研究课题参与到这次研修的科目中。

3. 充满个性的创新。一个优秀的教师,可以使一个班的学生受益,一个优秀的骨干教师,受益的何止一个班?在常规的教研活动中,探索着发展,在实在的课堂中寻求提高,也在时代的潮流中适度创新。一个痴心于小学语文教育的人,除了在语文教学上力争取得优异成绩外,还要把眼光从一个班一个学校投向更广阔的空间。正是这样的痴迷,让我和我

们的老师们有了更好的发展机遇。抓住这次培训的契机,和各地方的教师进行交流探索,并相互约定进行跨校际间的互动。

三、茅檐常扫净无苔、好风送我上青云

积极健康的心理品质。我深知自己从事的是一种奉献的职务,要做一个心理健康、积极向上的人。只有这样才能预防和克服心理挫折,增强自身的应变能力,保证顺利地完成任务。在学习期间要克服学习环境的不适和繁重的学习压力,同时还有很多别的方面的杂事,但我深知所处的环境大家团结协作才有发展。因此,我是班级中的"开心果",是学员中的"好帮手"。服务意识常驻我心中,大家要我帮忙,同样是做了就要想着做得最好。面对挫折变得坚强、成熟起来,同时战胜挫折的经验就越来越丰富。我把我这颗"爱心"献给我的学习生活,把对事业的赤诚之心倾注到具体的工作中。

我就像是刚毕业的小学生,接收了人生的第一次毕业典礼,起步的路途艰难而充满乐趣。我要做一个幸福的教师:"把教书的呐喊当作欢歌,把育人的耕耘当作舞会,把科研的探索当作旅游,把奋斗的甘苦当作咖啡。"

演好自己的角色　谱写如火的青春

马晓玲

吴忠市第三中学

在我的教育工作生涯中，让我深深感受到做一名语文教师，尤其是班主任，肩上的责任重于泰山，关系到每个学生的健康成长，关系到每个家庭的和谐幸福。因此，我努力做一个富有爱心的班主任，做一个充满激情的班主任，做一个有敏锐洞察力的班主任，做一个富有感染力的班主任。我深知班主任就像一个演员一样，要认真演好每一个角色。

一、做一个有热度的爱心型的班主任

我相信爱可以改变一切。对于学生，我从不吝啬我的爱，尤其是特殊学生，我更是用爱去温暖、感化、转变他们，让他们燃起希望的火焰。优秀学生老师最爱，能力弱的学生部分老师也爱，但有心理疾病的学生可能会躲避甚至放弃，可我不会。这学期，我班分进来一个患自闭症的学生，他叫王子锐，当领导告诉我这个孩子的情况时，我压力很大，但得知这个孩子生活能自理，基本能控制自己的情绪，只是与人交流是他的短板，他只能生活在自己的世界里，学校集体生活有利于他的病情的恢复。我知道他有接受教育的权利，老师也有教育他的义务，就欣然接受了这个学生，我想，这不但是人道主义的体现，也是对我班主任工作的一个新的挑战。我在班里向学生介绍了王子锐的情况，首先召开了"关爱是一种美德"的主题班会，让学生明白像这样的学生最需要的是关心和爱护，不是取笑和欺负，从此班里有更多的学生陪他上卫生间，因为他怕黑，有更多的学生下课陪他玩，帮助他走出自闭，有同学保护他，怕他受到外班同学欺负，遇到新老师，大家都会给老师讲他的禁忌……当我从他家长那里了解到这个学生智商128，对立体绘画有超常的能力，50以内两位数乘法心算三秒钟之内说出正确答案，他可是没学过一天数学，没接受过正规的美术学习，所以，我觉得这是教育学生最好的机会，我很快召开了"学会欣赏"主题班会，让王子锐和大家一起比赛算数，将他的画展览在班级后墙报上，他的表现赢得了大家阵阵掌声，同学在惊叹之余开始欣赏他了,在大家欣赏鼓励的掌声中他终于敢抬头看同学们了,走路不再用手蒙着眼睛了,愿意去提水,擦黑板了……同时我也发现,自习课上,班里安静多了,因为班里有个最怕噪音的同学。就这样,我的爱心感染了一大批同学,将爱心给予需要的人,它不但拯救了一个人,让他逐步走出自闭的世界,而且使更多学生的情操得以陶冶。我的爱影响着所有的学生,让他们懂得爱别人、尊重他人正是爱自己,是得到他人尊重的最好途径。所以,我觉得这个特殊的学生的到来,对班里的同学来说,反而是一件好事。多年来,单亲家庭的学生,留守学生,后进生,残疾学生都是我特别关注的对象,通过家访、捐助、建立互助小组、感恩、责任等主题班会和实践活动,让他们感受人间真爱,铸造良好意志品质。我一直坚信"星星再小,也会发光",成为我班主任工作的理念。

二、做一个有高度智慧型的班主任

我相信没有不可能。我班的班训就是"没有不可能"!老师要有与学生、与班级同甘共苦、敢闯敢拼、敢于身先士卒的精神。我曾经带过一个比较特殊的班级,可以说年级里最调皮捣蛋的学生在我班中最多,好一点的学生寥寥无几,有的就转走了。三天一小打,两天一大打,年级里出事,总与他们有关,派出所里我去领人,家长之间的纠纷,我来调停,谁见了谁头疼,同事们总用同情的目光安慰我,我班成了名副其实的差班乱班。我挖空心思,拉拢"特殊"人物,安排给他们特殊职务。如爱打架的头儿,让他担任班长,用他的威力扼制想打架的人,保证班里不再有打架的现象,同时班长每周汇报近期个人改变日志,这样坚持下去,坏习惯越来越少了,好表现越来越多了。我利用他们爱讲哥们义气这一点,安排每人一个转化对象,这样从以少带少,发展到以多带少,班里的"碉堡"就这样被我智慧地一个个瓦解了。他们有了改变,班级就有了起色。他们想改变学校师生对本班的看法,决定运动会上拉条幅入场,他们自编的口号是:"迈开一步,擂鼓震天,挑战自我,共创未来。"作为班主任,我全力支持,亲自走在本班队伍最前面为他们举牌子,创了三中运动会首次打条幅入场,老师举牌入场的先列,一直延续至今。这样的精神始终贯穿于我的工作之中,在运动会上,总能看到我为学生呐喊加油,我的热情不亚于学生;在训练场上,我从不离开这个集体,陪他们一起训练,流汗流泪;在各类活动中我为他们拍下一个个精彩的瞬间,做成课件在班会课上播放,以激励学生;将各项活动的照片做成大幅彩绘,张贴在教室最显眼的地方,让学生在美好的记忆中书写自己如火的青春,那是一种独特的享受。

三、做一个有先进理念型的班主任

我相信良好的家庭教育,健康的心理才是成就新一代学生的重要保证。带每届学生,我都有计划,分阶段地召开家长培训会和学生心理疏导专题讲座。三年中家长会主题分别是:

初一："责任重于泰山，习惯成就未来"，谈家长如何帮助培养学生的良好的学习习惯，让孩子养成认真勤奋、踏实、自主、独立学习的好习惯，顺利完成学生从小学到初中的过渡阶段。

初二："你的孩子早恋了吗？"谈家长怎样面对、处理早恋问题；通过演讲、表演、辩论会、展板等多种方式，让学生积极参与，培养健康的心理品质。

初三："怎样做好初三学生的家长？"意在提醒家长在特殊阶段具体的做法。临近中考学生的学习负担加重，压力加大，极易出现自卑、忧郁、焦虑等症状。这些心理障碍如不能得到及时的引导、化解，学生的心理负担就会越来越重，学生的学习就会受到影响。我通过召开主题班会，找学生单个或分批谈话谈心。帮助他们分析自己的优势和劣势，让他们看到希望，鼓励学生打破"已成定局"意识，让他们知道"再加一把劲，我肯定能行""努力就有希望！"从而增强学生的自信心和学习动力。

四、做一个有人格高度的魅力型班主任

作为一名班主任就，为人要胸怀坦荡，同时用良好的行为习惯去感染学生，率先垂范。教育学生爱护环境，班主任不妨先拾起地上的一片纸，教育学生桌面干净，班主任的办公桌先整洁起来，教育学生要有服从意识，班主任的言谈举止间就不能流露出对学校规章制度的抵触，教育学生有阳光般健康向上的心态，班主任就要真诚友善，宽容待人，协调科任老师共同缔造和谐向上的精神氛围，教育学生要有竞争意识，永不言败，班主任就要在时时处处敢为人先。

我相信，凭着我十八年的工作积累，始终不变的信念和对工作的热情，我会将班主任工作做得更出色。这些成长故事则是我人生中一笔珍贵的财富。

因为你，我成了更好的人

左秀玲

青铜峡第四中学

提笔写下这句话时，我已在心里默念了几十遍。我一直在思考，是什么力量让我深深记住这句话并回味不绝呢？细细想想，是这三个月里的学习，是不同风格的名师讲座给了我这样的感受。当我感受着专业与非专业的前沿信息和理念，解决了自己在生活、工作中许多困惑我的问题；当学习中有一种阳光明媚、豁然开朗之感，我的心里满是欣喜和期待。更值得我学习和思考的是来自于学科班主任童雅丽老师的人格魅力。三个月的时间，童老师几乎是和我们朝夕相处，每天尽早到教室，安排教师讲课，督促我们学习。她不但聆听讲座，还认真做好笔记，三个月里，天天如此。我深切感受到来自童老师身上认真尽责的态度，"活到老，学到老"的学习精神。我清楚地记得她的愤怒来自我们学员对学习的松散意识；她的喜悦来自我们踏实求学的精神劲儿。她会为我们带来有价值的教学录像，也会在第一时间告诉大家聆听音乐学科优质课的消息。她的认真，她的尽责是每一位学员都深切感受到的，而我更会记住她的话：正是因为认真，所以会收获很多。

如果说三个月的学习能够帮助一个人较快成长，那么我很欣喜地说自己做到了。因为这三个月是我收获的季节。

学习即将结束，也很想对班主任童老师以及所有的专家、教授们说一句："因为你们，我们成了更认真的人。因为我们，让学生成为更好的人！"

在书香中穿行

周立宏

银川市唐徕回民中学

作为一名语文教师,我始终信奉一句话:做好自己的事。二十多年的教学生涯我始终勤勉耕耘在语文教学的这片沃土上,形成了自己的教学风格:柔美有亲和力,善于营造良好的课堂氛围,重视学生的文化积淀,注重学生精神家园的构建。曾在防治"非典"期间,积极承担教育厅组织的全区"电视课堂"授课任务,受到嘉奖。曾获银川市优质课比赛一、二等奖,曾代表宁夏参加"中华杯"全国中学语文教师课堂教学大赛荣获一等奖、优质录像课一等奖。制作的多媒体课件获全国二等奖。曾撰写教学论文多篇,受到国家、区、市奖励。指导学生参加全国语文能力大赛,各级各类作文大赛,成绩优异。辅导学生发表作品数十篇。曾荣获银川市"巾帼岗位能手"称号。

我是一个性格恬静,生活恬淡的人,最享受的生活是每当华灯初上,洗却一天的疲劳,读着自己心爱的书,或是和学生一起陶醉在美轮美奂的书海中。作为一名教师,一名银川唐徕回民中学的语文教师,读名著,读经典,让知识的积累厚实些再厚实些;读报纸读杂志,让自己跟上时代,让新鲜的知识丰富再丰富。二十几年来,订阅《语文教学通讯》《语文教学参考》《语文教学之友》等教学杂志几乎没间断过,人们也许应该能想象得到,一个爱读书的教师,在讲堂上,在学生中,那精彩而令人欣慰的场面,用知识魅力引导学生,用人格魅力影响学生。

作为语文教师,读书更新着我的教学理念,丰富着我的教学内容,激活着我的教学灵感,成就着我的教学生涯。

20世纪90年代初,语文教学界的思潮是在教学中融入思维训练,我自学了有关思维训练方面的专业书籍,把握初中阶段学生心理特点,重在记叙类文体中训练学生的形象思维,在议论类文体中训练学生的逻辑思维,效果良好,据此所撰写的论文《试在各类文体教学中如何加强学生思维能力的培养》,在银川市中语会首届论文评比中获三等奖,能和当时德高望重的老教师一同获奖,对于走上教学岗位不久的我,这喜悦如春风拂面,备受鼓舞。

20 世纪 90 年代中后期,"风乍起,吹皱一池春水",语文界掀起开展语文活动的思潮,我关注,我学习,开始树立"大语文"观,搜集了许多相关资料并在工作中积极尝试大胆探索。我首先让学生明白"语文的外延就是生活的外延",只抱一本语文书是学不扎实语文的,我不仅自己穿梭在芳香书林中,还引导学生大量阅读课外书籍,积极进行读书交流,同时大力开展语文活动,如:词语接力赛、错别字医院、字谜竞猜、成语小博士、课本剧表演、古诗句巧对等。还引导学生关注电视媒体,当时中央电视台一频道有个"神州风采"栏目,学习说明文时我就让学生每天看这个节目(15 分钟)并认真做笔记,第二天交流,学生不仅学到了许多鲜活的科普知识,还提高了听说能力;在学习议论文时,就要求学生每天看中央一套 19:38 分的"焦点访谈"节目,记下题目、主持人、基本内容,第二天课前三分钟交流。让学生做到的,自己首先身体力行,每天晚上,我像一个虔诚的小学生,准备好纸和笔,守候在电视机旁。别样的阅读方法,为生活打开了一扇扇门窗,我的初衷是让学生通过具体事件、现象,学会分析、评论,学会阅读写作议论文。没想到 1996 年至 1997 年一年的时间,学生总结所看内容,竟包括十几个方面,对丰富学生见闻,提升思想品味,学习议论文,练习给文章拟题等都达到了出人意料的效果。其中许多话题都强烈地吸引着学生,如反腐倡廉(题目:"一群硕鼠"吃国道,"两只硕鼠"闹学堂),经济改革成就(题目:神州又添大动脉——京九铁路线),放眼看世界(题目:让世界了解中国,让中国走向世界),民族政策(题目:第十一世班禅)等等。后来还让学生欣赏电视散文,提高鉴赏水平和审美情趣。这些做法我于 1999 年撰写成教学论文《借东风,这边春色亦好——开展多姿多彩的语文活动,培养学生的综合素质》,荣获银川市教育学会论文评选一等奖,全区中学语文"三老杯"论文评比二等奖。所有的实践中最难忘的就是和学生一起读生活这部大部头的书,和学生一起进行的"道德长跑"。

新千年到来后,随着生活水平的进一步提升,人们把视角放在关注精神、关注生活中的美,《读者》《意林》《特别关注》《小故事,大智慧》……一缕缕书香飘进爱书人的生活,我享用着,尝试着,把教学重点也放在让学生感受语文的魅力上,将文质兼美的文章引入课堂,据此所撰写的论文《美在这里播撒》获全国中语会论文评比一等奖。

近年来,我深感许多学生精神世界的荒疏。苏霍姆林斯基在《给教师的建议》中说:"把每一个学生都领进书籍世界,培养对书的酷爱,使书籍成为智力生活中的指路明灯,这些都取决于教师,取决于书籍在教师本人的精神生活中占有何种地位。"这些话令人振聋发聩,我终于又是从书籍中,从先哲的至理名言中寻找到了解决这一问题的突破口。我逐渐认识到:中学阶段,正是人生的起始,是人的个体生命的"童年"。而中学生活与人际关系的相对单纯、无邪、明亮、充满理想,就使得中学更是人生中的梦之乡,它不可重复,留下的却是永恒的神圣记忆，一个人有还是没有这样的神圣记忆，是大不一样的。中学阶段当然需要学习知识，但更要通过知识的学习构筑一片属于自己的丰富的精神家园，为终生精神发展垫底，成为照耀人生旅程的精神之光。于是除继续坚持引导学生多读书外，我每天利用课前三分钟让学生积累古诗文名句，学生通过这些方法，打破时空的限制，穿梭古今，漫游于人类所创造的精神空间，不仅扩展了精神生活面，而且也提高了精神生活的质量：在于创造民族精神财富的大师、巨人的对话中，丰富着自己的精神境界，构建起自己的精神家园。在这一过程中还使学生养成勤于积累，博闻强记，持之以恒的学习品质。我所教的2008届、2011届学生，三年里，积累了有关立志奋斗、学习方法、学习习惯态度、情操修养、人生哲理、写景抒情、亲情友情、爱国忧民、写作艺术等几百条名句。当然学生们也记住了老师的叮咛：一个爱读书的人，他的心灵绿洲不会荒芜。一个爱读书的人，没有寂寞无聊的时候。一个人要想在有限的时空里过无限广大的日子，选择读书。一个人不能增加生命的长度，但能增加生命的宽度，方法还是读书。这些内容我写在研究生班结业论文《诵读中华古诗文名句，构建学生精神家园》里，并在全国中小学教师"本色教育杯"教学成果竞赛活动中荣获一等奖。

读书美丽人生，读书升华幸福。

读书让我辛苦并快乐着，让我有了挑战自己的勇气信心……1998年，参加首届首府城市课堂教学选拔赛，我攻克了文言文教学；2000年参加第二届首府城市课堂教学选拔赛，我突破了散文教学这个难点，获选拔赛二等奖；2002年参加"中华杯"课堂教学选拔赛，又拿下了诗歌教学这一难点，获选拔赛一等奖；2003年代表宁夏参加全国第三届"中华杯"课堂教学大赛，获一等奖，优质录像课一等奖。

"幸福是一种感觉。"二十多年来一路与语文为伴，在书香中穿行，我的心态平和宁静，我的生活平淡却不平庸，我感觉日子充满灿烂，充满诗意。在喧嚣的生活中，为自己，为学生辟一方静下心来读书的空间，给心灵以休憩，以营养……这就是我作为一名语文教师追求的一种美好而幸福的生活。

此次参加2013"国培"置换脱产研修班学习，进一步拓宽了我的教学视野，在各位专家教授的引领下，我进一步更新了观念，探索着更有效的教学模式，从而为提高教育教学水平，打造精彩课堂，在专业成长道路上更上一层楼增添了信心。

唯有将思考和感悟化作智慧的行动，唯有将收获和体会化作坚实的脚步，教育的明天才会更美好！

做一个敢于"开口说话"的老师

王会娟

石嘴山市第一小学

我很荣幸参加这次"国培"脱产置换培训,三个月的培训让处在学科改行迷茫中的我明确了方向,坚定信念;让我从一个沉默不语、不敢发表见解的我改变成敢言敢说、侃侃而谈的我。这种蜕变,离不开与我朝夕相处的学员,离不开培训教师对我的循循善诱,离不开"国培"给我搭建的平台。

其实,从第一天起收获就一直陪伴我。但是,我一直是孤芳自赏,这并不是我清高自傲。我欣赏别人,收获自我;"讨论区"里,学员们展示自我,收获别人;教师的及时点评,我收获了每一个细节,同时我也成长了不少。可是,我也痛恨我自己,因为,我是一个语言的"矮子",每一次的讨论,我有自己的见解,可是我的双腿却始终站立不起来,我缺乏勇气,缺乏信心。在每一个学员发言时,我总在心底说:"下一个我一定要说,一定要说。"可是,等别人坐下了,我仍在犹豫,机会就这样一次次错失,直到最后,我还在那里坐着。我懊恼,我郁闷,我内心在挣扎着,煎熬着。在这种状态下,我怎么能快速成长?

就这样,培训时间一天天过去了,这一天迎来了华俊昌老师给我们上参与式教学活动。第一个环节是"同舟共济",就是学员以小组形式来踩报纸,另一个小组来撕报纸,活动结束后,华老师让我们用一句话概括刚才的环节,限 10 人发言,一个,两个……直到满额了,我还是没举手,华老师扫视了一圈,目光在我身上停留了几秒,我离他很近,他似乎看出了我有话说,于是,他说:"还有人要说吗?再给两个名额。"这一次,我坚定地举起手,大胆说出了自己的想法,华老师对我的发言做出了肯定,我舒了口气,信心增加了许多。接下来的其他环节,我总是有感而发,有感敢发,我克服了怯懦,无需老师再给我额外的发言名额,我战胜了我自己,我真高兴。

人们说:有时最大的敌人其实就是自己。这个敌人阻挡着你前进的方向你必须得战胜它。我赢了,赢了我的敌人,赢了我自己。在后面的学习中我收获着生活的丰富与充实,收获自己的成长,收获对"国培"的喜爱,收获每一天的快乐!

第 **3** 篇

典型案例篇

让音乐促进孩子健康快乐成长

——《义务教育音乐课程标准(2011 版)》解读

郑　莉

首都师范大学音乐学院

一、案例综述

2013 年 8 月 10 日,由宁夏大学高等师资培训中心承办了"国培计划(2013)"中西部项目置换脱产研修。全区 48 名边远地区的农村中小学音乐骨干教师参加了为期三个月的培训学习。通过集中培训,使参训的中小学音乐教师获得了最前沿的音乐教育教学理念、教学方法、教育研究资源等,这是本次培训赋予"国培计划"授课专家的一项具体而又光荣的使命。为此,宁夏大学高等师资培训中心在遴选"国培计划"专家之初,就对授课专家选聘提出了"高标准、高素质、高水平"、对中小学教育有研究的要求。首都师范大学的郑莉教授就是首席专家之一。

2013 年 9 月 6 日,由首都师范大学音乐学院音乐教育系主任郑莉教授,为来自全区边远地区的 48 名中小学音乐教师进行了一天的精彩的专题讲座。她首先从教育观念、课堂教学、教学与教材研究、与实验同步的音乐教育理论探索等几个方面出发,对音乐课程10 年实验的重要收获以及问题进行了深入的剖析和反思,并对收获和反思进行系统的归纳和整理,对教师专业成长过程中面临的问题及困惑做了精彩的点评。其次,对《义务教育音乐课程标准(2011 版)》做了深入浅出的解读,指出:一要在教学过程中,要以音乐审美为核心,以学生的兴趣爱好为动力,设定生动有趣的创造性活动内容、形式和情境,发展学生的想象力,增强学生的创造意识;二要面向全体学生,使每一个学生的音乐潜能得到开发并从中受益;三要以学生为主体,师生互动,并将学生对音乐的感受和音乐活动的参与放在重要的位置。

总之,音乐教学就是这样一个过程:从音乐中来,到学生中去;再从学生中来,到音乐中去。对于音乐教师来说,音乐是专业,教师是职业,音乐应该是立身之本。音乐教师的使命是以音乐育人,广大音乐教师既是新课程的实践者,也是新课程的建设者,并激励学员与音乐课改共同成长。学员们激动地说:"郑教授运用了大量鲜活的案例深入浅出的阐明了理论,专家的真知灼见与精辟见解,受到学员一致好评,学员们认为郑教授的讲座有很多亮点之处值得自己在教育教学中认真地去研究学习。

案例亮点之 1:在培训理念上,针对师生需求,体现以人为本。

案例亮点之 2:在培训内容上,注重学生实际,关注孩子本身。

案例亮点之 3:在培训目标上,以音乐审美为核心,促进学生健康快乐成长。

案例亮点之 4:在培训方式上,传授具体实用的教学方法,专业性强,信息量大。

案例亮点之 5:在培训组织上,以大气之美与情感之美感染学员、激励学员。

二、背景介绍

(一)农村中小学音乐教育教学现状

音乐的独特功能和作用,已是不争的事实,多年来,农村中小学的音乐教育一直受到传统观念的禁锢,管理者意识落后,师资队伍缺乏,理论水平较低,教学设备简陋,给农村中小学音乐教育健康发展带来了巨大的阻力。

本次培训是落实国家教育部"国培计划"——中西部项目相关要求,为提高农村中小学音乐学科教师队伍整体素质而举办的培训,对于推进义务教育均衡发展、促进基础教育改革、提高教育质量具有重要意义。培训对象主要是来自全区边远地区的中小学音乐骨干教师,他们急需和渴求利用专家资源、课程资源、教学资源,更新知识,提升能力。郑莉教授做专题讲座,不仅是为了给参训学员创造一个开阔眼界、提高教育教学水平的机会,也是为了组建高水平培训团队的需要。

(二)授课专家简介

郑莉,首都师范大学音乐学院音乐教育系系主任、教授、博士生导师,国际音乐教育学会会员、中国基础音乐教育课程改革专家、艺术课程标准组核心成员——小学课题负责人、教育部"教师资格准入证"考试工作音乐学科负责人、"国培计划"——音乐学科课程标准研制负责人,培训全国师资 10 余万人次。

郑教授在国家《九年义务教育音乐课程标准》《普通高中音乐课程标准》的研制、培训及指导中发挥了专家的重要引领作用。她倡导的教学理念、授课形式和教学方法被中小学音乐教师广为接受。她以高度的事业心与责任感,凭借高深的艺术修养与专业能力,在我国音乐教育学研究与发展方面发挥了领军作用,在师资培养的文化内涵、人才培养模式上付出了大量艰辛的探索和心血,对培养全国音乐教育的高素质人才做出了积极贡献,为推进我国音乐教育事业的发展做出了重要贡献。

三、案例陈述

本次培训对象主要是来自全区边远地区的农村中小学音乐骨干教师,通过培训,这些教师要成为边远地区农村中小学音乐教育教学的示范者、引领者、培训者和指导者。宁夏高师培训中心针对这次培训对象的实际情况,创新教学理念、精选授课内容、提出实施策略、奉献研究成果、进行爱心传递。音乐教育教学应该像阳光一样,照耀学校的每一个角落,让学生健康快乐成长。

(一)创新培训理念,体现以人为本

培训理念是培训价值观的重要体现,始终贯穿于整个培训过程中,是学员对培训的价值关系的认识和评价以及在此基础上所确定的行为取向标准。郑教授教学设计和实施的每个环节始终把人作为核心,将教师的真实情况、学生的真实需求作为培训的出发点和落脚点,体现尊重人、理解人、激励人和发展人的价值观,以最大的爱心对待每一个学生,面对全体学生,积极开发适合的教学资源和方法,让学生在热爱音乐中学习音乐。

1. 重教师需求,满足教师愿望

在培训中经常与教师沟通,以提问互动的方式了解他们的现状,根据反馈信息,在教学实施过程中,及时调整内容,使之能与教师的真实情况相匹配,以真实需求为基准,以学员能力发展为根本。通过实地课堂实践,群体展示,现场诊断等多种途径关注每个教师的学习状态,激发每个学员的学习热情,使每个学员都深深感受到被尊重、被关注、被感动和被鼓舞的"以人为本"的培训价值观。

2. 尊重学生的身心特点,遵循听觉艺术的感知规律,实施过程可操作性强

根据中小学生的年龄特点认识世界。郑教授要求教师以孩子的视角看孩子眼中的世界,提出音乐教师应该根据学生的生理、心理、认知规律进行有效教学,中小学生不能讲理论,应该运用不同的教学方式进行音乐教学。如达尔克罗兹的"体态律动"的肢体语言就是学生运用最多的一种表情达意的方法。利用中小学生的生理发展有好动、好玩、好奇、好胜等特点,选择最适宜的方式,如把 这样一条节奏运用有趣的方法 进行练习,积极运用肢体语言、打击乐器图谱等有效地吸引学生的注意力,培养学生学习音乐的积极性。郑教授以不同的教学方法,带领学员共同学习并体验适合学生游戏式的节奏练习、柯尔文手势运用方法、手指五线谱、卡农练习、合唱练习等,并要求每位学员认真的练习直到掌握为止,传授的教学方法具体实用,可操作性强,信息量大。

(二)重视教学目标的设计与整合,提升教学效果

郑教授认为,今天的教学以教案为主,缺乏教学设计,更缺乏艺术的设计教学。教学设

计和教案相比较,最本质的区别是前者可以调整、创新和生成。由于音乐教学的"不艺术",导致了学生不喜欢音乐课的现象,提出教学设计要设定生动有趣的创造性活动内容、形式和情境,发展学生的想象力,增强学生的创造意识。

1. 从以下五个方面进行艺术的教学设计

第一是行为主体:教学的行为主体是全体学生,一个都不能少。教师要将以往的知道什么讲什么转变为学生需要什么讲什么。

第二是行为方式:行为方式应该丰富多样,教学方式可以千变万化,方法总比问题多。

第三是行为创新:行为创新要在花样性、趣味性和实效性方面下工夫,要有生成性和创意,行为创新是行为主体和行为方式的基础。

第四是行为程度:行为程度是指教学中让学生获得知识的程度,获得模式用形象的比喻是摘桃子时,要站起来,踮起脚,跳起来,够得着。

第五是行为反思:音乐教师应该时刻反思每一节课给学生带来了什么?学生学到了什么?

2. 教学目标"三维融合"

教学目标明确而具体,始终将培养和提高学生音乐素养放在中心位置,将以往相对单一的"知识技能"课程目标转化为"三维融合"的课程目标,即"情感、态度、价值观""过程与方法"与"知识技能"的有机结合,提升教学效果。在三维目标的设定上,情感态度与价值观排在首位,其次是过程与方法,最后是知识与技能。

(三)以审美教育为核心,促进学生健康快乐成长

郑教授在整个讲学过程中,注重音乐学科的本体与其审美特性,始终指导学员以审美教育为核心,在成就自己职业的同时,促进学生健康快乐成长。

义务教育阶段的音乐课,应当面向全体学生,使每一个学生的音乐潜能得到开发并从中受益。中小学生处于启蒙的重要时期,音乐教学要坚持以审美为核心,既要教会学生掌握音乐本质的内容,更重要的是通过音乐教育培养和提高学生感受美、表现美、鉴赏美、创造美的能力,从而达到启迪心灵,陶冶情操,发展个性,丰富和发展形象思维,激发创新意识和创造能力,全面提升学生的素质,促进学生健康快乐成长的最终目标。郑教授讲课本身就是在以大气之美与情感之美吸引学员、感染学员、激励学员。

四、经验总结和反思

这是一次以"国培计划"实施为背景,以农村的师资现状为基础的讲座,目的是为了提高中小学音乐教师课堂教学能力,激发教师自主发展的理性自觉和潜能,从而让学生得益于音乐学习和实践,让音乐启迪每一个孩子的心灵,促进学生健康快乐成长。

郑教授认为核心的东西就是要创新,改变传统的、落后的教育思想与教学实践,并将

这一理念贯穿在自己的教学实践过程中,体现在相关的制度里。由于郑教授熟悉中小学音乐教育,具有浓郁的基础音乐教育情结,对课改的参与和研究使得本次讲座起点高,立意新,实践证明,通过培训,教师得到了实实在在地提升,收效大。突出的特点是显性目标和隐性目标相结合,增强教师持续发展能力,促进终身学习;注重激活学员的实践智慧,通过各种途径引领学员建构自身的课程资源,促进教师实践专业化;激活教师实践知识和理论的联系,提升教师课堂实践能力;学习并掌握必要的音乐基础知识和基本技能,拓展文化视野,发展音乐听觉能力、表现能力和创造能力,形成基本的音乐素养;引领学员形成职业的归属感与幸福感;用简单的肢体动作把始终困扰教师怎样去教的抽象的音乐知识表达出来;不用任何纪律约束手段就能将听者带到郑教授的世界里去。

五、学员评价

本次培训使学员获益匪浅,来自全区 48 名中小学音乐教师聆听了郑教授的讲座,以下是部分学员的评价。

(一)吴忠市教研员李雪

今天郑莉教授的讲座以鲜活的案例互动,给了我强烈的感染和深深的理论引领,短暂的讲座,让我感受到思想火花的冲击,在一次次的感悟中,颇感自己作为一名音乐教研员的责任重大,更坚定了我从事教育教学管理工作的信念,怎样做音乐教师的良友,怎样每天微笑着面对工作、面对自己的每一天。

(二)平罗城关六小李涛

从事多年的音乐教育生涯的我,真正静下心来问自己"了解自己吗?了解学生吗?"从来都很少去关注学生,听了郑教授的讲座,我有了很多的启发,怎样才能把枯燥的东西变为有趣的东西,真正关注学生的兴趣,了解学生的爱好,才能真正成为一个好老师。

(三)同心县五小虎兰芳

今天我轻松愉快地学到了很多知识。郑老师没有照本宣科地给我们解读《义务教育音乐课程标准(2011 版)》,而是用她生动的语言很透彻地解读了课程标准。

一直以来,不知道怎样去教节奏、音高及音符时值的长短等,这些比较抽象的音乐知识始终困扰着我,没法把这些知识传授给学生,让他们真正理解和掌握。通过郑教师的讲解,一下子明白了,原来办法就在于是否用积极的心态去找、去发现,用最简单的肢体动作把抽象的音乐知识表达出来。郑老师的讲授对我今后的教学很实用,回去一定按这些方法来教育我的学生。

(四)青铜峡二小袁霞

今天的讲座,使自己的灵魂又一次得到了洗涤,作为音乐老师的情感再次得到升华。郑老师所讲的手势教学,恰好与生活接轨。我明白了,音乐教育对于小学生智力的启迪、人格的塑造、想象力与创造力的培养等都具有不可替代的作用。因此,加强课程内容的生动性、关注学生的学习兴趣和经验,让学生从思维表现和创造力上活跃起来,在玩中学、乐中学、舞中学,让学生敢想、敢说、敢问,引导不同层次的学生喜欢上音乐课,积极完成音乐学习任务。我将在今后的教育教学中摆正角色,积极用专家所讲的理念与方法去教学生,不断提高自身素质,充实自己,完善自己。

(五)固原元洲四中李晋平

很荣幸听到郑教授的讲座,在一天的讲授中,教授从提出问题引出讲座主题。郑老师用采用游戏的方式,用手、课桌、语言,创编音乐的节奏型;运用柯尔文手势,进行多声部的练习,并一直和学员一起互动学习,让学员感受深刻。郑老师是一位知识渊博,有人格魅力的好老师,能成为那样的好老师,将是我奋斗的目标。

突出培训主题，增强培训效果

——初中语文学科培训目标的具体落实

吴丽莉

宁夏大学

一、案例综述

在 2013 年"国培计划"宁夏农村中小学语文教师置换脱产研修中，为保证培训质量，我们始终注意围绕培训主题开展培训工作，将专家理论引领、学员教学研讨、与区市优秀初中语文教师学习交流等内容紧密结合起来，充分利用现代信息技术，开展多样的培训活动，使提高受训学员的课堂教学水平的培训目标落到实处。整个培训效果显著，受到学员的普遍欢迎。

案例亮点 1：明确培训主题，围绕主题设置课程，重点解决课堂教学中的实际问题。

案例亮点 2：充分利用本区的优质教学资源，将专题研修与走出去与优秀语文教师进行多样的观摩交流相结合，形成培训专家与受训学员互动、优秀语文教师与学员互动切磋的新模式。

案例亮点 3：组织学习共同体，学员共同研讨，互帮互学，有效提升了学员的教学水平。

二、背景介绍

2013 年"国培计划"宁夏农村中小学语文教师置换脱产研修项目启动，依据教育部"国培计划"课程标准的"专业理念与师德""专业知识"和"专业能力"三个维度，结合我区的教育现状和中学语文教师的实际需求，我们将今年的培训主题确定为提升初中语文教师课堂教学技能。在提高农村初中语文教师理论素养和专业知识、专业能力的总体目标下，具体培训目标设定为：

1. 使培训教师以优秀语文教师为榜样，激发工作热情，坚定教师职业追求。

2. 使培训教师了解语文课改的动向与社会需求,具有较高的新课改的理论修养,在教学设计、课堂管理、多媒体运用等方面得到有效提高,提高课堂教学效率和质量。

3. 使培训教师能够将理论与本校语文学科教学实际相结合,积极研究和不断改进初中语文的教学策略,并具有开展初中语文校本课题研究的引领作用和组织能力。

围绕培训主题,为达到目标任务,我们设计了 34 个语文学科的专题理论讲座,包括教材研究、教学评价与方法、中考趋势分析、学科新动向等。安排了教学观摩、个性化设计、跟岗研修、汇报展示课等多种实践活动。采取集中研修与走出去学习相结合、"影子教师"与教学实践、研讨相结合等方式进行培训。

由于培训与教学实际相结合,各项工作落实到位,培训效果显著。

三、案例陈述

2013 年的语文教师培训,我们将重点放在提升学员课堂教学技能方面。主要解决的是如何进行有深度的教材解读、如何设计新颖有效的教学方案、如何开展有效的合作研讨等。

(一)针对学员需求,围绕主题开展培训工作

本次置换脱产培训的学员都是我区骨干教师培养对象,他们已经有较丰富的教学经验,参加此次培训,他们希望在专家进行理论引领的同时,能密切结合学员的教学实际,组织观摩与实践,研讨交流。充分运用案例教学、现代信息技术,多种方式提高培训实效。

据此,我们在设计方案时,就强调要在培训内容上突出重点,把提升学员的教学技能放在首位。在教学内容上,我们增加了《中学语文专题教学设计与实施》《全国语文中考特征及走势》《从百年语文教育变革规律看语文教育本质》等讲座,介绍语文教学的新方法、新动态。在教学方法上,我们采取请进来与走出去相结合的方式。聘请外省与本区富有经验的语文教研员和特级教师为学员做专题讲座。同时,安排学员到中学观摩我区优秀语文教师的优质课。学员先后观摩了四所学校中六位教师不同题材、不同风格的课堂教学,并在课后与优秀教师交流研讨,我们还专门聘请区市语文教研员与宁大语文教学教师现场点评。学员对此反响热烈。

培训的目的是提高学员的教学技能,因此,我们专门设计了学员个性化教学设计实践活动。由学员自行设计富有特色的教学方案,交全班学员评价,选优获奖。这个活动极大地激发了学员的参与热情。为多方面提高学员的教学技能,在跟岗实践结束后,我们安排了四个学员进行汇报展示课。全班学员参与讨论,聘请专家对学员的展示课进行详细点评指导。学员普遍反映收获很多。

下面是学员上汇报展示课的照片

下面是学员个性化设计评比活动照片

（二）充分发挥学习共同体的优势，提高学员的教学能力

在下校调研时，我们发现有些学校在开展合作学习和教学研讨时，常常流于形式，实效有限。因此，我们在课程设置上专门安排了参与式学习的教学内容。讲课时，采用学员以小组为学习单位，讨论发言，展示成果均以小组名义呈现的学习方式。让学员切实感受怎样开展有效的合作学习。为进一步提高大家对学习共同体的认识，我们专门安排教研员给大家介绍有关学习共同体的经验，与学员互动交流。理论与实践结合，使大家不仅深有体会，也更清楚怎样开展有实效的教学研讨，怎样指导学生进行合作学习。

学用结合，在制作教学课件时，我们要求学员以小组形式进行。发挥集体优势，各显其能。在专题讨论"教学中遇到的实际问题及解决方法"时，我们先通过小组讨论，提出教学中亟待解决的问题及应对方法，再在全班交流研讨。大家互相启发，集思广益。感觉受益匪浅。有的学员说回去后，他们也要这么做。

这是参与式学习教学现场照片

这是学员研讨成果呈现

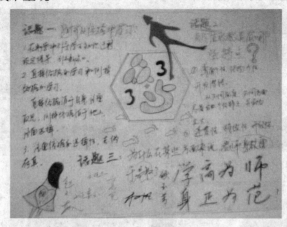

这是学习共同体专题讲座中师生交流的场景

这是学习小组制作的教学课件

　　学习共同体不仅仅限于小组,整个中语班也作为一个学习共同体。学员们将自己的学习心得,自己设计的试卷、教学设计、教学课件等上传到 QQ 群里,全班学员通过网络平台共享教学资源,进行交流切磋。师生也构成学习共同体,学科班主任与学员一起探讨教学设计、课件制作的亮点与不足,课上热烈讨论,课下坦诚交流。

　　学习共同体并不终止在集中培训期间,我们将其延伸至返岗之后。学员们回校之后,随时通过网络探讨教学和教研问题。整个中语班已形成互相学习、互相帮助的良好班风，具有强大的凝聚力。

下面是网络交流摘录   下面是网络内容目录截图

中卫孙建华(961852697) 18:50:07

我的课题老师今天给我回话，我明白不过来，高手指导一下！

中卫孙建华(961852697) 18:50:18

内容基本算是合格了，不过需要在研究内容中增加一个研究的框架，就是像书的章节目录那样，写出你要研究的内容，以章节形式写出来，如第一章 第一节 第二节 第二章 等

（三）充分利用区内外的优质教学资源，开展富有实效的教学研讨

在近年的语文教学中，涌现出一大批优秀语文教师，他们是我们进行"国培"学员培训的优质教学资源。我们根据今年的培训主题，特别聘请了一些外省中语教研室主任和语文教师对国内课改走向和语文教学中一些值得思考关注的问题进行分析和评价。如朝阳区教研室主任结合具体课例给学员提出如何看待教材、教参和同行的教学设计的问题，引发大家的热烈讨论。他的讲座博得一次次的掌声。北师大二附中的教导主任通过自己的教学实践给学员介绍专题教学，开启了大家教材处理和研究性学习的新思路。

我区近年在语文教学一线活跃的优秀教师有着丰富的教学经验，他们给我们呈上精彩的观摩课。每听一节课，学员们都根据他们的教学展开讨论和交流。思想的碰撞、对语文教学的激情从课上延伸到课后，午饭的餐桌上辩论还在继续。我们根据学员的反响，专门安排了对观摩课的同课异构教学环节，让学员充分展现自己的智慧和才华，将教学理念、教学方法融入课堂教学中。

10月份学员开始跟岗实践。他们在基地学校指导教师的具体指导下将培训学习的理论应用于教学实践中。许多学员精心设计了教学方案，他们的教学受到教师和基地学校的好评。为推动学员的教学研讨深入进行，检测培训的具体效果，我们在学员跟岗实践结束后专门安排了一次学员的汇报展示课。分别由在四所学校实践的学员模拟现场教学，大家就展示课进行分析评价，中语教研员和宁大教师点评。整个讨论充分、热烈。

学员对这样的培训非常欢迎，觉得这样做将提高课堂教学技能的目标落到了实处。

下面是同课异构活动照片

下面是观摩课照片

下面是学员分组讨论照片

四、经验总结与反思

2013年宁夏"国培计划"置换脱产研修的集中培训工作结束了,但它给了我们很多的启发。

其一,中心突出、目标落实,才能收到更好的效果。提高教学质量是教育的重要任务。骨干教师要起带头作用。我们这次培训将提高课堂教学技能作为培训主题,重点突出,目标明确。并围绕中心开展培训工作,是培训能够有实效的一个重要因素。

其二,将培训工作延伸到课后,是增强培训实效的有效手段。有很多时候,专家在讲座中提出了新的理念、新的方法、新的问题,给学员们以重要的启示。我们就趁热打铁,利用课余时间和晚上的讨论时间让学员充分发表自己的意见,形成课上课下无缝衔接,师生互动,这激发了学员的学习热情。

当然,反思我们的工作,许多地方还需进一步完善。如培训学员中有个别学员一直未积极参与进班级的教学研讨活动中,尽管我们也在班里做过动员,但对他们的具体问题关注不够。再有,如何使训后跟踪培训效果更好还有待继续探讨。

五、学员与第三方专家评价

学员感受

本次培训在实施过程中,重视培训目标的具体落实,使学员真正能够学有所获。所以学员对这次培训给予很高评价。他们通过培训感言、简报和 QQ 群表达了自己的感谢之情,畅谈自己的培训收获:

参与式实践活动中我们反复思考、质疑,再结合自己的教学实际谈体会,进行思想、观点的激情碰撞,在互动交流中我们有了更宽阔的视野,掌握更高的教学技能。实践交流充实了我们,带着满腔热情,把学到的方法运用到教学实践中去。

（贺兰如意湖中学　王丽萍）

感谢"国培计划",让我的生活变得更加充实,让我的感觉变得更加幸福。今后的学习之路,我会在心里一遍遍告诫自己,学贵有恒,坚持就能进步。在今后的工作中,我会继续努力学习,不断提高自己的理论水平和教学技能,为学生的健康成长奉献自己的绵薄之力。

（永宁县回民中学　唐沛文）

从每个学员的兴奋劲看出大家在分组合作中都很快乐。这是一种自我展示的快乐,是自我价值得以实现的快乐,是分享成果的快乐,也是资源共享的快乐。在以往的教学中,我总是怕麻烦——要不断组织课堂纪律,尽量不用合作学习,今天吴老师的合作学习的实践课让我重新找回了学习的快乐。

（杨郎中学　李玉成）

我们中语班到银川三中观课,我有幸观察了雷锦华、任向琴等六位老师的课,他们大都有深厚的素养、精湛的教艺、创新的思想和灵活的调控能力。有文言文教学、作文教学,也有现代文阅读课,有厚重真实、精彩纷呈的展示,也有让人遗憾、给人思考的课例。这些课就像一面面镜子,折射出为师者的智慧之光,值得我学习和反思。

（青铜峡四中　唐毅昭）

专家评价

在这次培训过程中,宁夏教育厅教研室中语教研员李泽琪老师、北京教育科学研究所中语教研室主任刘宇新等都到我班检查指导培训工作。对我们的培训给予了很好的评价。认为我们的培训内容把握了语文教育的最新动态,切合我区教学一线的需求,培养了学员的动手能力。刘宇新觉得宁夏的"国培"工作搞得很有特点。还希望今后多进行一些培训工作的交流。

潘鸿科访谈记录

隆德县师资培训中心

潘鸿科,隆德县观庄乡姚套教学点唯一的一名老师,9岁时,因患小儿麻痹症致使右半身瘫痪,但坚强的他从未放弃求学的念头。"我要当老师"是他与命运抗争的呐喊,1982年,他以优异成绩考入好水中学高中部,1984年因残疾失去了上大学的机会,被雇佣为姚套小学的代课教师,在这个极偏僻的地方一干就是27年,有13年没拿过一分钱的工资,却从没动摇过,全村400多人,有200多人是他的学生。他亲手制作拼音、汉字、简笔画卡片等教具,亲手给学生写毛笔字帖;像父母一样陪孩子一起学习、吃饭,却从未让孩子帮他干过一件活……"他们给我带来了快乐和幸福,我现在也离不开他们,他们是我的一切,也是我的生命,如果没有他们我也就没有了命",这是潘鸿科老师对师德的诠释。

在本次培训结束后,我们有幸对潘鸿科老师做了一次短暂的访谈,具体访谈内容如下:

1. 潘老师您好!我们通过了解您的相关事迹,知道您是"感动宁夏"2012年度人物之一,作为隆德县观庄乡姚套教学点唯一的一名老师,负责着学校8名学生的学习、生活,27年了,您对您的工作一直兢兢业业,我们还了解到其中有13年您没有任何薪资,那么到底是怎样一种信念让您一直坚守在哪里?

潘老师:首先作为一名残疾人,我觉得能拥有这样一份工作,并且能把它干好,把我所学的知识传授给家乡的孩子们,让我觉得自己是一个有用的人,有作为的人。

2. 潘老师,在您的教学过程中,有哪些事让您觉得特别难忘、感动?

潘老师:在过节的时候,有许多小朋友把他们自己喜欢吃的食品、水果给我带过来,给我的时候还被捂得热乎乎的,还有就是每当我走在路上,带着东西的时候,孩子们就会走上来帮我提东西,我觉得孩子们虽然很小,只有七八岁,有些甚至只有五六岁,但我觉得他们很懂事,很喜欢他们,这些看似平凡的小事都让我感觉到很温暖。

3. 真是一群可爱的孩子们!我们也了解到孩子们亲切地称您为"潘爸爸"。那潘老师您之前有参加过培训的经历吗?包括远程培训。

潘老师:没有,这是我第一次参加培训。

4. 潘老师,通过本次培训,您对培训有怎样的看法?包括培训的形式、方法等,您觉得哪些地方还需要进一步改进?

潘老师:我觉得本次培训对我来说是受益匪浅的,首先让我见识了这么多先进的设备,以前我根本没有接触过这些设备,虽然培训时间很短,但是我学会了很多新知识,掌握了很多教学的技能、方法,并且这次培训的老师除了在学习上耐心指导外,对我的生活也非常关心、照顾,使我永远难忘。

5. 潘老师,通过我们对您这两天培训学习的观察,发现您在学习的过程中非常认真,那您觉得通过本次培训,对您以后的教学有怎样的帮助,您在见识了这些先进的设备后,对您有怎样的触动,您对孩子们又有怎样的期望?还有就是您认为我

们本次培训需要改进的地方是什么,您有哪些好的建议呢?

潘老师:这次培训,如果让我说改进的地方,或者提建议,我认为基本没有,你们做得很好,包括先进的设备、知识渊博的老师、耐心的辅导员、安排合理的教学内容等,这些都让我在学习的时候很有动力,而且通过本次培训,我也了解到了这些先进的技术、丰富的学习资源对教学有很大的辅助作用,我要把它们引进课堂,让我们的孩子们也开阔眼界、拓宽视野,让孩子们有更多的机会掌握更多的知识,能够走出大山,拥有自己的一番作为。

6. 潘老师,我们知道您身体状况不是很好,行动可能不太方便,我们本次培训也相应提供了训后跟踪指导,您在回去后可以通过我们配套的文字教材、光盘教材进一步学习,当然,如果条件允许,我们的网络课程平台也为培训教师们提供了非常丰富的学习资源,您可以利用该平台进行进一步学习,如果有什么需要帮助的,您尽管跟我们联系。

潘老师:非常感谢你们!也希望你们以后能到我们那里去,我和孩子们会非常高兴的。

我误解他了

李维东

西吉县师资培训中心

犯错,对于孩子们来说是很正常的事情。许多名人、科学家……他们曾经也犯过不少错,更何况是一名小学生,就更难免犯错了,然而我班有位孩子的做法却令人担忧。

2007年5月26日中午,当我准备午休时,门外传来一阵急促的敲门声,我急忙打开门,没等我说话,班长就急急忙忙地说:"老师,李某被周涛打了,您快去看看吧。""怎么天天讲不能打架,还是有人打呢?"顿时一肚子的火气上来了,奔到教室一看,还好,事情不是那么严重。经过批评教育我认为事情已经解决了。

可是,过了几天,李某和周某又打架了。原来李某在上学的路上说了这样一句话:"周某这个人不是我怕他、打不赢他,而是我妈妈、老师不让我打架。"隔墙有耳呀,这话很快传到了周某的耳朵里,他很不服气,一直想找个机会"单挑"。酝酿了几天,他让其他同学把李某约到玉米地里,就用脚踢,边踢边说:"你还手呀,你为什么不还手?"李某说:"我来学校是来学习的,不是来打架的。"周某听了,心里更是不痛快,又一次拳脚相加,这时放哨的同学说:"别打了,来人了。"周某这才溜了。当李某同村的同学赶到时,李某已经被打得鼻青脸肿了。后来,校长把双方的家长找到学校处理这件事情。在办公室里,周某低着头,怯生生的样子。看着他的这种表现,很难令人相信是他打的。经过一番教育,周某的父亲在孩子面前表态:"若你再犯错,就不能在此读书,只能回家了。"

我心想,这孩子到底是怎么回事啊?过了几天,周某找到了我,说:"老师,我犯错了。"我问:"什么错呀?""我打碎了玻璃。"当时我一听,觉得很欣慰也很担心,欣慰的是从不主动认错的他今天能主动认错了,担心的是这承认出自他心底吗?但最终我还是抓住了他的"闪光点"进行教育,"周某,你能主动认错,很不错,老师相信你不是故意的,以后注意就是了。"他点了点头,却看不出他被原谅后的快乐表情。

我期盼着周某的转变,可是过了几天,我在和其他同学聊天时了解到:周某和我认错以后回到教室是举起双手、握紧拳头大声说:"耶,我不用读书了,我好高兴。"听了这话,我很震惊。这时,我才恍然大悟,原来周某承认错误是为了让老师知道他又犯错了!这使我深深陷入了沉思。

一个下雨天,我来到周某家。这是一个怎样的家啊?除了房顶上有瓦,四周有墙外,其他一无所有。他母亲看到我来,怯怯地抬出一个用竹子砍成的小凳子,左手拉下右手袖,来回擦了擦才请我坐下,看着灰头土脸的周某妈,我不知如何开口……"妈,我回来了!"正是周某的声音,我寻声望去,高高卷起的裤腿,破烂不堪的衣服,蓬乱的头发,满是泥浆的脸,俨然是一个历尽沧桑的小"庄稼汉"了。看到我,他笑了笑,说:"老师,您来了……"我无语,不知是心疼还是激动。"妈,给我们老师做饭呐!"还是他打破了沉静。"不用了周某,我们讲讲话吧!"我捏了捏酸酸的鼻子。

他立刻像被打蔫儿了的茄子,低下了头,说:"老师,您有什么要问我的吗?""不是问,是老师想与你讲讲话。"我拍了拍他肩上的泥,他转身抬了一个小竹凳,坐在我对面。"知道吗?老师根本无法把现在的你和学校里的你联系起来,你在家里是如此的懂事乖巧……""老师,别怪周某。"从里屋传来周某妈急切的声音。"他很懂事的,他不读书是因为……""妈妈,我来说吧!我知道老师一定对我的做法很不理解,但是,我只有这样做,爸妈才能少吃一点苦,哥哥才能顺利的上完大学。老师。我哥哥上大学,每年要用上万元学费,爸爸因此常年在外打工,家里农活全由妈妈包办,妈妈不会犁地,只好一锄一锄的挖,家里冬天冷得可怕,夏天又满屋灰尘。我答应妈妈,要快快长大,把哥哥供出学校,再给她盖一间冬暖夏凉的大瓦房……"他没哭声,却有大滴大滴的泪珠滑落。"这就是你不想读书的原因?"我强压了往上涌的热流。"不,老师,我想读书我想像哥哥一样,到外面的世界看看,我还想用我亲手挣到的钱给妈妈买新衣服……""别说了,老师理解,老师当年也是这么想的,因此,老师努力地去做,回来后领到工资第一件事是给妈妈买了件新衣服,可是,老师从来不与同学打架……""对不起,老师。"他再次低下了头。"是李某太虚伪了,他在老师面前一个样,在同学面前又是一个样。那天,他戴来一块好瞧的手表,大家都去看,我看后觉得很喜欢,于是说要妈妈也给买一块,谁知他说我妈不是买表的那块料,说我妈全身上下的衣服钱都不够买这块表。我当时就和他打了起来……"多么脆弱而又孝顺的心灵啊!这次,我再怎么努力也压不住那股热流,抬起泪流满面的脸,我说:"周某,首先,老师要自我检讨,老师太不合格了。你有这么美好的心灵,这么可敬的孝心,老师竟没有发现,今天,老师也想告诉你,先把锄头放在一边,先卸下身上的生活重担,走进教室,把所有的压力转化为学习的动力好吗?"就在当晚,周某就随我到了学校。之后,他不再叫老师操心,不懂就问,期末考试他还考了第二呢!周某有这样的转变,我很欣慰。

这件事过去几个月了,但是它给我的思考却久久不能平息。特别是它发生在我参加知行中国班主任培训期间,对照培训所学,我思考了很多。这个案例给了我一些启示:老师们永远不能用有色眼镜去看待问题学生。问题学生的存在有他的根源,关键是班主任老师要善于从多方面去了解问题原因,多方与家长和孩子建立平等的沟通与信任的关系,在沟通中化解心结,针对学生的问题对症下药,家校共同影响,才能有效解决问题学生的问题,才能使孩子在平等而没有偏见的环境中成长,才能真正达到教育的目的。

体育优质课教学设计案例：
双手胯下向后抛球

任晓燕

灵武市第二小学

教学内容	双手胯下向后抛球		
教学目标	技能目标： 　学习双手持球向后抛实心球的技术,掌握两手持球于胯下,两腿用力蹬地,顶髋,上体抬起向上、向后,两臂用力向前挥摆。将球抛出的动作方法。发展上肢力量素质和全身协调用力能力。 　情感目标： 　通过游戏,提高学生团结协作、机智,勇于进取的优良品质。		
教学重点	蹬地与双手发力的协调配合		
教学难点	出手时机的掌握		
	课的内容	教学方法	
开始部分	课堂常规 　1. 体育委员按教师指定地点及要求整队,并检查人数和服装。 　2.师生相互问好。 　3.教师宣布本节课的内容及要求。	教师语言导入 组织： ⊗⊗⊗⊗⊗⊗⊗ ⊗⊗⊗⊗⊗⊗⊗ ⊗⊗⊗⊗⊗⊗⊗ ⊗⊗⊗⊗⊗⊗⊗ ☺ 要求： 队列整齐,精神饱满,注意力集中。	2
准备部分	热身游戏:"传球接力" 　游戏方法:将学生按人数分成若干组按纵队站好, 前后间隔拉开至一臂距离,排头同学手持皮球。当听到教师的哨音后,迅速将球经体前从头顶上方将球传给下一位同学,第二位同学接球后,将球从胯下传给下一位同学,一上一下进行传球。以此类推,最后一名同学接到球后迅速从侧面跑至本队最前面,拉开一臂距离后开始传球。后面的顺序依次打乱,直到第一名同学抱球跑至本队最前面,游戏结束。先到达的队伍获得胜利。 　游戏目的：通过游戏达到热身的目的,激发学生的学习兴趣,活跃课堂气氛,培养学生团结协作,勇于进取的优良品质。	游戏规则： 　1.随时注意前后的间距,必须保持一臂距离。 　2.传接球过程中双脚不能移动(前后或左右),只能弯腰或者做背弓传球。 　3.皮球必须经过每个人的双手传递,传球过程中如果发生失误(掉球),必须由传球同学将球捡起后回到原位重新开始传球。 　4.最后一位同学拿到球后必须站在第一位同学的前面一臂距离处开始传球。 组织： ⊗　⊗　⊗　⊗ ⊗　⊗　⊗　⊗ ⊗　⊗　⊗　⊗ ⊗　⊗　⊗　⊗ ⊗　⊗　⊗　⊗ ↓　↓　↓　↓ ☺ 要求： 1.自觉维持课堂纪律,遵守游戏规则。 2.精力集中,避免失误。	5

| 准备部分 | 一、诱导练习(自抛自接)
　　游戏方法：学生在规定场地散点站好，将手里的器材(沙包、毽子等物品)双手向高抛出，在器材落地之前将其接住，中间可以大胆想象，做自己喜欢的动作。例如：做一次立卧撑、原地纵跳转身360度等。向后抛时，两人或三人一组，进行对抛。
　　二、双手胯下向后抛球徒手练习
　　学生按照体操队形站好（前后约1.5米，左右约1.2米），集体练习。
　　动作要领：双脚左右开立略大于肩，上体与双腿弯曲，双手直臂持球于胯下，然后两腿用力蹬地，挥臂、挺髋，上体抬起向后方挥臂，挥至眼前斜上方45度时将球向后抛出。
　　三、双手胯下向后抛球持球练习
　　练习方法：将学生按人数平均分成4队2组后，在规定的场地按体操队形面对站好。当听到教师的哨音后开始投掷，再次听到教师的哨音后，对面的同学将球拣回并做准备。以后依次练习。
　　教学比赛：将学生平均分成四组后，在比赛场地站好。第一组同学持球准备，当听到教师的口令后，开始投掷。再次听到哨音后将球捡回放回原地，并站在本组的最后面。第二组准备，以此类推。 | 游戏："自抛自接"
组织：散点站立

要求：
1.必须双手持器材抛球。
2.展开想象，自主创新。
3.体会双手发力、蹬地、挺髋及出手时机。
双手胯下向后抛球徒手练习。
组织：

自编口诀：
1蹲2蹬3挥臂4挺5看6出手

教与学：
1.原地活动手腕、肩、腰等关节。
2.教师讲解并示范动作要领。
3.学生模仿，与师一起做练习（口诀）。

双手胯下向后抛球持球练习
组织：
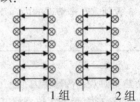
1组　　2组

教学比赛组织：
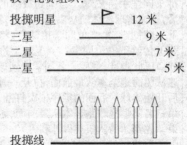 | 30 |

准备部分		教与学： 1.持轻物(沙包、毽子等物)，练习 2.持实心球练习。体会蹬地、挥臂的动作。 3.教师巡视指导，针对问题进行纠正。 4.优秀学生进行展示，教师与学生共同点评，相互提高。 5.师生互动，冲刺超级优秀。 要求： 1.听教师口令(哨音)，不得擅自抛球或拣球。 2.等待的同学精力集中，以免抛球同学失误向前抛球，造成误伤。 放松练习 组织： 　　　　⊗　⊗　⊗　⊗ 　　　　⊗　⊗　⊗　⊗ 　　　　⊗　⊗　⊗　⊗ 　　　　⊗　⊗　⊗　⊗ 要求： 1.采用揉、捏、敲、拍的手法放松。 2.放松时的力度要掌握，杜绝力量过大，以免受伤。	30
	放松练习： 　　学生集合，按照纵队站好，后面的同学帮前面的同学放松身体（肩、手臂、背等)，然后向后转，在为帮自己放松的同学放松身体。		
结束部分	1.小结(表扬与批评) 2.师生告别 3.整理器材		3
预计问题处理方法	问题1:在练习时，会有部分同学只用手臂抛球，而不是全身力量。 问题2:抛球时双手力量不均，导致球的飞行路线向左或者向右偏差太大。 问题3:出手时机掌握不好，过早或过晚，导致成绩不够理想。 处理方法1:进一步讲清动作方法和自下而上的用力顺序，让学生自己体会。 处理方法2:强调握球方法及双手臂动作一致，均匀发力。 处理方法3:明确出手时机，眼前斜上方45度。		

第4篇

培训简报篇

"国培计划"（2013）中西部项目
宁夏中学语文教师培训简报

第五期

主 编:宁夏大学高师培训中心   2013 年 10 月 26 日

中语班"影子实践活动"如期进行

自 10 月 10 日宁大高师培训中心安排后，我中学语文班五十余名学员纷纷奔赴银川三中、银川回中、唐徕回中、十五中等基地学校,积极参加"影子实践活动"。

中语班学员和导师一一结对,制定可行的跟岗培训计划,跟随导师课堂观摩优质课和常态课,写好听课记录,做反思报告,进行课例研修,跟随导师一起参加学校教科研活动和班级管理工作,真是如影随形。在近期的跟岗研修中,导师、驻校班主任、学员教师组建成学习共同体、上课、观课、议课,大家共同活动,一起研讨,质疑思辨,交流碰撞,营造出浓浓的教研氛围。

（撰稿:青铜峡市第四中学　唐毅昭）

周福盛老师活动课述评

教师节的欣喜还未褪去,太多祝福引发的感动还激荡在胸,揣着一份温热,我们又迅速地转换身份坐在了课堂,参与了周老师带给我们的一堂别开生面的活动课。

活动始于对上节活动课的反思,大家的收获颇多,周老师因势利导:实际的教学中,学生是否也是这样兴致勃勃带着期待去学习的呢? 这一问令所有人深思。的确,从老师到家长,很多时候很少有人考虑学生的需求、爱好、兴趣和特长,这种漠视致使学生的学习处于被迫状态。为了让大家更能深入地认识这一点,老师给了大家明确的目标:相互交流,表明自己的爱好。

谈的是自己,谈的是自己的生活,谈的是让自己觉得快乐的事,无论是小组内的交流,还是大组间的发言,同学们都表现得激情满怀,如鱼得水,几分自豪,几分从容。周老师认真倾听每个人的发言,适时加以中肯地点评,穿针引线,激发大家更多的思考。

"神秘物"的探究将整堂课推向了高潮。以小组为单位,老师给每个小组分发了一个看不出是"什么东西"的东西,然后要求大家仔细观察,首先是个人单独把自己观察到的特点记下来,然后把小组中每个人记录的特点汇总。相互讨论:这个物品有可能是什么?这个物品的用途可能是什么?由此你能想到什么?课堂一片忙碌,甚至有同学穿梭于组

与组之间寻找灵感,相互的讨论和启发使我们得出的答案五花八门,很多想法真可谓是自己想也想不到的。最精彩的莫过于各组代表发言了,大家的奇思妙想让课堂妙趣横生,汇报者的妙语连珠更是赢得了阵阵掌声。

"指导学生活动,要给出恰当的提示性的问题",周老师一句话将我们从学生的身份拉回到了老师的状态。实践活动应该是充分发挥学生主体性的课程,而处理好学生的自主选择、主动实践与教师的有效指导的关系,是实施实践活动课程的一个基本要求,学生的积极参与和自主实践,必须在教师针对性的引导和指导下进行。周老师在不露声色中对我们完成了这一系列的指导活动。

我们对这样的课堂教学充满兴趣,学生又何尝不渴望这样的课堂呢?教学探索是一条无尽的路,如何让学生带着问题带着兴趣主动探索主动学习,周老师用他的行动告诉了我们答案。

(银川市金凤区良田回民中学 王小芳)

观课归来话收获

9月26日、9月27日，我们中学语文班到银川三中观课，我有幸观察了雷锦华、任向琴等六位老师的课，他们大都有深厚的素养、精湛的教艺、创新的思想和灵活的调控能力。有文言文教学、作文教学，也有现代文阅读课，有厚重真实、精彩纷呈的展示，也有让人遗憾、给人思考的课例。这些课就像一面面镜子，折射出为师者的智慧之光，值得我学习和反思。

平实、真实自然的课看似没有技巧，但也正体现了为师者的智慧和求实的精神。只有达到一定境界的教者，才能不考虑众多听众的感受，只从学生实际出发，设计环节和教学策略，洗净铅华，少了作秀，课堂始终在真实、自然的状态下进行。雷老师就是这样的智者，他执教的《郑人买履》，导入干脆，环节紧凑，突出了七年级学生文言文起始段学习的要点和学法指导，朗读、翻译，实实在在，看似简单却很实用，没有一点拖泥带水。

还教学的本真，以学生为中心建构的课堂才会是有生命的课堂。学生是课堂的主角，他们都是鲜活的个体，放权给学生，给他们充分思考、活动和展示的空间，课堂才会不断生成新的精彩。任老师执教的《多角度思维在写作中的作用》，学生的思维被一步步激活。年轻的水俊芳的文言文教学《与朱元思书》，在"分析景物描写的特点和写法"这一环节，完全由学生品读分析，教师提示学生用简练的词语概括，板书由学生一点一点完成，"闯三关"体现了集体的智慧，学生的朗读、品读、词汇积累、说写的能力都得到了训练。

教师含情的语言、激情的朗读能创设有利于学习的情境，在这种情境下，学生的情绪受到感染，他们学习的热情被点燃，他们的内心体验也被唤醒，入情入境，质疑思辨，师生对话，生生对话，师生与文本展开了"心灵的碰撞"，在碰撞中产生许多智慧的火花。丁老师就是这样的"圣手"。这样的课堂需要教师因势利导，需要教师有策略的调控和应变机智。高超的教艺不是一朝一夕之功，是教者多次的历练和精心打磨的结果，更是不断实践和反思跟进的结果。

创设开放有活力的语文课堂体现教者的教学思想，课前要"精心预设"，课中要重视"生成"。主问题的设置要有探究的价值，因为有价值的问题能引发学生的思考和论辩。丁老师、贺老师无疑是这方面的高手，她们的教态自然亲切，语言表情多变，课堂上提出的问题紧扣文本，给学生多角度的思考提供了广阔的空间，一个大问题下带动一个个小问题，这些问题如一枚枚石子，激起了美丽的浪花，教师引领学生细读文本、深挖作者意蕴，水到渠成。赵老师的《往事依依》正好与之相反，她想极力"掌控"学生，费力的牵着学生朝自己预设的方向走，但直到下课铃响，学生却没有走进文本，让人唏嘘不已。这样的课与教育思想的偏差有关，与课前目标不清有关，也与临场应变有关。

成功的课例让我羡慕,引我求索,反面的课例让我反思,教我求真。感谢六位老师提供的课堂教学资源,将会是我教研路上不可少却的一笔。

(青铜峡市第四中学　唐毅昭)

中语班开展"同课异构"教学设计比赛活动

9月26、9月27日中学语文班全体学员赴银川三中观摩雷锦华、任向琴、赵俊英、贺华、丁劼、水荣芳等六位优秀教师的示范课,理论结合实践,听后及时地总结,针对具体情况提出了宝贵的意见和建议,相互学习,取长补短。班主任吴老师在教师自评、学员互评、专家点评的热烈气氛中,提出在中学语文班开展"同课异构"教学设计比赛活动的要求,学员们积极响应。

大家以组为单位,讨论形成本组《往事依依》这篇课文的教学设计,9月30日下午,"同课异构"教学设计比赛在培训班教室如期举行。车燕飞、简玲、陈默三位学员分别代表本组把对这篇文章的理解呈现给了大家。同样的课文,不同的解读和教学设计,执教老师经过精心准备,从不同的角度入手,认真打磨,展现出各具特色的教学风格和精湛的课堂教学艺术,突出了课堂教学的有效性,三节课精彩纷呈。

教学构思异中存同,同中求异,听课的老师(学员)们对教学过程做了记录并进行了评课,学到了讲课教师对教材的把握和处理的可取之处,很好地体现了"同课异构"的价值。大家热烈讨论,畅所欲言,不同的策略和方法在交流中得到碰撞和升华。

这次的活动不仅拓宽了大家的视野,为学员创设了面对面交流互动的平台,同时,营造了良好的教学教研氛围,促进了大家课堂教学研究水平的提升。

(永宁县回民高级中学 唐沛文)

于漪老师的经典话语

我一辈子做教师,一辈子学做教师。

一个人一旦选择了教师这个职业,就同时选择了高尚。首先要"知如泉涌",而且要有伟大的人格力量。

你既然选择了当教师,你就选择了高尚,你就必须用高尚的标准来要求自己,用一个人民教师的良知来告诫自己,自己是教师,和市侩不一样,不能把教书当生意做,从学生身上揩油;把知识当商品贩卖,捞取高额回报。如果那样的话,一名教师的道德行为底线就崩溃了。

我有两把"尺",一把是量别人长处,一把是量自己不足,只有看到自己的不足或缺点,自身才有驱动力。因为,"累累创伤,是生命给你最好的东西"。

教学参考书毕竟是别人的劳动,只有自己的劳动所得才是带着生活露水的鲜花,是你自己的心得,学生才容易和你交融。教出自己个性的时候,才是学生收获最大的时候。因为,教育事业是创造性的事业。

"今天的教育就是明天的国民素质""教育,一个肩膀挑着学生的现在,一个肩膀挑着祖国的未来"。

(整理:银川市回民高级中学 刘飞鹏)

很多语文教师走上了讲台,但没有走进文本。

——宁夏回族自治区教育厅 李泽琪

新诗教学务必要注重生活的质感。

——北京 何郁

不替别人做决定,也不让别人决定你的事情,尊重每个人的能力。

——宁夏大学 曾祥岚

别花一辈子的时间去过生命,而不用一天的时间享受生活。

——华俊昌

相见是一种缘分,离别是一种痛苦。

——宁夏大学　吴丽莉

一名优秀的教师,一定是把教学目标把握的非常明确,落实到位的教师。

——谢延龙

教育是农业,不是工业,不能错过教育的时机。

——北京师范大学　张燕玲

（整理:灵武市第二中学　王晓红）

我们虽在讲语文,但未走进语文,未能解读文本,未能就学生的真正需要去研读,去挖掘适合我们学生实际的教材内容,所以我们输了个稀里糊涂。好在我现在明白了,"亡羊补牢,为时不晚",只要紧扣文本,我坚信,我也会成功!

——新堡中学　马忠仁

文本解读是语文教师必备的教学"硬功",我们要从自身做起,真正地"读起来",和"经典对话",和名篇交流,真正提升自己的学养。坚持下去,老师阅读的热情定能够传递给学生,也必将激发学生课内外阅读的欲望。

——青铜峡市第四中学　唐毅昭

身为语文教师,我们应该放下"灌输式"教学,不要越俎代庖,应该重视培养中学生自主读书的习惯;应该充分调动学生的主观能动性。教师可以设置一两个中心问题,启发学生去对文本进行探讨,真正做到把思考的时间交给学生,把课堂教给学生。

——同心海如女子中学　马莹

我们的阅读教学一直忽视学生的生活经验和情感经历,仅把阅读教学局限在课堂、课文和各类语文知识点上,无法使学生与文本进行交流、碰撞和对话。自然谈不上理解文本,也谈不上参与的愉悦。因此,应该把学生的个人知识、直接经验、生活世界当做重要的课程资源,尽可能以学生原有的知识积累和生活经验作为教学的切入点,使学生产生阅读期待,从而激发学生主动学习与探究的兴趣。

——贺兰县第四中学　何丽娟

从每个学员的兴奋劲看出大家在分组合作中都很快乐。这是一种自我展示的快乐,是自我价值得以实现的快乐,是分享成果的快乐,也是资源共享的快乐。在以往的教学中,我总是怕麻烦——要不断组织课堂纪律,尽量不用合作学习,今天吴老师的合作教学法的实践课让我重新找回了学习的快乐。

——固原市杨郎中学　李玉成

我想教育就是引发思考,开启智慧,启发灵性。好的教育是有恒久生命力的。教育就是让受教育者,有自我认同,以最大程度自我认识,看到自己的价值,这样的人是幸福的!因此好的教育一定能够给人带来快乐,让人终生幸福。认识到教育的本质就要尊重学生,真诚地赏识学生。

——银川市第二十四中学 郭丽娟

杨老师的讲座,抑扬顿挫,语言诙谐幽默,很有感染力。听完杨老师的讲座,我深深感到古诗文解读的意义何在。经过思考,发现自己在平时的教学过程中,对古诗文的解读欠缺恰当的方法,导致学生对古诗文主旨的理解不够深刻。实践证明:要做一个合格的语文教师,对古诗文的教学要有前瞻性的了解,通过解读古代诗词,提高学生的审美能力。

——同心县韦州中学 马国良

听了王老师的讲座,我感受到教师必须养成在遗憾中反思,在成功中总结的良好习惯。随时把教学中的一孔之见,一思之得记录下来,把教学失误和疏漏及时地记录下来,教学水平才会在不断纠错、不断修正中得到较快的提高,天长日久才会使自己的教学艺术日趋成熟。

——贺兰县第一中学 李娟

聆听杨教授的解读,我感受到他幽默风趣的教学风格,他的学识和智慧令人折服。

古典诗词的教学要抓好顶端"诗"的教学,要往深挖掘诗所蕴涵的人文内涵,从作品章句内涵入手,逐步引领学生体会生活情感和生活意义,达到哲学意义上的艺术体悟。

读诗中,要引导学生品味,感悟诗中无限的想象空间,在含蓄、雅致的心境中用艺术的态度把诗歌、诗人的感受升华。

——贺兰县如意湖中学 王丽萍

"冰冻三尺,非一日之寒",课堂教学机智是在长期教学实践和反思中得来的。我们要敢于放下架子,把理解摆在前位,用一颗爱心去对待教学中相关的人;用一颗热心去对待自己的教学工作;用一颗慧心去开启自己的心智,让课堂处处充满活力。

——石嘴山市实验中学 代永东

在阅读中我们应充分调动各种感官,感知、联想、思维、记忆等心智机能,形成阅读的一种渐进认识过程。阅读的终极目标是让学生通过阅读教会学生阅读,所以要关注学生的阅读心理,注重阅读教学的策略,培养良好的阅读习惯,形成真正有效的阅读图式。

——银川市第十三中学 简玲

聆听了刘老师的讲座如同品尝了一场盛宴,真的打这个比方一点也不为夸张。这个讲座让我真正明白教学质量的内涵是如何提升学生的"学习力"。"学习力"的培养其实就是"培养学生的问题意识",那么如何培养学生的问题意识呢?激发学生的内驱力,归根结底是激发学生的问题意识,方法可采用对比、归因、推断、反问、假设等方式。激发学生的问题意识,要促使学生形成解释,要运用"任务驱动"式教学,要创设学习情境,要提高学生对语言的感受力,这些都是有效的方法。

——盐池县第四中学　刘向东

乌申斯基说得好:无论教育者怎样研究教育理论,如果他不具备教育机智,他就不能成为一个好的教育工作者。

听了王老师的讲座,使我懂得了教育机智的重要性,它来源于教师的知识储备,一个知识渊博的老师,可以坐拥百城、胸有成竹、左右逢源、游刃有余,正如人们常说,观千剑而后识器,操千曲而后晓琴。教师应在遗憾中反思,在成功中总结。相信教育智慧将外化为精彩!

——彭阳县第二中学　任卫杰

教师要设计能促进学生发展的语文学习评价,如利用作文批改的评语,让老师和学生来评价学生,利用板报展示学生作品,贴小红花、画笑脸做评价,评选班级明星,尽量让每位同学都享有荣誉。多几把尺子评价学生,多找孩子闪光点,尽量表扬肯定孩子,而不能只看成绩。

——青铜峡市第六中学　陈默

语文课堂教学机智是教师打开学生心智的金钥匙

课堂教学机智是教师教学艺术之树上最为亮丽而鲜活的花朵,集中体现了教师的教学智慧,是教师在教学过程中面对特殊的教学情景最富灵感的"点睛之笔"。

新课程下,学生在课堂上有了越来越多的表现,改变了以往教师"一言堂"的局面,随之也产生一些教师预设之外的问题。在教学过程中,会突然出现意外的事件,使得课堂氛围陡变。这时,就得靠教师的教育机智,巧妙地化解矛盾,保证教学顺利进行。语文课堂教学机智就是教师打开学生心智的金钥匙。尽管她有时是灵光闪现,而有时又是千磨百炼、辛勤耕耘的结果。世上无难事,只要你有心,学生的清纯"天门"就能向你突然打开。那时你面对的就是学生别样的生活和思想的洞天。

(隆德县第三中学　穆军)

学会反思　教师成长的新节点

教育变革最深刻的根源在于教师内在素质的提高,而教师如何使内在素质得以提高呢?很重要的一点,教师要学会反思,因为教师通过反思可对教育教学实践重新审视、思考,并以此总结经验教训,进一步提高教育教学水平,促进教师走向专业化,同时也有助于教师直接探究和解决教学中的实际问题,不断地去追求教学实践的合理性,从而促进教师全面发展。

因此,教师要想切实提高教育教学水平,就要学会反思,让它成为教师成长的新节点。

(灵武市第二中学 王晓红)

"国培计划"(2013)中西部项目
宁夏中学英语教师培训简报

第二期

主 编:宁夏大学外国语学院   2013 年 9 月 18 日

卷 首 语

　　春天,不是枝头冒出的嫩芽,而是孕育着生命的希望;夏天,不是烈日炎炎下的焦躁,而是生命的怒放;秋天,不是满目的萧瑟,而是汗水后的硕果累累;冬天,不是寒风凛冽中的战栗,而是奋进前的整装待发;风雨,不是凄苦与叹息,而是生活阅历的洗礼和沉淀;人生,不是过眼烟云,而是酸甜苦辣尝尽后的丰富多彩。

专家视点

周玉忠教授:《宁夏人学英语》

　　9 月 6 日下午宁夏大学外语学院院长周玉忠教授在外语学院 309 教室为"国培计划"置换脱产研修中学英语班学员做了题为《宁夏人学英语》的精彩讲座。周教授的讲座,从语言的特性、英语和汉语在语言上的差异等方面,给我们讲述了宁夏人在学英语方面存在的问题。周教授诚挚的告诉每位学员,只要正确认识方言问题,并积极地去纠正错误的发音,就能克服语音不正的问题。

宋晓龑副教授:《西方教育理论》

9月6日上午宁夏大学外语学院的宋晓龑副教授在宁夏大学 B 区一教 421 教室为"国培计划"置换脱产研修中学英语班学员做了题为《西方教育理论》的纯英文的精彩讲座。她将枯燥的教育理论和教师平时的教学实践联系起来，使我们既提升了英语听力及口语能力，又拓展了我们的理论知识,并且通过提问互动的形式让学员亲身体验、加深记忆。宋教授的讲座让每位教师更深切地感受到:在平时的教学中不能低估学生的学习能力,而应该激发他们思维能力,培养他们的自信心与学习创新能力。

赵陶玲老师:《初中英语听说课设计思路及课例反思》

9月7日陕西宝鸡新建路中学赵陶玲老师在宁夏大学 B 区一教 421 教室为"国培计划"置换脱产研修中学英语班学员做了题为《初中英语听说课设计思路及课例反思》的精彩讲座。讲座开始,赵老师向大家介绍了她自己 20 年的教学经验、成就和自身的感受及今后 15 年的奋斗目标,从她的教育经历和以后的教育规划中,充分体现了赵老师对教育事业的

热爱之情和对教学工作的探索精神。对于听说课,赵老师强调了语言学习中,词汇的学习尤为重要,它也是语言技能中听说领先的前提,也为书面表达打下基础。

肖克义老师:《Learning Strategies and Effective Teaching》

9月9日自治区教研室的肖克义老师在宁夏大学 B 区一教 421 教室为"国培计划"置换脱产研修中学英语班学员做了题为"Learning Strategies and Effective Teaching"的讲座。他首先让大家看了一段视频,引起大家的讨论和思考,展开了今天他想和我们探讨的话题,让我们了解了"三主教学"模式,即以教师为主导,以学生活动为主体,

培养学生阅读理解能力、阅读技巧及表达能力为目的的教学模式。这是一种有效的教学方法，值得我们在以后的教学中借鉴和尝试。

乔檬老师：《中小学英语教师英汉互译能力培养》

9月9日下午来自宁夏大学外国语学院的乔檬做了关于《中小学英语教师英汉互译能力培养》讲座，乔檬教授首先比对分析了英语和汉语在拼写、发音、词汇和句法等方面存在的区别，并举例说明在互译时需要注意的地方。接着，乔檬教授就英汉互译的一些技巧做了详细的讲解。我们从中了解到无论是英译汉还是汉译英，必须注重各自的语言特点和规律，即要忠实原文又要符合目的语的语言特点和习惯，这种能力正是我们平时所需要的。

外教林天恩：《中学英语教师口语能力提升》

9月10日上午，宁夏大学外国语学院的外教做了关于《中学英语教师口语能力提升》方面的讲座。Mr. Seifer的授课新颖、独特而且实用性强。他用图片引出自我介绍，然后让我们用问答形式了解他。之后，Mr. Seifer清晰地展示了今天所要学习的目标，整个教学环节清晰流畅。Mr. Seifer的教学始终以活动展开，让我们都参与到活动中，在活动中交流，在活动中学习，这种活

泼的方式让我们感到学习的非常轻松、有效。他用听的方式，让我们关注细节，使我们学会自我介绍的多种方式，并学会如何回应和结束 small talk。外教上课的这种轻松幽默的方式值得我们在教学中去反思。

张广军老师:《随即评价在英语教学中的运用》

9月10日下午,灵武市教研室的张广军主任为我们做的精彩讲座。主要谈到了三方面的问题,第一,随即评价在英语教学中的运用。他具体为我们讲授了随即评价的特点、功能和原则,并谈到了课堂环节的细节问题;第二,防止英语教学质量从细节中流失。第三,教学技能的细节失误:创设教学情景的细节失误以及运用教学策略中的细节失误。

李林教授:《现代技术对英语教师的减负应用》

9月11日下午,北方民族大学的李林教授为我们做了个有关"现代技术对英语教师的减负应用"的精彩讲座。李教授分析了农村中小学校存在问题及现状。师资缺乏、资源浪费、监聘教师、轮岗支教教师、好教师外流等现象突出,这严重影响着农村中小学教学的质量。她着重讲解了一些现代教育技术的运用。比如:Word文档中表格的用法、大小写转换、表格文本之间转换、插入批注、音频及视频的截取、阅读器PDF的下载、音标的输入等非常实用的技能。

文莉副教授:《中学英语教师语音语调训练》

9月13日上午,宁夏大学素有"语音权威"之美名的文莉副教授为我们作了个极其精彩的讲座。主要内容有:英式标准发音、美式标准发音以及元音、辅音的发音方法,还讲解了重音节奏和音节节奏等内容。

武和平教授:《英语教学资源——整合与利用》

9月13日下午，西北师范大学的武和平教授为我们做了个有关英语教学资源整合与利用的讲座,讲座主要有四个环节。在第一环节,他通过个人经历的讲述了网络的重要性。在第二环节他为我们演示了课堂"可视化"的重要性,引导我们了解并运用可视化软件。在第三环节他重点讲授教学资源的搜索、利用和整合。在第四个环节他介绍了非数字资源。

精彩感言

周玉忠院长以诙谐幽默的语言给我们带来了一堂轻松快乐的讲座。周院长围绕作为宁夏人就如何教好标准英语展开论述,通过讲座,我深感在教学中要注意一些细节问题,比如正确的语音语调以及合适的重音。不同的重音,会让相同的句子有不同的含义。通过讲座,使我们认识到作为一名山区英语教师,教学生一口标准英语口语的重要性。

——永宁县永宁中学 邓 蕾

听宋老师讲课,像在听一首优美的歌曲,甜美的嗓音、标准的发音以及富有逻辑的讲座让我难忘。对此,我有以下感触:第一,英语老师的专业素养会给英语教学增色不少。课前的充分准备,标准的语音语调,课堂上优雅得体的教态很容易吸引学生,让他们接纳你。第二,教育理论为教学服务。在讲座中,老师不断地提问,让我们的活跃,课堂气氛活泼。

——永宁县回民中学 王彩霞

赵陶玲老师的课, 使我更好地了解了什么样的课才是真正的好课:一堂好课应该是扎实(有意义的课)、充实(有效率的课)、平实(找到学生遇到的问题,并加以解决)、真实(课堂上会出现这样那样的缺陷)的课。心中有标准,眼中有学生,老师要变"讲"的课堂为"学"的课堂,教师要"懒"起来,要智慧的让学生"勤"起来。田老师搭台,让学生"唱戏",高效课堂将不是梦。

——石嘴山市教育局 高海生

　　有效教学不是看老师教给学生多少知识，而是看是不是每个学生都成为了有效的学习者。肖克义老师的讲座以他朴实的语言、真实的教学案例为我们诠释了如何将有效的教学策略运用在教学中，教会我们在教学中应以学生为中心，培养学生自主学习的能力，使课堂真正做到"授人以渔"，而不仅仅是"授人以鱼"。

　　　　——石嘴山市惠农区教育局教研室　孙建梅

　　语言是人类沟通的重要桥梁，而翻译则是桥梁中的桥梁。乔檬老师的讲座不仅条理清晰，而且非常结合实践教学，她主要分析了汉语和英语的一些特点，同时也阐释了一些翻译技巧。比如：词类转换、加减词、重复、注释等方法。我感到翻译就是忠实原文，通顺、流畅并且有文采。

　　　　——永宁县闽宁中学　马宏斌

　　Partick Seifer 的课让我们大开眼界。课堂气氛轻松愉快，简单的口语、指令语加上手势和肢体语言，使老师和学生的沟通变得简单。但仔细一想，这简单中却蕴含着智慧。合作、参与、体验以及不厌其烦的重复，这些都是老师在课堂上具备的能力，也是老师在课前应该下的工夫，这样的课简单、有效、有趣，这也是我的课堂追求的目标。

　　　　——隆德县第二中学　马国女

　　张广军老师的讲座强调课堂要关注细节才能充满活力，才更有效率。他的每一句精湛的理论背后都附带着一个精彩的案例，每个案例都渗透着他的教育智慧，教育智慧的背后闪现着他丰富的教学技能。他的课就是一堂重视细节的课。他关注了细节，所以使得整个讲座显得更生动，也更有实用价值。

　　　　——灵武市第二中学　李素贤

聆听了李林教授关于现代教育技术对英语教师的减负应用讲座，感受颇深。现代教育技术日新月异、普及面广，然而在英语课的有效利用上仍属后置，而且效果也不一定尽人意。并非教师不愿用，只是教师技术欠佳使得备课费时、费力。作为骨干老师的培养对象，我们一定要走在教学的前列，利用现代技术为教学服务。

——中宁县鸣沙中学　刘继华

文莉老师的课，让我受到了一次洗礼。文老师讲课仔细耐心，让我真正认识了语音语调。语音语调看似很小，折射出的却是很大的学问，读错一个音或调，都有可能改变句子的意思。在她的课上，我发现我的发音还有很多问题。一节课我们也许无法记住老师教给我们的所有技巧，但只要我们在平时的工作中不断钻研、不断练习，才能提高自己。总之一句话：只有自身硬，才能教出口语好的学生。

——西吉县实验中学　薛渊

课堂是教师生存的状态，课堂是教师成长和发展的舞台。武和平老师用他最朴实、最诚挚的语言，向每位教师再次传递了教育就是生活，教师在教育教学中就应该为学生新经验的生成而架桥，为激活学生思维而定标，为学生终身学习而导航。在今后的教育教学生涯中，教师唯有不断学习、不断反思、不断总结，才能做到在教中学，在教中研。

——石嘴市第十六中学　吴翠娟

交流研讨

主题：班主任工作经验交流

本次交流研讨主要围绕学员各自平时的教学和班主任工作交流发言。6位学员的发言有感而发，情真意切，从班主任工作的繁琐、艰辛、酸楚、不被家人理解到班级管理工作日益出色，教师与学生的感情不断加深，这一切的变化让每一位有着相似经历的老师感慨,一分耕耘,一分收获。在研讨中、交流中,不断地鼓励、贴心地建议,都让大家感觉到学习机会的珍贵,同学情谊的深厚。

发言人 1:徐海英 (青铜峡市第四中学)

徐老师首先总结了培训的三个体会,分别是要改变教育观念、提高教学理念、不断更新教育教学知识,明确成长轨迹。在班主任工作中,徐老师认为在原有的基础上,真正地去关爱孩子,关心个体的发展,不断提升自己的修养,孩子们才能真正受益,才能把枯燥的工作变得有趣,才能真正享受工作。

宋老师评语:希望能把培训所学的真正内化到自己的实际教学工作中,让自己的教育教学工作更上一层楼。

同学感言:徐老师的发言说出了我们的心声,我们也认为这次集中授课虽然辛苦,但从知识理论到专业技能的提升都是大有裨益的。

发言人 2:白振江 (盐池县第一中学)

白老师认为这一个多月的学习点燃了他学习和工作的激情,因为年龄已经 45 岁,所有的荣誉都拿到了,最高的职称也评上了,家里孩子也考上大学了,似乎没有什么可追求的了。但正是这次培训让白老师重新感觉到了学习的快乐,重了温做学生的不易,最多的当然是感觉到教书育人的幸福感。

大家讨论:我们应该学会摆脱这种失落的情绪,不让负面情绪影响我们的教学。进入教室,站上讲台,就应该对学生负责,忘掉自己的烦恼,认真授课,这样才是认真负责的教师,特别是班主任工作,更是不应该带着自己的情绪工作。

发言人 3:吴月虹 (同心县下马关中学)

吴老师真情实感地介绍了自己 10 多年班主任工作的不容易和坚信,每一个事例都是那么的生动,好似在讲述每个老师的故事。由于吴老师的用心、真心,换来孩子和家人的理解。

学员评价：在教育的过程中，我们有很多的心酸和不易，但我们要学会爱自己，因为只有爱自己，才能爱他人。所以我们应该学更多的知识，让自己不做蜡烛，而要做电灯泡，不仅照亮别人，更照亮自己。

发言人4：张建东　（同心县第三中学）

张老师认为这次培训课程安排是非常合理的，首先是师德课程，使学员了解了师德、道德、育人工程的重要性。通过强化专业知识，在影子实践中，把所听、所看运用到实践里。接着他谈到自己班主任工作的故事：1.学生是"亲其师，信其道"，只有学生喜欢这个老师才会真正喜欢你这门课程。2.只要用心去对待一个学生，就是一个幸福的老师。3.要做一个清泉般的老师，将自己的爱像清泉一样流淌在学生的心田。

学员评价：深深地感触"爱的教育"的力量。我曾经也是班主任，也有这样辉煌的故事，也有沮丧、放弃的时候，但那年的车祸，彻底让我感受到生命的宝贵，学生来看我的那一刻，我知道我的爱没有白白付出。我还会做一个有良知的老师，尽心去做我的工作。但另一方面，我们在服务教育，不要有太多的奢求，别把升学和成绩看太重。

发言人5：李素贤　（灵武市第二中学）

首先，李老师总结了自己的学习感受，各位教授专家的精彩讲座，让每位老师专业知识、理论水平都有所提升。无论是专业水平、教学技能、语言表达、声音掌控等都要有技巧、有感染力。最后，她也强调，老师要有一个积极、健康的心态，只有心理、身体健康了才能真正投入到工作中，才能在创造中体验到幸福。

学员评价：我们教师不仅要注重提高自己的业务能力、平衡自己的生活和工作，还要关心自己、关心自己的家庭，这样，小家庭处理好了，才能服务好"大家庭"。

发言人6：梁根花　（贺兰县第四中学）

梁老师非常有文采，用诗一般的语言表达了自己学习一个多月来到心情变化，从落寞到重新审视自己，她感谢学习，因为她认为是学习让她正视自己，愿意从零做起，成为一个铿锵玫瑰。她谈到自己的教学和班主任工作，偶尔因为自己的情绪化影响了教学和工作。最后她提出几句话让大家共勉：做一个坚持、坚强的老师，人生不是过眼烟云，而是酸甜苦辣的结晶。

宋老师评价:梁老师是个有爱、上进的老师。为了自己教师的梦想,虚心学习,善于积累,认真反思工作的点点滴滴,相信每位老师将来都是教授、专家。

实践活动

结 束 语

为了追逐梦想,我们结缘"国培",相伴学习。捡拾知识的嫩绿,是为了更好地拥抱明天的课堂。有梦的心不会寂寞,有信念的心定能飞翔,无论飞翔的翅膀如何羸弱,远方始终是幸福的方向。梦想在前方,于是选择在路上,带着虔诚的满意,朝着有阳光的地方,随风起航。

"国培计划"（2013）中西部项目
宁夏小学科学教师培训

第三期

主 编："红果果"学习小组   2013 年 9 月 24 日

"学而不思则罔,思而不学则殆"伴随着培训研修的进一步深入,我们从科学核心概念的学习转入探究实验阶段,9 月 24 日早上, 我们有幸聆听并参与了孟令红教授指导的探究实验《杠杆》和李春艳教授指导的探究实验《地球运动》。

孟令红教授指导的探究实验《杠杆》课程,老师从提出情景问题入手,教给观察的方法,经过多次的尝试实验,根据证据作出解释,得出科学数据,总结出符合问题的结论,进一步验证了科学探究的各个环节在课堂教学中的具体实施,为探究式教学提供了良好的范例。

李春艳教授指导的探究实验《地球运动》,巧妙地结合地球模型,深入浅出的讲述了相关的概念,借助多媒体课件,以强烈的视觉冲击,帮助学员强化专业用语的理解,澄清了相关地球运动的模糊认识,为科学概念的教学起到了抛砖引玉的作用。

通过这两节课的学习,让我们对探究问题的设计、探究式教学的环节、实验操作的流程、识别与控制变量等方面有了全新的认识,我们将把学到的知识迅速吸收内化,为推动宁夏小学科学课程的改革尽一份绵薄之力。

宁夏红果果组　指导教师:郭宏伟

组员:毛志明　王立刚　王兴东　马明福　孙玉兰　尚宗丽　侯晓杰　赵　艳

　　　沈金荣　陈　梅　杨彩梅　拓静芳

第四期

主　编:"1942"学习小组　　　　　　　　　　　　　2013 年 9 月 24 日

今天是培训学习的第四天,我们培训学习的内容非常丰富。既有四位指导教师精彩的分组实验,又有钟祖荣教授的《小学教师专业标准解读》理论讲解。随着培训研修的进一步深入,我们从科学核心概念的学习转入探究实验阶段。这是孟令红教授指导的探究实验《杠杆》,瞧! 我们组的学员们操作的多认真,配合的多默契!

孟令红教授指导的探究实验《杠杆》课程,老师创设出与生活密切联系的问题情境,引导学员自己动手通过实验、观察、讨论、分析数据等,总结出杠杆在什么情况下能够省力的结论。教学氛围民主愉快,让我们很轻松地学会了实验。

进一步验证了科学探究的各个环节在课堂教学中的具体实施,为探究式教学提供了良好的范例。

这是钟祖荣教授为我们所做的《小学教师专业标准解读》专题讲座,钟教授讲解的内容详细、具体,具有很强的专业指导意义。从讲座中我们知道如何体现出一名教师的专业素养,标准是良好的师德和丰富的文化内涵,做到言行一致,知行统一。

相信保持如此高涨的学习热情,我们组的学员一定能取得更多的收获。

宁夏 1942 组　指导教师:孟令红

组员:张登奉　王学江　王玉强　陈文菁　马　睿　邵全明　范书亮　陈耀丙
　　　席博伟　王正虎　母文业　陶天童

第六期

主 编:"沙漠绿洲"学习小组　　　　　　　　　　　　　2013 年 9 月 26 日

伴随着培训的深入,来自宁夏的 90 多名学员不仅深刻体会到了北京的文化气息,还深深的体验了教育学院对我们的人文关怀。

紧张而忙碌的培训工作在各位工作人员的默契配合中有序的开展着,培训生活虽然很疲劳,但学院对学员的关怀是无微不至的,大到吃饭住宿,小至课间休息及学员的细节生活都做到了无微不至的关怀,今天是学员李强老师的生日,在项目组负责人王凌诗、生活班主任何树京的精心筹划下过了一个别开生面的生日。

午饭后,我们在项目组老师的带领下来到北京天文馆参观,大概十二点《太空探秘》开始,巨大的圆形天幕,灯光熄灭以后呈现夜空星图,画外音以和伽利略对话的形式讲了一些基本的天文知识。这个新型的数字宇宙剧场不同于传统的天象节目表演,它是采用光学天象仪透射出的模拟星空图像,配以其他动态或静态图像来表演完成的。所有的图像,包括星空的表现,都是由计算机计算生成,并通过世界上第一个激光投影机表演出来,使观众在一个逼真、清晰的三维世界直观地认知宇宙。我们在天文馆身临其境地感受了天体的奥秘,感慨现代科学技术的飞速发展。

宁夏"沙漠绿洲"组 指导教师:张军刚

组员:王巧莲 丁彩虹 张 岩 姬怀礼 黄占辛 李明俊 丁丽萍 吴永刚

李秀芳 曾前英 贺凤萍 陈荟矜

第七期

主 编:北京教育学院 　　　　　　　　　　　　　　2013 年 9 月 27 日

9 月 27 日,在北京教育学院的精心组织下,我们宁夏近百名小学科学骨干教师来到了"乳燕初飞"教育基地——北京大学附属小学,在首都娇子浓郁的书香校园中,切身感受首都教育教学理念。

在北大附小的教学楼五楼观摩大厅里,我们认真学习观摩了石润芳老师的《相貌各异的我们》和杨融冰老师的《加快溶解》两堂课,两位老师专业的教学理念,独特的教学设计给我们留下了深刻的印象。

石润芳老师《相貌各异的我们》的教学设计以"发现问题——迁移探究——交流概括——课外拓展"的主线贯穿教学的始终,整个教学过程环环相扣,层层深入,让学生带着问题自始至终沉浸在研究的氛围之中。

杨融冰老师的《加快溶解》一课的教学中,引导学生运用对比实验的方法,探究影响物质溶解速度的主要因素,引导学生经历"问题——假设——验证——证实"的科学探究过程和控制单个变量进行对比实验的过程。

两位老师的教学始终关注学生探究实验能力的形成,在实验活动中,注重培养学生与人合作,积极思考,大胆质疑,讨论交流的科学素养,两位老师丰富的科学知识,扎实的教学经验,精湛的教学技艺获得了听课老师的一致好评。

课后,北京教育学院李晶专家就两节课进行深入点评并提出合理建议,她从"科学教师的教学专

业技能"几个方面作了具体评析。李晶专家的讲解,既有理论依据,又有实践经验,真正做到了理论和实践相结合,最后总结出"科学理论是在教学实践中总结出来的",解决了科学教师之所想,解决了科学教师之所困。

此次教学观摩活动,使参与"国培计划"学习的全体教师在观摩中收获,在收获中解惑,在解惑中感悟,在感悟中提高。"国培"如云开薄雾见分明,一泓清泉暖人心,"国培"——我爱你!

第 5 篇

教学设计篇

《金属热胀冷缩吗》教学设计

吴永刚

灵武市杜木桥小学

教学目标:

知识与技能:

1. 许多固体和液体都有热胀冷缩的性质,气体也有热胀冷缩的性质。

2. 有些固体和液体在一定条件下是热缩冷胀的。

过程与方法:

1. 设计操作简单的实验活动,有效地观察金属固体体积变化的现象。

2. 正确使用酒精灯给物体快速加热。

3. 对生活中的现象尝试用模型实验加以解释。

情感、态度和价值观:

1. 对探究各种物体的热胀冷缩现象表现出更浓的兴趣。

2. 初步意识到事物遵循普遍的变化发展规律,但也有特殊性。

教学重点:

设计实验观察金属固体体积变化的现象。

教学难点:

设计实验观察金属固体体积变化的现象。

教学准备:

为每组准备:酒精灯、铜球热胀冷缩演示器;垫圈(钢条)、刻度尺、做支架用的木块等;

图片、资料。

教学过程:

一、讲述事实,引出课题

1. 我先给大家讲一则故事:

1825 年,英国铺设了第一条铁路,钢轨是一根连一根的焊接在一起的。 结果,到了炎热的夏天,钢轨就变得七歪八扭,左右弯曲,有些地方甚至还向上拱了起来;而到了寒冷的冬天,钢轨竟断裂成几段。

2. 听了这则故事,你有什么问题要问?

3. 你猜测一下可能是什么原因?

4. 是啊,液体、气体都有热胀冷缩现象,钢轨是不是也具有热胀冷缩的特点呢?金属热胀冷缩吗? 今天我们就来研究这个问题(板书课题)。

【设计意图:用讲故事的方式导入,激发学生的兴趣。】

二、观察铜球的热胀冷缩

1. 老师给各小组准备了铜球、金属环等材料,(教师出示实验材料:铜球、金属环)你能用这些材料设计一个实验来研究金属有没有热胀冷缩的特点吗?

2. 各小组先讨论一下该怎么做。

3. 请各小组汇报一下你们的设计方案。

4. 研究铜球的热胀冷缩时需要给铜球加热,这就要使用到实验室中常用的加热仪器——酒精灯,酒精灯使用时要注意什么呢?

(1)划着火柴,从侧面接近灯芯点燃酒精灯。

(2)外焰温度最高,加热时要使用外焰。

(3)绝对不可用一盏酒精灯到另一盏酒精灯上点火

(4)熄灭酒精灯时,左手扶住灯身,右手取灯帽快而轻地盖上,待火焰熄灭后,提起灯帽,再盖一次。不能用口吹灭酒精灯,否则容易着火。

5. 在做这个实验时你认为我们还要注意些什么呢?

老师给大家提了几点要求:

(1)分工合作、注意安全,正确使用酒精灯。(分工:哪位同学做实验,哪位同学做记录,哪位同学做观察,哪位同学做汇报。)

(2)加热后的铜球很烫,严禁用手触摸,以免烫伤皮肤。

(3)保持桌面清洁并请及时填写好实验记录单。

6. 各小组可以开始做实验,请注意仔细观察。有时间的小组可以重复做一次。(教师巡视指导)

7. 下面请同学汇报一下自己小组的实验现象和得出的结论。(展示记录单)其他小组对他们的结论有意见吗?

8. 研究到这里我们是不是可以给铜球下一个结论?(铜具有热胀冷缩的性质。)

【设计意图:通过分析材料,引导学生思考实验的方法,也可以组织学生小组实验,但要给学生准备棉质的手套、大量冷水等,在这个活动中还要特别强调使用酒精灯和不可直接接触加热的铜球等安全问题。】

三、观察钢条的热胀冷缩

1. 刚才我们用实验证明了:铜球的热胀冷缩现象,接下来你们想不想再来研究一下钢铁会不会热胀冷缩呢?

2. 想。

3. 师出示实验材料:圆铁片、钢条、木板、三脚架、酒精灯、大头针、图钉等。

4. 根据材料你能设计一个实验装置,来研究圆铁片或钢条是否热胀冷缩吗?

5. 各小组学生先讨论一下是不是有好办法。

6. 请各小组向大家介绍一下你们的实验方法。

(1)生:将铁片放在有凹槽的木板上,在铁片的四周紧贴着插上四枚大头针,用酒精灯在铁片的中间给铁片加热,观察四周大头针的变化。如果大头针被推倾斜了,就说明铁片有热胀冷缩的性质。

(2)生:将钢条一端固定在有凹槽的木板上,在另一端紧贴着插上两根大头针,用酒精灯在钢条的中间给铁片加热,观察四周大头针的变化。如果大头针被推倾斜了,就说明钢条有热胀冷缩的性质。

7. 通过实验现在我们是不是也可以给钢条下个结论?(钢条也有热胀冷缩的性质。)

【设计意图:通过观察铜球的讨论和实践,让学生尝试去观察其他金属物体的热胀冷缩现象,让他们根据观察材料思考、讨论、设计实验方法,教师只要稍作提示,学生们就可以想出各种有效的观察方法来。】

四、所有金属都热胀冷缩吗

1. 实验中我们发现铜球和钢条都有热胀冷缩的性质,我们能肯定地说所有的金属都会热胀冷缩吗?

2. 要做出这样的判断,我们应该先做什么?(每种金属都观察一遍)

3. 金属有几十种我们能观察得全吗?(我们可以了解一下科学家的研究结果。)

4. 阅读教材38页右侧的资料。(锑(tī)、铋(bì)—— 热缩冷胀)

5. 小结:

学到这里我们能给金属下个结论了吗?

(大多数的金属有热胀冷缩的性质。)

（许多物体都有热胀冷缩的性质——水有热胀冷缩的性质，空气有热胀冷缩的性质，铜和钢有热胀冷缩的性质……）

师：这里的省略号代表什么？

生：表示还有许多其他的物体，不仅仅是金属，还有非金属等物体。

【设计意图：激发学生继续探究学习的兴趣。】

五、联系生活中热胀冷缩的现象

1. 现在你能解释前边故事中的现象了吧。

2. 正因为铁轨有热胀冷缩的现象，所以钢轨之间必须要留有缝隙。请看你们手中的资料。

（资料：温度每变化 1℃，1 米长的钢轨大约伸缩 0.000 018 米，假如一年中气温变化 60℃，那么 1000 千米长的铁路就要伸缩 708 米，如果不留缝隙冬天受冷收缩，就会被冻裂成几段，夏天钢轨受热膨胀，就会变得七扭八歪，有的朝上拱起。因为有热胀冷缩，所以钢轨之间必须有缝隙。）

【设计意图：联系学生的生活实际，巩固新知识。】

3. 在我们的生活中还有许多热胀冷缩的现象，你看到过吗？（听同学介绍）

4. 老师找到了几个生活中和热胀冷缩有关的现象，我们来看：（出示图片）

（1）伸缩的桥梁；

（2）架高压线要保持电线一定程度的下垂；

（3）剥鸡蛋（把煮热的鸡蛋放在冷水中泡一泡，由于蛋壳和鸡蛋白的收缩程度不一样，就可以使两者脱离，剥的时候也就很容易了）；

（4）瓶子盖拧不下来，用热水把瓶盖烫一烫就能拧下来。

5. 课后继续观察，生活中还有哪些热胀冷缩的现象？

六、课堂小结

这节课你有什么收获？

板书设计：

金属热胀冷缩吗？

铜、铝……大多数金属 热胀冷缩

（锑、铋——热缩冷胀）

《马铃薯在水中是沉还是浮》教学设计

张丽虹

固原市西吉县第二小学

教学目标：

1. 认识到物体的沉浮与液体有关；同体积的液体质量越大，浮力越大。
2. 培养发现、分析、解决问题的能力；并对所提问题作出假设，设计实验进行验证的能力。
3. 激发课外继续进行科学探究活动的兴趣。

教学准备：

(教师用)马铃薯水槽(分别盛清水和盐水)。天平 1 架、量筒 1 只、大小相同的小塑料杯 2 只，食用油、水银等。

(学生小组实验观察用)水槽、玻璃杯、大小马铃薯各 1 个、搅拌棒、食盐、盐勺等。

教学重点：

改变盐水的浓度，使马铃薯悬浮在水面上。

教学难点：

马铃薯沉浮还跟液体有关。

教学过程：

一、出示课题引入
二、创设问题情境，引导学生发现问题
今天我们桌上放着一大一小两个马铃薯，我们把它放进水里，看看是沉还是浮。

课件引导(学生将马铃薯放入水中)

观察到了什么?

是沉还是浮?(学生汇报观察结果。)

老师也试一下……怎么浮了?

谁愿意到老师这儿试试,给大家看一看?(结果都浮了)

这是为什么?是老师的水缸大?水多?马铃薯有轻重?还是有另外原因?

讨论:两缸水一沉一浮的原因。

马铃薯的沉浮

1. 是跟马铃薯的大小有关系

2. 是跟水的多少有关系

3. 是跟放进去的动作有关系

4. 是跟水有关系

老师的这缸水跟你们的水不一样,能观察出来吗?

三、选择研究方法,组织探究

这水有什么不同?想知道吗?

怎样才能知道老师的水里有什么?(不知道水里有什么,不能用嘴尝)

设计实验,证明老师的水槽里是盐水。

实验一　验证水中有盐?(演示)

操作步骤:①取铁皮木夹;②取水 1~2 滴;③点燃蜡烛;④加热把水烤干,观察留下什么。

第一阶段小结:盐水能使马铃薯浮起来,清水中马铃薯是沉下去的。

新问题:盐水中马铃薯为什么会浮起来?

实验二　自己制作盐水,使马铃薯浮起来。

1. 分发刻度杯

2. 指导实验方法

取水 200 毫升,再一勺一勺地加盐,边加边搅拌,同时观察实验中的变化。记录下用了多少盐,刚好使马铃薯浮起来为止。加太多会融化不了。(进行计时)

汇报加盐多少。

加盐(勺)	1	2	3	4	5	6	7	8
沉浮情况								

第二阶段小结:现在你知道了,盐水的浓度达到一定程度,马铃薯就浮起来了。

四、在实验中探究新发现,解决新问题

1. 新问题:为什么清水中马铃薯沉,盐水中马铃薯就浮?

讨论:盐水为什么能使马铃薯浮? (启发观察加盐后杯中满了多少)

用天平称清水和盐水哪个重。(条件:一样重的空杯子,再加入同样多的清水和盐水)

测定结果:同体积的盐水比清水重。所以盐水的浮力比清水大。(其实细心的同学已经发现,你加了许多盐,水的体积却增加不大,所以这水变重了)

除了盐水,其他物质能使水的重量增加吗?

2. 认识不同的液体,同体积的重量是不一样的,液体越重,浮力就越大。

3. 取食用油、酒精、蜂蜜各一杯;用马铃薯实验。(或食用油、酒精、水,用蛋实验)

猜测:哪一杯的浮力大,哪一杯的浮力小?

五、总结与扩展

1. 总结:我们通过做实验发现马铃薯在清水中下沉,在盐水中上浮,这是因为同样多的盐水比清水重。重的水就比轻的水浮力大。如果我们这里有很重很重的"水",它就能浮起清水中下沉的物体(出示水银)。你们今后学到一些知识后要想想它会有什么用处,这样才能使我们变得更聪明。

2. 课件展示:

死海——世界上盐度最浓的盐水湖;

我国也有许多盐水湖;

为了旅游的需要,人们制成人工盐水湖……

六、练习与应用

1. 物体的沉浮,与物体轻重、体积大小有关,还与什么有关?

2. 使马铃薯浮起来的液体还可以有哪些?(继续实验)

3. 食用油——清水——盐水——水银,哪种液体浮力最大?

《白鹅》教学设计(第二课时)

马玉成

银川市西夏区第九小学

一、教学目标:

1. 有感情地朗读课文,背诵喜欢的段落。
2. 了解白鹅的特点,体会作者对白鹅的喜爱之情。
3. 学习作者抓住特点写的方法,体会作者用词的准确生动和幽默风趣。

二、教学重点:

引导学生了解课文是怎样写出白鹅高傲的特点。

三、教学难点:

从那些看似贬义的词语中体会作者对白鹅的喜爱之情。

四、教学准备:

1. 学生熟读课文。
2. 教师制作多媒体课件。

五、教学课时:

一课时

六、教学过程:

(一)复习导入

1. 听写:高傲 严肃郑重 大模大样 三板一眼 一丝不苟

2. 上节课,我们初步学习了课文,了解了白鹅的特点,谁来用刚才听写的词语说说白鹅的特点?

3. 这节课,就让我们深入地学习课文,体会作者是怎样来写这些特点的?

(二)出示学习目标

1. 有感情地朗读课文,背诵喜欢的段落。

2. 了解白鹅的特点,体会作者对白鹅的喜爱之情。

3. 学习作者抓住特点写的方法,体会作者用词的准确生动和幽默风趣。

(三)自主学习,合作交流

1. 出示合作学习任务

(1)作者是怎样具体描写白鹅叫声、步态和吃相上的特点?

(2)请同学们直接画出描写白鹅特点的句子反复读一读,从中体会到什么?

2. 先默读思考,后在小组内交流。

3. 组织汇报交流,教师相机点拨。

(四)有感情地朗读课文,把喜欢的段落背诵下来

(五)读写结合,进行练笔

1. 说说自己喜欢哪种动物? 为什么?

2. 试着用本节课学到的写法,写一写自己所喜欢动物某一方面的特点,把你对它的喜爱之情表达出来。

3. 交流,相互评价。

(六)本节课小结

这节课,我们通过自主探究,学习了作者通过对比、反语的方法写清了动物的特点,表达了自己的喜爱之情。

七、作业

1. 抄写文中生动有趣的词语。

2. 背诵喜欢的段落。

八、板书

	吃相	严肃郑重	对比
白鹅:高傲	步态	大模大样	反语
	叫声	一丝不苟	拟人

《地球内部有什么》教学设计

邵全明

石嘴山市第二小学

教学目标：

1. 能够通过制作地球构造的模型表述对地球构造的探究结果。

2. 知道地球内部分为地壳、地幔、地核；知道地球内部有炙热的岩浆；知道科学研究中可以用模型方法来解决问题。

3. 体会科学研究中建立模型的意义；体验探究地球的乐趣。

教学准备：

有关地球火山、地震的视频资料。

教学过程：

一、导入新课

1. 谈话：我们生活在美丽的地球上，地球上都有些什么呢？

2. 美丽的地球表面有山有水，风光无限，那么地球内部有什么呢？今天这节课我们就一起来探究地球内部有什么？（板书课题）

二、探究活动

活动一：猜想地球内部有什么。

谈话：根据你的知识经验，同学们猜想一下地球内部有什么？

学生猜测，交流。

看来大家知道的还真不少，老师这里有一些关于地球内部的视频想不想看？（教师播放火山、地震的视频资料）

提问：看了刚才的视频，你认为这些现象的产生能告诉我们什么呢？你认为地震发生时、火山喷发的时候有什么特征?

学生讨论交流。

小结:这些事实说明地球内部并不像表面看到的一样平静,每时每刻都在不停地运动,正是这样缓慢地运动造成了火山和地震。而且我们从这些现象里还可以知道地球内部的温度是很高的,连岩石都成了液体形态的岩浆了。

活动二:人们是怎样了解地球内部的?

谈话:我们怎样才能知道地球内部是什么样的?

指名回答,其他学生补充。

活动三:认识地球内部的结构特点。

1. 谈话:科学家通过这么多方法了解地球内部特点,地球内部到底是什么样的呢?课前同学们都搜集了好多关于地球内部特点的资料,想不想和大家一起分享一下,首先在小组内把你们搜集的材料整理一下,过一会儿在班上交流一下。

(学生小组内整理资料,汇报交流)

哪个小组愿意起来和大家交流一下? 学生汇报,补充完善。

2. 自学课本,仔细看书上第四页。说说你知道了什么?

3. 动手实践,加深认识。

大家想一想地球内部构造像什么呢?

指名回答,

动手实践:

请大家用你们带来的鸡蛋、荔枝等仔细研究一下地球内部的构造吧。

学生分组研究。

汇报交流:请各组代表说一说你们的研究方法和结果。

小组交流。

4. 小结:同学们真是不简单,通过自己的研究知道了地球内部结构特点,那么同学们想不想亲手制作一个地球结构模型呢?

三、制作地球构造的模型

1. 同学们课前准备了橡皮泥,根据刚才学到的知识,下面小组一起合作进行制作。

2. 谁愿意来展示一下?

3. 你觉得他们做得怎么样?

展示优秀作品,总结制作情况。

四、全课总结

1. 说说这节课你有哪些收获?

2. 关于地球内部的知识还有很多,课后同学们可以继续研究。

《减慢食物变质的速度》教学设计

张志芳

固原市原州区第十小学

设计思路：

情景引入——观察比较——分析讨论——明确方法——课外拓展延伸。

教学内容：

《减慢食物变质的速度》是人教版四年级科学下册第三单元《食物》一章中的第 6 课。

教学目标：

1. 知识与技能。

学生们通过比较观察活动，知道引起食物变质的原因，从而了解储存食物的各种方法。

2. 过程与方法。

培养学生们的观察比较能力，能对观察的结果做出合理的解释，会运用已有的知识经验和认识对获取的信息进行初步的归纳和综合。

3. 情感、态度和价值观。

使学生养成注意观察周围事物的习惯，关注身边科学。

教学的重难点：

教学重点：

通过观察比较活动，知道引起食物变质的原因和减慢食物变质速度的方法。

教学难点：

知道减慢食物变质速度的方法并能说出科学的根据。

学习方法:

1. 仔细观察,动手实验。

2. 合作探究,寻找规律。

3. 联系生活,体验科学。

教学方法:

1. 准备实物为学生的观察、实验提供材料。

2. 引导学生积极参与实验探究。关注身边的科学,收集相关的信息。

3. 适当指导,培养学生的观察能力、探究能力、活动组织能力。

教学准备:

1. 多媒体课件。

2. 变质的食物、新鲜的食物、镊子、湿巾、观察记录表等。

教学课时:

一课时。

教学过程:

一、创设情境导入新课

1. 同学们有没有信心和老师一起完成本节课的学习任务?(有,好)老师看哪一组今天表现得最棒?

2. 说起美食,老师相信我们四年级学生一定了解的很多,这些丰富的美食,可供我们健康快乐成长。

3. 今天老师给同学们带来了一种美食,是什么?(新鲜的面包)大家喜欢吗?喜欢分给大家尝一尝,味道怎么样?老师这里还有一些面包要分给大家,喜欢吗?(不喜欢)为什么?(变质了)。

4. 那这节课我们就来一起学习《食物变质》板书课题。

二、探究新知

活动一:

1. 观察新鲜的食物和变质的食物。

(1)首先,同学们想一想:通常用什么方法观察食物?(叫同学回答:闻、看、摸、尝等)

老师补充一点:(请看大屏幕即展示课件)

观察变质食物时要注意：

①不要用手直接接触食物。

②观察完毕后要洗手。

③使用扇闻的方式闻气味，尽量少闻。

观察新鲜的食物和变质的食物。

（2）请组长拿出老师在桌箱里准备好的第一组材料。

（3）组织本组同学都观察一下，看有哪些材料？（叫同学回答：镊子、新鲜的和变质的食物、湿巾、观察记录表等），都看到了。

（4）请组长组织同学们开始观察新鲜的食物和变质的食物，根据记录单上的内容，记录员及时完成记录表。（现在开始）

（5）老师叫各小组汇报。（霉菌颜色、气味、手感等现象）这些变质的食物大家说能吃吗？（不能）它对人体有害，绝对不能吃。

（6）同学们想想：食物是否随时随地都可以变质，而且速度很快？（师生交流：需要一定的条件）

刚才同学们观察了好几种变质的食物，发现他们有哪些相似的地方？（叫同学回答）

（7）下面请同学们看大屏幕（课件）：我们一起了解科学家们总结出有关食物变质的知识。哪位同学替老师读给大家听？（叫同学读）

食物变质的原因：

①食物的腐败变质是微生物引起的。使食物发霉的霉菌就是微生物。微生物的生长与繁殖与植物、动物一样，需要一定的空气、水分和温度等条件。

②在适宜的环境里，它们能以惊人的速度繁殖。越来越多的微生物分解、吸收食物中的营养，同时排除废物，使食物不再是原来的样子，食物腐败变质了。

（8）刚才同学们听了这个资料，再回想刚才观察到的现象谁来给大家说说食物变质是由什么引起的？（组织学生交流，师板书：霉菌的生存条件——空气、温度、水分）

（9）如果要把食物储存的时间长一些而不变质，怎么办？减慢食物变质的速度。（师补充题目）

【设计意图：让同学们明白控制或破坏他们生存的条件，就可以减慢食物变质的速度。】

活动二：

2. 探究储存食物的各种方法。

（1）请组长拿出老师准备好的第二组材料，组织本组同学都观察一下，看有哪些材料？（叫同学回答：各种食物、记录单等）

（2）参考这些食物储存的方法，讨论：储存食物具体有哪些方法？请记录员及时填好记录表。（现在开始）

(3)交流(老师组织同学交流)。

晒干法、冷冻法、灭菌法、
密封包装法、真空包装法等

师板书:食物————————————————储存的时间长

方法

(4)师小结:同学们请看大屏幕(课件)对比一下他们的储存方法和我们刚才得出的一样吗?(方法很多)

【设计意图:让同学们探究科学,明白科学来源于生活又服务于生活。】

三、拓展延伸

1. 讨论:老师今天在早市买了几条鱼,你们能不能帮我想出几种储存这几条鱼的方法?能说说你用这种方法的科学根据是什么?

2. 交流:同学们还知道哪些储存食物的方法呢?这些储存方法目的是什么?

【设计意图:减慢食物变质的速度,就必须破坏微生物的生长环境,帮助学生回忆和整理已有的和刚刚获得的知识经验和认识,并能进行自圆其说的解释,让学生体会到,用这些方法储存食物的科学道理。其实我们努力地去发现身边的科学,是为了更好地用科学,让科学为我们社会生活服务。】

四、课堂小结

这节课同学们了解了有关食物的科学知识。

老师对同学们今天的表现非常满意。同学们说今天学得愉快吗?(愉快)除了愉快之外还有什么收获?(叫同学们回答)

附板书:

减慢食物变质的速度

霉菌——生存条件:温度、空气、水分

晒干法、冷冻法、灭菌法

密封包装法、真空包装法等

食物————————————————储存的时间长

方法

《日食和月食》教学设计

刘继志

银川市兴庆区唐徕回民小学

教学目标：

科学概念：

1. 日食和月食是太阳、地球、月球三个天体运动形成的天文现象。

2. 月球运行到太阳和地球中间，地球处于月影中时，因月球挡住了太阳照射到地球上的光形成日食。而月食则是月球运行到地球的影子中，地球挡住了太阳射向月球的光。

过程与方法：

1. 运用模拟实验的方法研究日食和月食的成因。

2. 对模拟实验中的现象进行细致的观察。

3. 根据模拟实验中的现象进行逻辑推理，推测日食和月食的成因。

情感、态度与价值观：

1. 体验科学实验的严谨、客观和乐趣，意识到设计科学研究方案的重要性。

2. 能够大胆地想象，表达自己的想法。

3. 意识到模拟实验与推测和客观真实是有一定差距的。

4. 意识到天文现象是可以被人们认识的。

教学重点：

日食和月食是太阳、地球、月球三个天体运动形成的天文现象。

教学难点：

根据模拟实验中的现象进行逻辑推理，推测日食和月食的成因。

教学准备：

有关日食和月食的课件、录像资料、乒乓球、弹力球、手电筒。

教学过程：

一、日食的教学

（一）故事引入

1. 讲古代战争与日食的故事。（请一名学生起来读）

在 2500 多年前，有两个小国家之间爆发了激烈的战争，连续五年未见胜负，将士们尸横遍野，老百姓哀声载道。古希腊的天文学家泰勒斯预先知道有天文现象要发生，便扬言上天反对战争，某一日会使太阳消逝。到了那一天，两军正在酣战不停，突然，光芒四射的太阳被一个黑影遮住了，黑影从太阳的西缘渐渐向中心靠近，黑影越来越大，不一会儿，太阳不见了，天色一片昏暗，仅有一团淡黄色的薄雾笼罩着远方的地平线。双方士兵将领大为恐惧，于是停战和好，后来两国还互通婚姻。据考证，这是发生在公元前 585 年 5 月 28 日的一次天文现象。

2. 师：聪明的你，我想肯定知道这是什么现象吧？

3. 板书：日食。

（二）认识日食发生的过程特点

1. 师：下面我们一起来看一个视频，了解一下日食发生的过程，边看边思考：日食的发生过程有什么特点？根据这些特点，我们可以推测一下可能是谁挡住了太阳光？（幻灯片展示）

2. 个人汇报，教师整理记录。（板书）

月球挡住了太阳光。

挡住太阳的物体是圆形或球形的。

挡住太阳的物体在运动。

西缘开始，东缘结束。

（三）日食模拟实验

1. 师：大家推测认为：可能是月球挡住了太阳射向地球的光造成了日食。那么月球到底能不能挡住射向地球的太阳光呢？如何证明我们的推测是否正确？我们也来做一回科学家，进行一个模拟的实验。首先，我们先思考下做这个实验我们需要准备一些什么材料。（太阳——　，月球——　，地球——　）

2. 师：老师在这里为大家准备了手电筒、弹力球和乒乓球，让他们分别表示太阳、月球和地球。

3. 师:材料准备好了,你认为我们这个实验该如何来做?（模拟太阳、月球、地球的运动过程）

4. 友情提示:

师:我们先来看一看太阳、月球、地球之间他们是如何来运动的。(视频展示:地球绕着太阳逆时针转动;月球绕着地球逆时针转动。)

5. 想一想,在实验中我们要注意什么?

6. 师:现在请同学们四人一小组进行模拟实验,观察在什么样的条件下会发生日食现象。并完成实验记录单,将日食发生时三个天体的位置准确的画下来。

日食成因模拟实验记录单	
实验材料	
三个天体的位置	太阳
实验现象	

7. 请一个小组进行展示,并汇报实验结论。

（四）日食的成因

1. 出示日食成因示意图,让学生讲解日食的成因。

2. 教师对学生所讲解内容进行补充,了解日偏食、日环食、日全食。

（五）练习

1. 下列三个星球间的位置关系,有可能产生日食的是(　　　　)

　　A. 太阳-地球-月球　　　　B. 地球-太阳-月球

　　C. 地球-月球-太阳

2. 正确反映一次日全食过程各阶段顺序的是(　　　　)

　　①　　　　　　　②　　　　　　　③　　　　　　　④

　　A. 1 → 2 → 3 → 4　　　　　　B. 2 → 3 → 4 → 1

　　C. 4 → 3 → 2 → 1　　　　　　D. 3 → 2 → 1 → 4

3. 日食可能发生的日期是农历(　　　　)

　　A. 初一　　　B. 初七　　　C. 十五　　　D. 廿

4. 当发生月食时,太阳、地球、月球三者的位置应为 A (　　　),B(　　　),C(　　　)。

如图:

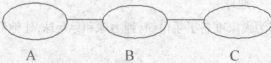

　　　　　　A　　　　　　　B　　　　　　　C

二、月食的教学

（一）月食的成因

师：月食也是一种天文现象，猜一猜月食是如何形成的。（学生回答：太阳——地球——月球）

师：你们的猜测是不是正确的呢？能不能用实验来证明一下？要如何实验呢？

学生自行通过实验来证明当月食发生的时候，太阳、月球、地球他们之间的关系。汇报实验过程和结论，请一位同学拿着实验记录单到实物投影上展示。

师：请同学说一说月食的成因。

（出示月食的成因幻灯片）解说月食的成因。月食是自然界的一种现象。当太阳、地球、月球三者恰好或几乎运行在同一条直线上时（地球在太阳和月球之间），太阳射到月球的光线便会部分或完全地被地球掩盖，形成月食。一般发生在农历十五左右。

（二）日食、月食的对比

现象	日地月三者位置关系	地球上的可见范围	发生的时间	类型
日食	日月地 地月日	小部分地区	初一	日全食 日环食 日偏食
月食	日地月 月日地	半个地球以上	十五	月全食 月偏食

三、总结

师：说一说这节课你都有哪些收获？

日食成因模拟实验记录单	
实验材料	
三个天体 的位置	太阳
实验现象	

月食成因模拟实验记录单	
实验材料	
三个天体 的位置	太阳
实验现象	

《声音的产生》教学设计

陈文菁

石嘴山市第二十二小学

一、课标相关要求

小学《科学课程标准》中规定的基本素质、要求是教材、教学和评估的灵魂,也是整个基本教育的灵魂。本节课教学内容是依据《课程标准》中的有关"内容标准"设计编写的。科学探究的具体内容标准:能应用已有的知识和经验对所观察的现象作假设性解释,并能设计实验加以验证;能用简单的实验器材做简单的观察、模拟实验,并做好实验记录;通过观察、实验、制作后的表达与交流,使学生能倾听和尊重其他同学的不同观点和评价,能对研究过程和结果用最擅长的方式进行表达,并与他人交换意见。情感态度与价值观中的具体内容标准:体验合作与交流的乐趣;体验到科学探究应尊重证据。科学知识的具体内容标准:知道声音是由物体的振动而产生的。因此,课程标准是教材、教学和评价的出发点和归宿。

二、教材分析

(一)教学内容分析

本课是义务教育课程标准实验教科书青岛版教材五年级上册第二单元《声音的秘密》第7课。本节课的教学内容遵循小学生生理和心理发展规律,依据《课程标准》中的有关"内容标准"设计编写。声音在日常生活中无处不在,与人们的生活息息相关,因此,人类才不断探索声音的奥秘。本课在学生已有生活经验的基础上,安排了"制造声音""设计实验""调查研究"等逐步递进的活动,目的在于让学生经历科学探究的一般过程,从中发现问题、提出问题,并想办法解决问题,归纳概括出声音产生的原因。

(二)教学目标

1. 能应用已有的知识和经验对声音的产生作假设性解释,提出自己的猜想;能用简单的实验器材探究声音产生的条件;能对探究过程和结果进行评议;愿意与他人合作交流。

2. 知道声音是由物体的振动而产生的。

3. 在探究过程中设计实验方案验证猜想;有乐于观察、善于发现的欲望,体验合作与交流的乐趣。

(三)教学重点和难点

1. 教学重点:通过实验和生活事例的分析,归纳出声音产生的原因。

2. 教学难点:知道声音是由物体的振动而产生的。

(四)教材课型、课时

科学实验课,一课时。

三、教学方法设计

(一)教学准备

教师准备:铃鼓、豆子、音叉、一杯水、钢尺、纸筒、橡皮筋等。

学生准备:空纸盒、橡皮筋、一杯水、钢尺、豆子、拨浪鼓以及身边能发声的物体等。

(二)教法与学法设计

1. 教法设计:根据《科学课程标准》,本课教学内容的特点以及学生的实际情况,在教学过程中我采用了以下教学方法:情境导入法(体现在课前探究和质疑导入这两个环节中)、探究发现法(在探究过程中的学生动手制造声音和猜一猜这两个环节中体现)、实验探索法和小组讨论法(在探究过程中的设计实验,探究声音产生的原因这个环节中体现)以及归纳总结法。

2. 学法设计:在教学中,以开放的观念和心态,为学生创设和谐、民主的学习氛围,精心选择有结构的实验材料,提供较充足的探究时间,运用质疑法、发现法、假设验证法、合作学习法、动手操作法、间接观察法、分析归纳法和反证对比实验法引导学生探究声音产生的原因。

四、教学过程

(一)课前探究

1. 大自然中有各种各样的声音,因此,我们的生活才丰富多彩起来。说一说你从大自然中都听到了哪些声音?

(问题的设计紧密联系生活实际,引导学生在交流的过程中,充分体会自然界中丰富多彩的声音。)

2. (学生回答)哪一组将是本节课的优胜组呢? 看你们的!(在黑板的一角呈现分组评比栏,每一环节都进行评比)学生互评。

（评比栏的设计旨在调动学生的积极性。激发学生的团队精神。）

（二）质疑导入

1. 从同学们刚才回忆声音的交流中,你最想知道什么?

（预设:声音是怎么发出来的? 声音的大小是由什么决定的? 我们怎样才能消除噪音? 声音是怎样产生的? 我们是怎么听到声音的?）

2. 这节课我们先来研究声音是怎样产生的,(教师板书课题:声音的产生)其余问题后面我们继续探讨。

（使学生带着问题进入学习状态,从而产生无穷的探究动力。）

（三）探究过程

1. 学生动手制造声音

（1）同学们看看自己桌子上的空纸盒、橡皮筋、铃鼓、音叉、一杯水、钢尺、豆子以及身边的物体,试一试怎样做才能使它们发出声音呢?

（目的是充分发挥学生在探究活动过程中的主体地位。）

（2）动手操作并观察思考

你用到了哪些材料? 采用了什么方法? 有什么现象发生?

（让学生在探究发现的过程中学会发现的方法。培养学生的观察能力、自学能力和实际操作能力。）

（3）学生汇报交流

（为了给不同程度的学生创设一个自主探究的平台,让他们在动手动脑的亲历中有目标地去观察思考,体会声音产生的过程,并在交流中相互启发,拓展学生的思维空间,为后面的探究做好铺垫。）

2. 猜一猜,在刚才的活动中那些声音是怎样产生的?

（1）学生进行猜测

（2）同学们要想知道自己的猜测是否正确,让我们在实验中找到答案。

（在相互启发中,拓展学生的思维空间,激发学生的学习热情和主动探究的欲望。）

3. 设计实验,探究声音产生的原因。

（1）小组讨论,制订实验方案。

（以学生为主体,让学生在思维的碰撞中制定出合理的实验方案,培养学生的合作意识。）

（2）学生汇报小组方案。

（3）小组实验,记录实验过程。

实验1将空纸盒去掉盖,把橡皮筋紧绷在盒子上,用手拨动橡皮筋,使它发出声音,观察现象。

实验 2 在鼓面上放几粒豆子,敲响鼓后,观察现象。

实验 3 将音叉敲响后,用音叉接触水面,观察现象。

实验 4 在桌子边上压住钢尺的一端,拨动钢尺的另一端,观察现象。

(让学生通过动手实验,培养学生的探究能力,发展假设论证的科学精神和科学态度。)

(4)教师巡视指导。(教师倾听、观看,参与其中,引导学生在观察物体发出声音时,发生什么现象?重点引导学生在进行实验过程中把不明显的现象表现出来。对学困生更多地去引导。)

(5)小组汇报,交流信息

a. 指名小组汇报。(两人演示,一人讲解)

b. 小组互相讨论实验得出的结论。

c. 展示仪出示其中一个小组的方案表,教师以一个实验例子反馈学生的实验方案。

(6)师生总结。(适时引导学生用"振动"这个词描述物体发声的特征。)教师根据学生的回答板书:声音的产生是由物体振动引起的。

(让学生在动手操作中参与实践活动,在认真观察和相互启发中得出科学的结论,放手为学生创设一个宽松的学习氛围。这不仅培养了学生自主探究科学的能力、掌握科学知识的方法和认真观察的能力,同时为学生创设了一个展示自我的空间。)

(四)拓展延伸

1. 找一找生活中的哪些物体是利用了声音是由于物体的振动而产生的这个原理制造的?(手机、电话、喇叭、音响等)。

2. 既然物体的振动产生了声音,如果不让物体振动,那会怎样?比如:锣鼓发出的声音很长,怎样做才能使他们的声音立即停止呢?

3. 学生回答,师生评价。

(紧密联系现实生活,牢固掌握科学知识,提高学生用所学知识去改变生活的意识。培养学生的创新意识。)

(五)教师总结

1. 我们一起来看看这节课的优胜组是哪个组? 学生评议。

2. 我们研究了声音是物体振动产生的,而且通过做实验的方法,明白了声音产生的一些规律和原理。课后,同学们可以继续观察探讨有关声音的秘密。

五、教学效果预测及反思

本节课成功之处表现在以下几个方面:(一)准备充分。教师和学生都为本节课的探究活动准备了丰富的实验器材。这样学生动手操作的积极性被调动起来,为学生的实践、体验、交流活动提供了保证和较大的发展空间。充分体现了学生自主性学习。(二)设计密切联系生活实际的问题情境。本节课在教学开始时,在导入环节创设与生活相联系的问题情境,调动学生的学习兴趣,引导学生用高涨的学习热情进入到探究质疑环节,激发了学生学习的主动性。在拓展延伸中也设计与生活实际相联系的练习题,为学生树立生活离不开科学的意识,鼓励学生学科学用科学。体现科学知识与生活的密切联系。(三)激励性评价贯穿教学的始终。上课开始,我在黑板的一角设置一个"评比栏"。每一个环节从各组的参与人数及发言情况进行综合评比。给表现好的小组奖励一个"A",稍差的组奖励一个"A-",个别表扬学困生,学生的学习情绪高涨。在整个教学结束时,评比出优胜组,奖励一面小红旗。这样,不仅能激发学生的学习兴趣。还肯定了学生的成绩,使学生体验到成功的快乐。由此可见,恰当的激励评价,让课堂活起来,从而充分地展示学生的聪明才智。

本节课也存在着一些不足之处。在探究过程中,个别学生的参与意识不强,在小组内动手操作和回答问题不够积极。出现这种情况,一方面是这些学生不善于表达,另一方面学生的学习兴趣没有被充分调动起来。

首先,针对不善于表达的学生,教学中尽量为这些学生创设表达的机会,小组讨论时,刻意让小组长多去征求这些同学的看法。鼓励他们多说话,并提示他们认真听相同的意思别人怎样表达。逐步提高他们的表达能力。其次,个别学生学习兴趣不高,课前多和这些学生沟通并充分准备实验器材,让学生通过动手操作激发学习兴趣;在设计时抓住儿童的好奇心,创设情景,激发学生的学习兴趣;教学中给予他们更多的关注和指导,发现他们的进步,及时给予肯定或表扬,让他们体验到成功的快乐,从而稳定学生的学习兴趣。

六、板书设计: 声音的产生——物体的震动

(简明扼要的点明本节课探究的目的)

《食物包装上的信息》教学设计

潘宏斌

固原市西吉县第三小学

教学目标：

科学概念：观察食品的包装，可以获取这种食品的有关信息，便于我们了解食物的营养成分、配料、保存方法等。

过程与方法：根据食品的保质期、配料表等信息，正确选择适合的食品。

在观察食品包装信息的活动中，促进分析处理信息能力的提高。

情感态度价值观：在了解食品包装信息的活动中，加强学生关注自身健康生活的意识。

教学重点：

观察食品包装袋或包装盒上的信息。

教学难点：

会比较几种食品的保质期、配料，正确选择合适的食品。

教学准备：

学生准备：食品包装袋若干。

教师准备：食品生产日期、保质期记录单，不同类型的食品包装袋，

以考虑透明与不透明的、不同材质的、透气与不透气的、奶粉袋等。

教学过程：

（一）激趣引入

1.（课件出示：一张食品包装袋上的图案）老师这里有一张漂亮的图案，谁能根据这个

图案猜出一种食品的名称？

2. 我们每天都要吃各种食品,无论是营养搭配还是食物的保存,都需要了解食物的相关信息。这节课,我们就来研究食物包装上的信息。(出示课题:食物包装上的信息)

(二)观察包装袋上的信息

1. 检查学生课前收集食品包装袋及做记录的情况。

2. 观察活动:一般的食品包装袋上都有哪些信息？这些信息,可以分成几类？(食品包装袋上的信息有:食品的名称、食品的配料、营养成分、执行标准、保质期、储存方法、食用方法、生产厂家的信息等。食品包装袋的分类:食品包装袋按其应用的范围可分为:普通食品包装袋、真空食品包装袋、充气食品包装袋、水煮食品包装袋、蒸煮食品包装袋和功能性食品包装袋。)

3. 汇报交流:哪个小组愿意把你们的研究成果告诉大家？ 小组代表汇报,教师板书相关内容。

4. 小结:同学们按自己的依据把食物包装袋上的信息进行的分类都是可行的 。

(三)了解食品的配料

1. (投影:牛奶饼干的配料表)以上同学们讲到食品的配料也会影响食品的保质期。这是一份牛奶饼干的配料表,数一数共有几种配料。

2. 在这些配料中,有你熟悉的配料吗？ 它们在食品中起什么作用？

3. 有没有不熟悉的配料名称？ 猜猜他们在食品中起什么作用？

4. 小结:不同的食品,配料不同。课后,请同学们继续调查配料在食品中所起的作用是什么。

(四)比较五种食品的生产日期和保质期

1. 提问:在这些信息中,你们最关注什么？(板书:保质期)

2. 师述:的确,保质期是我们购买食品时都比较关注的一个问题,同学们对所调查的五种食品的生产日期和保质期都做了记录,你们从记录表中发现了什么问题？

食品名称					
生产日期					
保质期					
保存条件					

3. 学生在小组内讨论、交流。

4. 汇报交流:引导学生展示自己的记录表,找出最近和最早生产的食品,最新生产的食品、保质期最长和最短的食品。

5. 讲述:食品的保质期有长有短(板书:长短),请你们找出保质期比较长的 ,如保质期是 12 个月的食品的名称;再找出保质期较短的在两个月以下的食品的名称。

6. 学生汇报,教师板书有关食品的名称。

7. 为什么这些食品的保质期长？这些食品的保质期短?和什么有关?请举例说明。

8. 引导学生辩论:如果是同一种食品,你愿意选择保质期长的还是保质期短的?

9. 小结:保质期长的和保质期短的食品各有所长,我们买食品时应根据实际情况进行选择。如果是短期内能食用完的,就考虑选择保质期短的;如果需要在较长时间内食用的,则可以选用保质期长的食品。最好是吃保质期短的绿色食品。

(五)总结评价

这节课我们研究了食物包装上的信息,说说你有什么收获?

食品的生产日期有早有晚,食品的保质期有长有短,因而导致食品的新鲜程度不一样;另一方面即使是同一种食品,由于包装方式、配料的不同,保质期也会存在差异。当我们通过阅读食品包装,了解食品的原料组成、营养成分、保存方法、保质期后,我们的饮食就不再是盲目的,包装上的信息为我们科学均衡营养提供了帮助。

板书设计:

食物包装上的信息:

食品的名称

食物配料　营养成分　生产日期　保质期　储存方法　食用方法　生产厂家等

一、教材分析

《食物包装上的信息》是教科版四年级下册第三单元食物中的第 7 课。本单元集中研究食物,了解食物与我们的健康之间的关系。是对食物的类别、营养、生食物、熟食物等知识的学习和了解。是学生在探究储存食物的方法中延伸出来的一个观察活动。在此课之前是关于食物的营养和变质以及储存食物的方法的探究,这节课研究食物包装袋上的信息,也是对食物单元前面 6 课所学知识的综合应用。

教材主要安排了三个活动:观察食品包装袋或包装盒;比较几种食品的保质期;调查了解食品的配料。学生们在日常生活中天天接触到食品包装,但色彩亮丽、美观精致的食品包装上的信息,却经常被学生所忽视。通过这节课让学生对食物包装的观察研究,启发学生从更宽广的角度去探究食物,主动获取食品信息,学会比较辨别食品优劣,延伸拓展探讨食品安全问题,尤其是处于生长发育时期的青少年学生,更要掌握有关信息。用学到的科学知识改善生活,有效抵制伪劣食品,并培养他们良好的饮食习惯。进而养成良的好生活习惯,有益于身体健康。

二、学情分析

食物包装上的信息是学生在探究储存食物的方法后延伸出来的一个观察活动。学生在日常生活中天天都能接触到包装袋和包装盒,已经关注到色彩亮丽,美丽精致的食品包装袋上有很多信息。但是他们不会有意识地去观察包装袋都有哪些信息,也不会深入地思考我们能从这些信息中获取什么?因此引领学生有意识地观察食品包装袋上的信息,并在整理信息的过程中,展开比较食品保质期的活动,由此想到影响食品保质期长短的原因有哪些?了解食品的配料,获取另一个重要信息,这样的探究活动很有意义。整个活动以学生搜集整理、分析有关食物包装上的信息为主,积极地给学生一个探究的自由活动、学会倾听、善于交流、乐于探究的空间,让每位学生都能体验探究、经历发现的过程,从而调动学生的主动性,让学生全员参与、合作完成,促进学生相互交流和团结协作,培养他们的科学素养。

三、教学反思

本节课我采用了"自主观察,合作探究"的学习方式,在课堂上,充分调动学生的积极性,把大部分时间交给学生观察、讨论,在此基础上我作适当的点拨,着重从内容、方法方面做归纳小结,使"以学生为主体,以探究为核心"的教学理念得到真正的体现。

情境导入这一环节当中,通过取材于学生身边事例激发了学生的研究兴趣,从而动态生成教学。让学生感受到科学就在我们身边,为接下来的探究活动的进行做了铺垫,认识食物包装上的信息这个环节是本课的一个教学重点,通过引导学生了解食物多种不同的包装;交流汇总课前收集的食物外包装上的信息;对这些信息进行归类整理;学生自主选择学习最关注的信息。这个环节旨在引领学生通过观察活动,学会如何获取更多信息,知道合格的产品、安全的食品的含义。

教学目标基本达成,但在教学中也有一些不能令人满意的地方。如时间分配不合理,第一个环节在了解包装袋上的信息用了较长的时间。导致学生"比较几种食品的保质期"这一活动不够充分。特别是在学生记录了保质期后,引导学生通过比较四种食品的生产日期和保质期的时间过短。由于时间紧张没能充分展开,引发对保质期影响因素的思考,关键处没有很好地点拨,教学难点没有很好地突破。所以这部分的教学可能比较含糊,学生对于这部分知识掌握不够扎实。

食品包装袋上的信息调查表　组别_____

食品名称					
生产日期					
保质期					
保存条件					

食品包装袋上的信息调查表   组别_____

食品名称					
生产日期					
保质期					
保存条件					

食品包装袋上的信息调查表   组别_____

食品名称					
生产日期					
保质期					
保存条件					

食品包装袋上的信息调查表   组别_____

食品名称					
生产日期					
保质期					
保存条件					

《使用工具》教学设计

范书娟

固原市彭阳县罗洼乡中心小学

教学目标：

科学概念：认识机械指的是利用力学原理组成的各种装置。杠杆、滑轮、斜面等都是机械。简单机械又被人们习惯地称为工具。

过程与方法：常识在实践中解决指定的科学问题（如拔图钉、铁钉和木螺钉），发现做同样的事情，用不同的工具效果是不同的，并从中了解更多的常用工具。

情感、态度、价值观：意识到工具和机械可以帮助我们做一些事情，恰当地选用工具和机械可以提高我们的工作效率。

教学重点：

选用不同工具解决问题。

教学难点：

选择不同工具解决问题的原因讨论。

教学准备：

记录表（学生）；剪刀、螺丝刀、开瓶器、羊角锤、小刀、镊子、老虎钳（教师）；钉有三个图钉、两个铁钉、两个木螺丝钉的木板一块。

教学过程：

一、谈话导入新课

同学们，这个漂亮的窗花剪纸是用什么工具制作出来的？（出示窗花剪纸）

剪刀除了能剪窗花之外还能做些什么事?(剪绳、剪指甲……)

那么锤子能帮助我们做哪些事情?(出示锤子)

二、我们用过什么工具

1. 在生活中,我们常常用工具来帮助我们做事情,今天我们就来研究我们常用的工具。(板书课题:使用工具)

2. 你还知道哪些工具?他们能帮助我们做什么事?请大家在小组内讨论一下,然后把工具名称和能做的事情填在书本 P2 表格内。比一比,哪些同学想得更多。

3. 小组讨论填表

工具名称	可以做哪些事情	工具名称	可以做哪些事情

4. 小组汇报:

请一个小组上台来介绍,并且可以使用老师讲台上的工具做示范(提供工具)。

5. 教师小结:看来同学们对工具的使用已经比较熟悉,并且能运用到现实生活中去了。那么下面就请大家来帮我解决一个问题。(启后)

三、选用什么工具好

1. 老师这里有钉有一些钉子的木板(出示木板)。

1)如果要把钉子从木板中取出来,请问我该选择什么样的工具比较合适?

2)请小组内的同学先观察一下钉在木板上的钉子,思考你需要哪些工具?

3)说说你选择这些工具的理由。

2. 小组长领材料,组织小组成员开展实验。

3. 全班交流:说说你们刚才选择的工具是最合适的吗? 分组发言共同评论。

四、完成三项任务的工具选择

1. 请大家观察 P3 的三幅图,请你在右边选择最恰当的工具来完成这三项工作。并且说说你选择的理由。

2. 油桶通过斜面推上车,比较省力;大石头用撬棍当杠杆去撬动比较省力;利用绳子和滑轮组成定滑轮可以很方便地将国旗挂到旗杆顶上。

3. 教师小结:有一些很费力、很难做的事情,如果我们使用了工具就可以省力、方便地完成了。巧妙地使用工具,能让我们做得更好。

4. 请大家看 P3 工具的定义,深入理解。

五、全课总结:对于简单机械,我们还有什么问题想研究?

板书设计

1. 使用工具

一、用过的工具

工具名称	可以做哪些事情	工具名称	可以做哪些事情

二、选择合适的工具

铁钉:羊角锤 螺丝钉:螺丝刀 图钉:小刀

《水和食用油的比较》教学设计

王兴东

中卫市第一小学

教学目标：

科学概念：

水和油相比，在颜色、气味、透明度、黏度、液滴的形状、重量等方面有差异，但它们都会流动、没有固定形状。

过程与方法：

运用不同感官仔细观察比较水和油；用图表方式记录比较的结果，并进行分析和交流。

情感、态度、价值观：

愿意与他人合作，乐于交流尊重事实、重视证据。

教学重点：

观察、描述水和食用油在颜色、气味、透明度、黏度、液滴的形状、重量等方面具有差异，但它们都会流动，没有固定形状。

教学难点：

运用不同感观比较水和食用油有哪些相同和不同；用图表的方式记录比较的结果，并进行分析和交流。

教学准备：

给每个小组准备：2个塑料杯、1片玻璃、1张蜡光纸、1支筷子、2个试管、2根长木条（可以是长一些的牙签）、1个玻璃杯、1个塑料瓶（矿泉水瓶）、1个水槽。

给每个学生准备:记录纸两张。

教学过程:

一、观察水和食用油

1. 导入:水是一种液体,你们知道的生活中还有哪些液体?

这些液体是否都一样呢? 今天我们以水和食用油为例,进行研究。

2. 学生观察:提供给每组一杯水和一杯食用油,要求学生仔细观察两者的相同和不同之处,并把观察到的结果填写在维恩图中。(提示:在科学观察中,一般不用尝的方法)

3. 交流水和食用油有哪些相同和不同,师板书展示。

二、滴液比较

1. 师:水和食用油除了我们刚才所观察到的不同之外,还有不同之处吗?比如,我们分别把水滴和油滴滴到蜡纸、玻璃片和报纸上,它们的状态一样吗?

2. 生猜测,并讨论:在实验中需要注意什么?(师适当提示:每一次将液滴滴在不同的物体上时,为了实验的可靠,需同时多滴几滴;每一滴的量要控制,不要太多,简单演示;要注意观察水滴和油滴在不同物体上后形成的形状是否一样。)

3. 生实践,将观察到的液滴状态画下来,并注明液滴是在什么物体上。

4. 展示学生的记录,并交流讨论。

三、比较水和油的轻重

1. 师:水和食用油相比,哪种物质更重? 我们有什么办法比较?

2. 生交流方法,并讨论、判断方法的可行性。

3. 提供材料,请学生以小组为单位选择一种方法进行实践,判断水重还是食用油重。(这一实验可根据实际情况调整为演示实验)

4. 交流实验结果,并尝试根据实验现象进行解释。

5. 请学生将观察所得的结果补充到图中,师补充到板书中。

四、借助多种容器,进一步观察水和食用油的相同点

1. 师演示,将水和食用油分别倒入一些形状不同的容器中,请学生观察它们有哪些相同的特点。

2. 生交流、小结。(将两者的相同点补充到图中)

五、总结提升

1. 全班交流:水和食用油有哪些不同之处,又有哪些相同之处?

重点讨论它们的相同之处其他液体也具有吗? 这些相同点,固体具有吗?

2. 小结:通过本课的学习,对于水是怎样的一种液体,你们又有哪些新的认识?

《它们吸水吗》教学设计

王正虎

固原市彭阳县冯庄乡高庄村完全小学

教学目标：

科学概念：

1. 物理性质可以用来描述材料,如硬度、柔韧性、吸水性和在水中的沉浮能力。

2. 吸水性是指材料对水的渗透能力,与材料的组成和结构有关。

过程与方法：

1. 用观察的方法检验材料的物理性质,通过比较发现材料的不同物理特性。

2. 选择适当的词语定性描述材料。

情感、态度、价值观：

1. 发展对物质世界的探究兴趣。

2. 认同物理性质是可以被观察和测量的观点。

3. 增强材料循环使用,节约资源的环境保护意识。

教学重点：

用观察的方法比较材料的吸水性。

教学难点：

通过比较发现吸水性与材料的组成和结构有关。

教学准备：

学生(每小组)：

1. 大小、厚度尽量相同的纸片、塑料片、铁片、木片(纹理较疏松的)各一片;稀释的红墨水、滴管。

2. 放大镜、餐巾纸、铅画纸。

3. 浸泡好的废报纸、筷子、棉布。

老师:古代造纸的录像。

教学过程:

一、导课

小游戏:各取所需

具体规则:教师出示木头、纸、铁、塑料,让学生根据具体情况选择材料,并简单说明理由。具体情境设置举例:做一个杯子、擦去桌上的水、造一艘船……

导语:刚才同学们根据具体情况选择了不同的材料,我们认为,不同材料遇到水的反应是不一样的,我们把材料对水的渗透能力叫做材料的吸水性。这节课,让我们来研究材料的吸水性吧。

二、谁更容易吸水

1. 出示大小、厚度尽量相同的纸片、塑料片、铁片、木片(纹理较疏松的)各一片,猜一猜,谁更容易吸水,为什么这样想?把猜测结果记录在实验记录单上。

2. 怎么验证自己的猜想是否正确呢?出示稀释的红墨水、滴管,我们请这两位朋友来帮忙,你们打算怎么做?(学生小组设计实验,只要求简单设想)

3. 教师补充观察、实验要点:

①实验的公平性:材料的大小厚薄、水滴的大小位置等要尽量保持相同。

②从侧面观察水滴的变化,既要观察水滴的变化,也要关注材料遇水部分的变化。

③注意记录,可以用图画和语言相结合,来描述观察到的观察。

④根据观察到的现象把四种材料按吸水性从强到弱排序。快的小组思考:材料的吸水性可能跟什么有关?

4. 学生分组实验后汇报。

可预期的发现:

①纸的吸水能力最强、木头次之、塑料和铁最弱。

②纸和木头都能把水吸到内部,它们的表面比较粗糙,可能中间有空隙。

三、纸的观察

1. 提供放大镜、餐巾纸、铅画纸。

导语:纸的吸水性最强,有些同学猜想纸的中间可能有空隙,是不是这样呢?让我们更仔细地来观察两种纸吧。

2. 我们可能用什么方法进行更深入的观察呢？进行观察方法的指导(可以折、撕、揉、用放大镜看、放到水里泡一泡……),教师应提醒学生注意观察的顺序。

3. 小组观察后全班交流。学生可能会说出许多纸的特点,均应给予肯定,要注意将学生的关注点引向纸的纤维和结构上去。

4. 我们在铅画纸和餐巾纸里都发现了纤维,纸的纤维是怎么样的呢？我们可以把纸放入水中,轻轻搅拌一下,进行观察。(学生观察悬浮在水中的纸纤维)

四、介绍造纸术

导语:现在我们已经知道,纸是由许多纤维组成的。但不知道同学们了解过没有,世界上第一张纸正是由我们中国人造出来的呢!造纸术是我国古代四大发明之一,我们来看一看古人是怎样造纸的,想想跟我们今天的研究有哪些相关的地方。

播放古代造纸的录像。

说说古人造纸与我们的研究所得有什么相似的地方？(纤维)

五、我们来造一张纸

1. 有没有兴趣用短纤维来造一张纸呢？出示造纸方法。

2. 出示浸泡好的废报纸。学生动手造一张纸。

3. 观察:我们造的纸是怎么样的？与我们使用的纸有什么相同和不同之处？

相同:都由纤维组成,里面都有空隙。

不同:厚薄、疏密、纸纤维叠加的方式等。

4. 我们能造一张厚薄均匀一些的纸吗？纸也有不同的种类,它们的用途也各不相同。

六、课堂小结

1. 通过对纸的研究,我们明白了材料的吸水性与什么有关了吗？

2. 用过的纸还能再利用吗？我们应该怎样对待用过的纸？

《物质发生了什么变化》教学设计

李秀芳

灵武市第二小学

教学目标：

科学概念：

1. 物质的变化可以划分为物理变化和化学变化两类，它们的区别在于是不是产生了新的物质。

2. 一些物质在变化的过程中，会既发生化学变化又发生物理变化。

过程与方法：

学习用筛网分离混合物、用蜡烛给白糖加热。

情感、态度、价值观：

1. 养成细心观察，及时记录的习惯。

2. 体会到在实验操作过程中，细致并实事求是地汇报观察到的现象，对于得出正确结论是重要的。

教学准备：

每组一杯沙子、一杯黄豆，一支蜡烛，一张白纸，一个勺子，一小包白糖，一根铜丝，一根小棒，一个筛网。

教学过程：

一、复习引入

上一节课我们研究了《身边的物质》，知道世界是由什么构成的？（世界是由物质构成的）也知道"物质总是在不断地变化"。这节课我们通过实验仔细来研究物质到底发生了什么变化。板书课题:《物质发生了什么变化》。

二、观察混合后的沙子和豆子的变化

(1)观察沙子和豆子

出示沙子和豆子。请材料员分别倒少量的沙子和豆子在白纸上,大家仔细观察豆子和沙子,描述它们的特点。

(2)我们把杯里的沙子和豆子混合,看沙和豆会不会发生变化。你的猜测是怎样的?实验。

(3)进行混合、搅拌。(沙子倒在豆子的杯里进行搅拌)

师:混合后的豆子和沙子发生什么变化了呢?有什么证据说明没有发生变化?(用筛子分离沙和豆子进行观察。)

(4)分离混合物。与原来的沙子和豆子进行比较、对照,看有没有发生变化?

(搅拌产生的碎屑,只说明沙和豆子形态发生了细微的变化,特征和性质没有变,沙还是沙,豆还是豆。)板书:没有产生新的物质。将豆、沙、纸放回盒子里。

三、观察加热白糖的变化

(1)每组一包白糖,展开放桌上观察,将白糖的特点记录在表格中。

加热白糖变化记录表

_____年__月__日　　　　　　　　　　第__小组　记录员___

	加热前	预测	加热后的变化
白糖			

(2)预测:给白糖加热,会发生哪些变化,填写在记录表中。

(3)讲解给白糖加热的方法和注意点。

师演示。师先点燃蜡烛,问:"蜡烛的火焰分三部分,哪部分温度最高?"提示用蜡烛的外焰加热。再出示长勺要求手握在长勺柄的顶端,以免手烫着。然后将纸包的白糖倒入长勺,移到蜡烛外焰加热。观察时眼睛不能凑太近以免伤着眼睛,因为加热过程中会有气泡冒出,不能靠太近。加热结束,一定要把汤匙放在盘子上,不要跟桌面直接接触。加热结束后,不能用手去摸加热的部分。在观察白糖变化的同时还要观察蜡烛的变化。(出示友情提示并讲解)

友情提示:

①手握勺子顶端;

②放外焰加热;

③眼睛不能靠勺子太近;

④加热结束不能用手去摸加热部分;

⑤加热结束后把勺子放在盘子里;

⑥运用多种感官观察白糖的变化、蜡烛的变化;

(4)学生进行加热白糖的活动,并及时记录观察到的现象。

(5)交流观察到的现象。

状态变化:颗粒状——液体状——糊状——固体状

颜色变化:白色——褐色——黑色

气味变化:白糖香味——焦味

(6)白糖充分加热后留下的黑色的东西还是原来的白糖吗?说明了什么?(说明白糖在加热过程中生成了新的物质。)板书:产生新的物质。

(7)蜡烛燃烧后又有什么变化呢? 蜡烛燃烧变成了什么?

出示课外资料阅读:

燃烧充分的蜡烛生成水和二氧化碳,蜡烛中的氢元素与氧元素形成水,由于温度高,转化成水蒸气飞散到空中。由于水蒸气和二氧化碳都是无色的,所以看不到。如果蜡烛燃烧不充分,还会产生部分碳的成分,可以拿铁器在烛焰上掠过,上面会留下炭黑的痕迹。

四、总结物理变化和化学变化的特点

1. 师讲述:物质的变化一般分成两类:物理变化和化学变化。

2. 出示物理变化和化学变化的概念让学生阅读:

物质的变化有快有慢。有些变化只改变了物质的形状、体积、状态等,没有产生新的不同于原来的物质,我们把这类变化称为物理变化。有些变化产生了新的物质,我们把有新物质生成的变化称为化学变化。

3. 师边讲述边板书。像白糖加热、蜡烛燃烧、铁生锈那样会产生新的物质的变化,我们称为化学变化。板书:化学变化。

而像弯曲铜丝,撕碎纸片,豆沙混合,只改变物质的形状、大小、状态等,没生成新的物质的变化,称为物理变化。板书:物理变化。

4. 物理变化和化学变化的本质区别是什么?

(物理变化和化学变化的本质区别是是否生成新的物质。)

5. 师:根据物理变化和化学变化的概念,你能说说下列物质变化中哪些属于物理变化,哪些属于化学变化?(玻璃打破,铁器生锈,木柴燃烧,湿衣服晾干,物体落地,食物腐败。)

五、课外延伸

1. 讨论:白糖加热发生化学变化的过程中有没有产生物理变化?

把固体的白糖变成液体的糖与白糖变成黑色的炭进行比较,这两种变化有什么区别?

2. 蜡烛燃烧发生化学变化中有没有产生物理变化?

把蜡烛变成蜡烛油与蜡烛油燃烧变成气体进行比较,这两种变化有什么区别?

3. 结论:一些物质在变化的过程中,会既发生化学变化又发生物理变化。也可以这么说,化学变化过程中常常伴随着物理变化,你信不信? 要不要回家继续探究?

4. 这节课你有什么收获?

板书设计:

物质发生了什么变化

不会产生新的物质　　　　物理变化

会产生新的物质　　　　　化学变化

有没有生成新的物质　　　(本质区别)

《我们周围的材料》教学设计

曾前英

灵武市第一小学

一、教学内容

《我们周围的材料》是新教科版三年级《科学》上册第三单元里的第一课。

二、教材分析及学情分析

本课通过引导学生观察自己穿的、随身携带的物品、书包和教室里的设施,来分辨它们分别是用什么材料制成的,从而认识到多种多样的材料制成了多种多样的物品,不同的材料有着不同的特性和用途。

三年级孩子刚刚接触科学课,对科学课的学习还不到一个月,才处在适应阶段,无论是观察辨别能力、语言表述能力还是书写能力都还较弱,尤其是小组合作的意识、表达交流时的倾听习惯都还没有,因此,在本节课需要教师进行有意识的培养。

三、教学设计思路

本课教学设计力求体现孩子是科学学习的主体,在满足孩子发展需要和已有的知识经验的基础上,创设条件让他们能直接参与科学探究活动,在亲历活动中,认识到各种物品是由各种材料制成的,认识一些常见材料,并能简单描述它的特点。首先创设情景:让学生观察老师身上的穿戴分别是由什么制成的?引出本课学习内容"材料",从而卷入到探究学习中来。接着让学生观察认识几种生活中的常见材料,并用适当的词语简单描述他们的特性,使学生从感性发展到理性上能真正辨别出生活中的常用材料,再放手让学生分组观察研究书包里、教室里外的物品究竟是由哪些材料制成的就水到渠成,容易多了,而且学生在记录、汇报时再不会把物品名称和材料名称混淆不清了。

四、教学目标

知识与技能：

1. 知道周围的物体都是由一种或多种材料做成的，我们周围存在着许多不同种类的材料。

2. 认识到木头、纸、金属、塑料、玻璃、纤维等是常见材料。

过程与方法：

1. 能综合运用感官观察和辨认身边不同物品是由什么材料做成的。

2. 用适当的词语简单描述几种常见材料的特性。

情感、态度、价值观：

1. 通过小组研究活动,培养学生自主合作的意识。

2. 通过研究活动发展学生进一步研究材料的兴趣和愿望。

五、教学重点

观察和辨认身边不同的材料。

六、教学难点

用适当的词语描述几种常见材料的特性。

七、教学准备

教师:纸杯、玻璃杯、塑料杯、陶瓷杯、不锈钢杯各一个;实物投影仪;教学课件。

学生:装有金属片、玻璃片、布片、纸片、木片、陶瓷片等六种材料的大信封每小组一个;活动记录单一张。

八、教学流程图:

(见下页图所示)

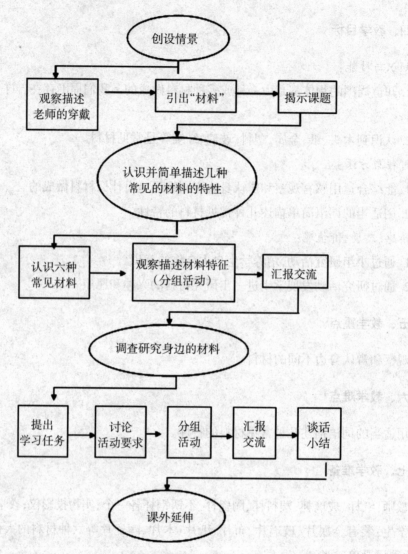

九、教学过程

(一)情景导入

1. 今天,曾老师很高兴能和同学们一起上一节科学课,你们欢迎吗？我还特别打扮了一下，谁能用简洁的语句来描述一下老师？谁能说说老师身上的穿戴分别是由什么制成的？像制作衣服的布、毛衣用的毛线 、发卡用的塑料和金属等我们都称为"材料"。

2. 在我们的周围还有许多材料,这些材料制成了各种各样的物品,今天这节课我们就来研究一下我们身边的这些材料。(板书课题:我们周围的材料)

【教学意图:让学生观察观察老师的穿着,是让学生把老师也作为身边的观察对象,学生会很感兴趣。表达正确与否并不重要,关键是给学生一种观察、感知、然后再表达的体验。而且也给儿童一种启示:身边就有科学,熟悉的东西也含有科学,只要我们认真观察和思考。】

(二)探究新知

1. 认识几种常见的材料,并简单描述他们的特性。

(1)谈话:我们身边的材料是丰富多彩的,但也是很复杂的,今天,老师给同学们带来了一些生活中常见的材料,装在信封袋里,请各小组长拿出材料,在小组里辨认一下,都是些什么材料?

(2)指名说说这些材料的名称,教师对表达不正确的予以纠正。

(3)小组活动:再次观察金属片、玻璃片、布片、纸片、木片、陶瓷片等六种材料,思考讨论每种材料在生活中一般能做什么? 说明它有什么样的特性?

(4)学生汇报交流,教师引导并及时板书。

(5)小结:同学们观察描述得真不错,对于这几种材料的特征在后面的学习中将会继续深入探究。

【教学意图:虽然学生们对于"塑料、木头、纸、金属"等材料名称已"耳熟能详",但一旦让他们把具体事物与"词汇"建立联系还是有一定困难的,因为生活中使用到的材料是丰富多彩的,尤其一些人造材料、复合材料层出不穷,孩子们在辨认时难免会出现叫不出名称或分辨不清等问题,先让学生运用感官接触认识这几种常见材料,并简单描述他们的主要特征,帮助他们建立起词汇及感性认识,再去分辨各种物品所使用的材料就容易多了,也为后面几课的研究活动打下基础。】

2. 调查研究身边的材料

(1) 刚才我们已经研究了老师身上的穿戴是由一些常见材料做成的,在我们的书包里、教室里还有许多的物品,你们想不想研究它们是由哪些材料做成的呢? 下面就以小组为单位,分组观察书包里、教室里的这些物品究竟是由哪些材料制成的?

(2)在研究过程中我们要注意些什么呢? 学生讨论后课件出示:

活动要求:①要全面观察,仔细辨认,注意细小。

②对看不清楚的物品,可以走到跟前辨认,要注意安全。

③小组成员要分工协作,及时记录。

3. (投影仪)出示:(研究记录单),教师讲解记录方法。

物品名称	使用的材料										
	塑料	纸	金属	木头	布料	陶瓷	玻璃	橡胶			
合计											

统计:1. 我们小组调查了_____种物品,使用了_____种材料。其中使用最多的材料是_____。

　　2. 由一种材料制成的物品有_____

　　　由多种材料制成的物品有_____

4. 学生分组进行研究,教师巡视指导。

5. 研究好了吗? 哪个小组愿意把你们的研究情况向大家汇报一下? 不过汇报时我们还应该注意些什么?

【教学意图:三年级小朋友对探究的过程还不是十分明确,引导他们简单说一说自己研究前的设想,特别是如何做好记录,如何倾听,这对学生开展好自由研究活动具有很重要的意义。】

6. 学生汇报交流。(投影仪展示几个小组的记录单)。

7. 小结:短短几分钟同学们就找到了这么多的材料,可见我们的材料世界真是丰富多彩。我们周围的物品有些是由一种材料制成的,有些是由多种材料制成的。同一种材料能制成不同的物品,那么,同一种物品也能使用不同的材料吗?

8. 教师出示用不同材料做的杯子(纸杯、玻璃杯、塑料杯、陶瓷杯各一个)。

【教学意图:放手让学生接触自己身边最常的东西,给他们一个自由开放的空间,在玩中完成学习任务,可以使学生品尝到成功的快乐,激发起他们继续研究探讨的兴趣和信心。】

(三)课外延伸

1. 通过这节课的学习,你有什么收获?

2. 今天我们研究认识了几种常见材料,生活中还有许许多多的材料,课后请同学们自行设计一张表格,统计一下家里的物品是由什么材料制成的?也可以利用今天学到的研究方法在课外对一些材料进行研究。

十、教学反思

在教学设计本课时我力求体现以下几个方面:

（一）立足于实际，突出"用教材教"的意识

科学课程强调教师要有"用教材教"的意识。原教材编排是研究学生身上的穿戴，再研究书包里、教室里的物品。因为是借班上课，我从课堂实际出发，改为研究老师身上的穿戴。这样既拉近了师生间的距离，很自然的引出所学新课，又能激发起学生研究材料的兴趣。原教材编排是让学生描述木头的特性，教学时，我让学生对提供的几种常见材料都可观察描述，这样既可给孩子们一个自由开放的空间，又把整个单元的教学内容进行了整合，为后面几课的进一步学习打下了基础。实践证明孩子们的知识储备和观察表达是十分出色的。

（二）立足于生活，突出研究材料的优化

生活是科学学习的源泉，也是学生认识世界的重要途径。此课教学是让学生在纯生活化的情境中去探究身边事物的科学规律，首先让学生去描述新老师，引入研究教师身上的穿戴，再拓展到研究教室里的各种物品，创设了一个自主学习的环境。学生们在看一看、闻一闻以及摸一摸中，自然学到了许多知识。

（三）立足于探究，突出探究方法的点拨

探究是科学学习的目标，又是科学学习的方式，亲身经历以探究为主的学习活动是学生科学学习的重要途径。在科学教学中，教师应该要引导学生学会如何运用正确的、科学的方法进行科学探究。三年级学生刚开始学习科学，在小组合作探究前先让学生说说"研究过程是我们要注意些什么"，简单描述自己的设想，汇报交流前说说"交流汇报时我们要注意些什么"，都是对学生探究方法的点拨，这对学生今后的学习都是十分重要的。

《我看到了什么》教学设计

陈耀丙

固原市彭阳县孟塬乡中心小学

教学目标：

知识和能力：

科学概念：树是活的植物，生长在一定的环境里，是有生命的物体。

过程与方法：

1. 初步认识真正的观察应该是有目的的，制定观察的方法和步骤有利于观察的顺利进行。

2. 用各种感官观察和感受大树。

3. 借助放大镜、皮尺等简单的工具对大树进行观察和测量。

4. 用简单的词语记录观察的结果。

情感、态度、价值观：

1.懂得从图片上获得的信息是有限的，亲自观察事物会对事物有更多的认识。

2.发展观察大树的兴趣，体会到生命体给我们带来的生机勃勃的感受。

3. 在观察过程中，培养与他人合作的习惯。

教学重点：

了解观察的目标和方法，认识到观察的重要性。

教学难点：

对大树的观察要指向生命体这个核心概念。

教学方法：

观察法、测量法、记录法。

媒体准备：

分组材料：一些观察用的测量工具（如皮尺、放大镜等），观察记录纸等。

教学过程：

一、引言、导语

1. 校园里、大路旁、山坡上……到处我们都能看到植物，同学们对校园里的植物最熟悉的是哪些呢？

2. 就让我们从身边的熟悉植物——大树开始观察研究吧。

二、看照片上的大树

1. 教师讲解：这是一幅梧桐树的照片，请大家仔细地看图，你能发现有关这株梧桐树的哪些特点？（你能发现几点？）

2. 学生汇报：从图上看大树，我看到了什么？（要求仔细倾听，并大胆说出新的发现，同时区分哪些是真正从照片上获得的信息。）

三、回忆中的大树

1. 教师引导：照片拍得很清楚，但是我们从照片上发现的东西并不多，那么生活中你曾经看到过的大树与这照片上的有什么不一样吗？

2. 学生汇报：回忆我的大树，我曾经看到过什么？

3. 教师激趣：同学们的汇报内容真丰富，有的内容大家都看见过，有的内容有人还从来没看见过，而有人可能从来都没真正看过一棵大树呢？是不是？想去仔仔细细地看一棵真正的大树吗？

4. 学生交流：为什么想看真正的大树？（再去看一看，是不是能看到更多的内容！会不会也有树瘤？是不是也有小动物？是不是还有其他东西？）

5. 教师总结：这样带着目的去仔仔细细看大树的时候，我们的观察活动就开始了。

6. 学生小组交流并汇报：如果现在来到一棵大树下，我想观察什么？我们怎样才能观察到更多的内容？

四、观察真正的大树

1. 交流：教师引导孩子们交流在头脑中制订好的观察大树的个人计划。（观察内容、观察方法、需要借助的工具等）

2. 活动：现在让我们一起去观察一棵真正的大树，我们肯定有更多的发现。同时把观

察到的信息,用简短的词语记录下来。(在保证安全的情况下老师带学生按计划开展真正的实地观察活动)

3. 评价:回教室后每小组互相欣赏各自的观察内容,说说从不同的记载中如何体会到观察的大树是一个生命体。同时推选一位同学的记录单张贴于科学活动专栏内供大家欣赏,其他同学的记录单上交给老师阅读欣赏。(张贴的记录单要有典型特色)

五、课堂总结

观察一棵树让我们获得了这么多的信息,观察一棵树让我们发现了一个生机勃勃的生命世界,那么,观察更多的树呢?

课外作业:

请在课外继续观察不同的树。

板书设计:

第一课　我看到了什么

大榕树:照片上的大榕树

回忆中的大榕树

真正的大榕树

课后反思:

通过深入讨论,我们发现了大榕树之间的相同点和不同点,课外再选定一棵你喜欢的大树,继续观察它,它会怎样变化?把意外发现都记录下来,同时把精彩的发现张贴于科学学习栏目内。对总结的内容需从学生实际观察的基础上进行,学生能发展到什么程度就总结到什么程度,书上总结内容仅作样本供参考。

《原地投掷》(水平二)教学设计

闫登泰

吴忠市同心县实验小学

内容	多样的投	学段	水平二	执教	闫登泰
学习目标	1. 认知目标:通过游戏,初步了解和掌握原地投掷的一些方法,并在游戏的过程中学会与他人合作。 2. 技能目标:经历游戏活动的过程,掌握原地投掷垒球的基本动作,发展投掷能力。体验投掷活动的运动乐趣和方法。 3. 情感目标:培养良好的合作精神与创新意识。			重难点	重点是:用力均匀程度,动作协调连贯。 难点:肩上曲肘、背后过肩。
课的顺序	课的内容		指导与练习法		组织队形
一	一、课堂常规 1.集合整队,师生问好。 2.教师介绍本课学习内容和目标。 二、《羊羊运动会》情景导入:羊村就要开运动会了,有许多小朋友都来参加,让我们先活动一下精骨吧。 三、准备活动 1.讲述活动方法及要求 2.组织活动		1.文体委员整队,检查服装,报告人数。 2.学习本课的学习目标和活动内容。 3.在教师声情并茂的引导下进行准备活动。 游戏:快快跟我做 带领学生积极活动四肢。根据教学内容,活动上肢,指导学生主动模仿。		组织队形: 全班四列横队集合
二	《羊羊运动会》第一项比赛:看看谁投的准。 一、近距离投准 二、较远距离投准 1.讲述比赛的方法和要求。 2.指导学生的活动。 3.讲评学生示范,颁发体育之星。 4.指导学生再一次练习。		(1)学生学习比赛的方法和要求。 (2)学生在小组长的组织下分组进行练习。比一比看谁投的准。 (3)评出投的最准的同学进行示范:肩上曲肘。 (4)再一次练习,巩固提高掌握肩上曲肘。		注:😊学生 ● 教师 ▢ 小垫子
三	《羊羊运动会》第二项比赛:看看谁投的远。 1.讲述比赛的方法和要求。 2.指导学生的活动。 3.讲评学生示范,颁发体育之星。结合学生的示范,讲述动作技术。 4.指导学生再一次练习。		1.学生了解学习要求,方法。 2.在小组长的带领下进行投远练习。 3.评选出投的最远的同学,颁发体育之星图章。 4.展示投远的动作技术:背后过肩、协调用力。 5.学生再一次练习,巩固技术,提高能力。		

四	拓展提高:游戏:打龙尾	1.讲述与学习游戏的方法、要求。 2.进行游戏活动。 3.学习讲评。	
五	结束部分: 1.组织放松。 2.讲评。 3.收放器材,宣布下课。	1.放松活动:爱睡觉的加菲猫。 2.学习讲评。 3.收放器材,师生再见。	发散队形

第

6

篇

培训感言篇

教师幸福生活与有效观课议课

高师中心通讯员

宁夏大学

2013 年 8 月 15 日,参加"国培计划 2013"中西部项目农村骨干教师培训宁夏大学置换脱产研修培训的教师们聆听了成都大学师范学院陈大伟教授的讲座。陈教授以"教师幸福生活与有效观课议课"为话题进行了三个多小时的交流。

陈教授曾担任过中学一线教师、主任、副校长、进修学校校长,现在大学做教育理论研究,同时坚持在中小学做教育实践研究,坚持亲自上课,无论是在理论层面,还是实践研究层面、管理层面,都是极有发言权的专家学者。

讲座中,陈教授就教师的专业发展、教师幸福工作的内驱力来源于物质生活的满足感、人际关系的舒适感、自身事业的成就感。人因思而变,提供思想永远没有促进思想来的有价值、有意义……

通过陈教授讲座,提示我们:

一、转变一种观念——角色定位要科学、准确

优秀的教师队伍不是管理出来了、培训出来的,优秀教师队伍的打造更多的在于提供一种积极的环境。校长、教研员要努力当教师思想的促进者、引领者、服务者,帮助每位教师寻找到快乐工作的意义。

二、提供一种途径——方法来源于实践研究

处处皆机会、处处有智慧，从陈教授提炼的校本研修的模型、观课议课、教学四环节都是其身体力行、实践反思的结果。只有参与，才有真切的感知体验，才有解决问题的真思路、真办法。

三、引导一种环境——积极的教育外环境

教师的幸福生活不是封闭的、无助的、被动的，也可以积极去营造、改善、影响。面对社会、家长的不理解，教师不能自怨自艾，我们可以施之以积极的影响，寻找一种和谐共振，为自己营造积极和谐的外环境。

陈大伟的专题讲座确实给我们教师和发展摸索中的学校带来了希望，在发展的目标前提下更容易被一线教师所接受。因为教师上课没有最好，只有更好。我们成了真正的主角，切实感受到了合作的愉快，体验到了成长的幸福。幸福是一种能力，既然是能力，就是可准备、可培养、可挖掘的。创造幸福是目标，创造幸福的能力每个人都期待拥有，但是认识幸福的能力、感受幸福的能力我们是否也在重视、也在积极的培养？时光匆匆，相聚只是片刻。借陈教授的话说"幸福会在生活中留有痕迹"，这段分享思想的时刻，有陈大伟教授留下的快乐、深邃的回忆，这段痕迹是幸福的、是被期待的。

中小学教师的通识礼仪和职业"德行"的分享

教育学院通讯员

宁夏大学

8 月 22 日上午,我们有幸聆听了戴联荣教授做的题为《中小学教师的通识礼仪和职业"德行"的分享》的讲座,让我感触很深。

从讲座中,我们可以看出戴教授是一位很有思想,敢说真话、说实话的教育"大家"。讲座一开始,他就引用了美国兰德公司提交的一份《2020 年,中国将变成最穷的国家》作为开篇语,深刻分析了这份报告的背景和产生的影响。听来让人振聋发聩,不得不让我们去深深的反思。

这份报告坦率地指出:"中国人道德、价值观方面缺失的问题,如自私和冷酷、裙带风、重人情、面子、没信仰、缺乏诚信、缺乏奉献精神、缺少勇气正直和纯正品性、急功近利、物欲等,已经成为阻碍中国向前发展的最关键因素。"毋庸置疑,这份报告虽然言过其实,有夸大、贬低的倾向,但也同时向我国的道德、伦理观念提出了挑战。从我们身边耳染目睹的事件中,我们也可以发现,中国人的道德问题确实已经成为影响我们国家形象和今后发展的一大难题。

一个人的道德高低也许不重要,但一个民族的道德高低就重要了。早在 20 世纪七八十年代,我国的第二代国家领导人邓小平同志就提出了要"两手抓,两手都要硬"的治国方针。但在实际的执行过程中,我们的一些官员片面地追求经济利益,热衷于搞政绩工程,忽视了社会主义精神文明建设,使得我们的精神文明建设成为了一句口号。时过境迁,现在我们的经济建设虽然搞上来了,但我们的国民素质却没有多大的提高,以至于经常遭遇外国人的冷眼和热嘲。这是我们国家的耻辱,更是我们每一位中国人的耻辱。我们能用自己的聪明智慧和辛勤的劳动向世界证明中国人是了不起的,但在一些传统的道德方面,却遭到了质疑和贬低,这不能不引起我们的深深反思。

作为一名教育者,肩负着教书育人、为人师表,培养国家栋梁之才的重任。一定要认清新形势下教师职业所面临的挑战和历史使命。在工作中,要牢固树立正确的价值观、人生观、教育观、师生观,加强对学生的德育教育,同时加强自身的学习,不断提高自己的师德修养和业务水平,用自己高尚的情操、聪明的才智去影响、塑造每一位学生,促进学生全面、健康、和谐的发展,培养适合社会发展需要,具有优良品质的建设者和接班人。

新课改的前沿焦点

——学生学习方式转变

季建军

宁夏银川市西夏区第七小学

8 月 15 日~8 月 16 日,西北师范大学教育学院李瑾瑜教授在宁夏大学 A 区文科楼的报告厅里为参加"国培计划(2013)"——中西部项目(宁夏)置换脱产研修班的全体学员举办了题为"新课改的前沿焦点——学生学习方式转变"的讲座,赢得了大家阵阵热烈的掌声。

讲座中,李教授从领会和理解《基础教育课程改革纲要》和《课程方案》的核心精神,义务教育课程与高中课程改革,新课程理念中的学生与学习三方面向参训学员作了详尽的讲解。

李瑾瑜教授在讲座中指出,要改变课程结构过于强调学科本位,缺乏整合的现状,就要整体设置九年一贯的课程门类和课程比例,以适合不同地区,学生发展的需求,体现课程结构均衡性、综合性、选择性的特点。要改革课程内容"难、繁、偏、旧"和过于注重书本知

识的现状, 就要加强课程内容与学生学习生活以及现代社会和科技发展的联系, 关注学生学习兴趣,学习经验等。打破强调接受学习,死记硬背,机械训练的现状, 就要倡导学生主动参与, 乐于探究, 勤于动手, 培养学生搜集、处理信息的能力。

关于义务教育课程与高中课程改革, 他首先从"整体设

置"与"九年一贯"的概念的理解出发向学员讲述了这个问题,指出了普通高中新课程改革的结构框架,还提出了义务教育如何配合普通高中学习的思考。

李教授在讲座中还讲述了新课程理念中的"学生"与"学习",他指出,学生从"受教育者"到"学习者",含义发生了重大变化,每个走进学校的人都有学习的权利。他指出:"学生上课就是为了学习,而教师的价值就是帮助学生更有效的学习;而学习是一个有目的,有意识的过程,是一个整合认识、动机、情感三方面的联动过程,是一个自我反思的过程,也是一个寻找发展捷径的过程,还是一个合作交往的过程。"引发了我深深的思考。

最后,李瑾瑜教授总结讲道:教学的本质是维持、呼唤、激励,促进学生的学习能力;教学的信念是彰显人类学习本性,提高学习服务品质;教学的基本命令是教因学而在,教基于学,教为了学;教学改革的出发点是为学习而教,因学论教,关注学生,关注学习是教师专业发展的基本点,从"我教你学"到"跟我学"再到"我们一起学",让学生真正成为思考的学习者。

触动灵魂的一次洗礼

——"国培"跟岗实践研修总结

李金霞

平罗县教研室

跟岗研修,即利用优质中小学校和名师课堂作为教师培训资源,通过让参训学员回归校园的真实课堂参与学习的培训方式。这种培训方式构筑起高校与中小学联动的培训平台,学员置身于真实的教育情境中,不仅在"看中学""听中学"而且在"学中思""学中动"。

2013 年 10 月 10 日,我和来自全区各地的骨干教师共 9 人有幸进入银川市西夏区第十小学,与学校及指导老师对接见面并开始实习,由此拉开了为期一个月的跟岗学习的帷幕。一个月来,我认真学习,尊重并遵守学校的各项规章制度,依照要求按时完成各项跟岗任务。虚心学习银川市西夏区第十小学先进的教育理念、教育方法,领略办学特色及管理模式,尤其深入了解了该校英语学科教学教研发展的新信息,拓宽了自己的学科专业知识,提升了自己的教学技能与教研水平,收获颇丰。具体总结如下:

一、浓郁的校园文化,让我赞叹不已,为之喝彩

银川市西夏区第十小学校园文化氛围非常浓厚。全校师生待人和善,礼貌有加。处处体现着"日新致远,进德修业"的精神风貌。教师师德高尚,爱岗敬业,工作求真务实,勤勤恳恳;学生学习勤奋,活泼可爱,尊师敬长,待人礼貌,习惯良好。特别是"楼道文化"给人留下了深刻的印象。楼道里的各种德育、美育的宣传标语、名言警句、名人画像、宣传版画等等布置合理,新颖美观,思想性强。这样的环境及氛围对于学生的健康成长多么有益啊!我被这种浓浓的校园文化所感染。

二、领导和教师以人为本、求真务实的作风令人敬佩、感动

我们一行 9 人到达银川市西夏区第十小学后,校领导非常重视。耿校长及教务处热情友善地接待了我们,并为我们的实习做了妥善的安排。给我们指定了学识丰富、教学水平

高的指导教师，实行"推门听课制度"，制订了有效的学习计划。为了我们学习方便，特地为我们安排了干净敞亮的大会议室作为我们学习交流的场所，并安排专人按时开门锁门、打扫卫生。热情友善地接待，妥善的安排让我们感到银川市西夏区第十小学领导和教师是实事求是践行着"以人为本、求真务实"的工作作风的。

在随后的听课学习过程中，我耳闻目睹、亲临其境，更是受到了专业英语教师们"以人为本、求真务实"教育教学精神的感染。我的指导老师是姚舜香老师。她专业知识扎实，经验丰富。课前准备充分，上课教态亲切、自然、大方，语音清晰、流畅，课堂组织严谨、精神集中，调控得当高效。真正做到了充分尊重学生、关注学生、服务学生、以学生的发展为教学之根本。我想，这对于我在跟岗期间、乃至于今后实践新的理念，开展有效课堂教学活动都将会产生深刻的影响。

三、感知先进的教育教学理念，让我受益匪浅

在银川市西夏区第十小学跟岗学习的日子里，通过四个星期的听课、做课、研课、评课，在姚老师的指导下，我领略到了先进的教学理念、教师专注的敬业精神、优质的教学质量以及有效活跃的课堂教学、和谐的师生关系。体会到了"生本教育"是指"真正以学生为主人的，为学生好学而设计的教育"。它既是一种教育理念，也是一种教学模式。在近距离接触生本教育课堂中，我发现这种课堂充分发挥学生的主体作用，采用"自主探究""合作交流"的学习方式，让学生积极参与到学习中，构成积极、欢乐、高效的课堂。"一切为了学生，高度尊重学生，全面依靠学生"，这种理念回归到教育的本真，以生命为本，关注每个学生的终身发展。在上课的过程中，我真正体验到了调动、发挥学生学习的主体作用，更好地展开"师生互动""生生互动"。这使得整个课堂变得有效且更具生命力。我想，在今后的教学中，我将继续学习"生本教育"理念，将"生本教育"带回学校深入开展下去，做到真正把学习的自主权还给学生，引导他们自己去探索，去发现，使他们真正地成为学习的主人。同时自己也要不断积累经验，让自己的课堂更加有魅力。

四、指导教师及时有效的指导和帮助，让我顺利完成跟岗学习任务

在最后一周里，我上了公开课，课后，指导老师作了准确而精彩的点评，使我体会到的不仅仅是指导教师对学科指导意见的准确把握，更体现指导教师对教学细节的准确把握，体现了教师的教学智慧，对我的启发很大。通过这三十多天的跟岗学习、磨炼，使我在教学能力上有了新的长进，自身综合素养也得到了明显提高，对于我今后的教育教学工作是很有益处的。

综上所述，这次跟岗学习让我开阔了眼界，无论是聆听、观摩上课、互动评课，还是实践锻炼，每一次的学习都带给我思想上的洗礼、心灵的震撼、理念的革新，使自己对教师这

个职业有了新的认识,对于有效小学英语课堂的教学艺术、教研活动的形式等诸多方面也有了更理性的认识。在今后的教育教学实践中,我将学习采他山之玉,纳百家之长,做到在"教中学",在"教中研",及时反思,努力做到扬长避短,求得师生的共同发展,求得教学质量的稳步提高。相信只要通过自己的不懈努力,一定会有更新的收获和感悟。跟岗研修阶段,是"国培"的重中之重,是每一位学员学习结合实践的重要阶段。我一定要将其用于指导本人今后的教学实践工作,并对同仁产生一定的影响,方能不负学校重托以体现参加"国培"的目的与意义。

2013年"国培"跟岗实践心得

夏阳春

银川市兴庆区第二小学

骨干教师跟岗培训即将结束。在兴庆区六小的这 20 天,通过上课、听课、评课等活动,开阔了眼界,认识了不足,促进了思考,激发了研究。通过这次培训,通过和其他地区其他学校的教育教学条件和教育教学理念的比较,我深深体会到自己离一名合格的骨干教师的要求还有很大差距,还有很多需要学习需要努力需要改进的地方,尤其是以下几个方面:

一、要与时俱进更新教学理念

"更新教育教学理念"是教育者常常挂在嘴边的一句口号。然而在这次培训中看到,80%的教师仍然固守教师本位的观念,教学的内容、方法等都是由教师预设好的,甚至有些教师包括本人还偏爱"满堂灌"的方式。因为这种课堂容量大,操作容易,尤其适合应试教学。有些教师认为,只要考试评价机制不变,教学理念就难以发生根本改变,因为老方法老方式似乎对考试更管用。事实上,心理学和学习科学的研究表明,教育的过程应该是认知的过程、学习的过程,学生的知识是学会的不是教会的。2004 年兖州一中杜金山校长做过对传统课堂教学的"两率"调查,结果是课堂精力流失率高达 38%,高效学习率不到50%。学生不是等待填塞的机器,他们需要什么,想学什么,应该由他们说了算。所以自己亟待改变的就是观念,要大胆放心地把学习的主动权还给学生,把学习的时间还给他们,树立"先学后教、以学定教"的生本理念。

二、要注重课堂教学的有效性

这次跟岗学习听了几个课例,表面上内容很充实,但无论对于学生能力的发展还是应试的能力,帮助似乎并不是很大,甚至有些课连教学的方向和目的都不很明确,学生想学或未解的问题没有得到答案。教学是否有效,并不是指教师有没有完成教学内容或教学得认不认真,而是指学生有没有学到什么或学生学得好不好。如果学生不想学或学了没有收获,即使教师教得很辛苦也是无效的教学,同样,如果学生学得很辛苦,但没有得到应有的发展,也是无效或低效的教学。可以说,一位教师的课讲授的很出色,如果没有有效的组织教学,那么这一节课一定是一节失败的课。所以我们要按照新课程理念要求,从关注学生终身发展的高度,学会课堂教学的各种组织方法和策略,不断优化课堂教学结构,改变学生的学习方式。积极地营造民主、平等、和谐的教学氛围,解放课堂、解放学生,让学生在课堂上自主、自发地参与、投入学习,淡化教师课堂的主导地位,把更多的主导权给学生,把课堂交还给学生,使教师有效的教学,学生有效的学习。要以学生为本,为学生创设思考的空间和时间,充分发挥学生的主观能动性,采取一切方法与手段,发展学生的思维,调控学生的情绪,让学生的创新火花、灵光一现的思维碰撞都能完美地表现出来。

三、要养成常常反思的习惯

叶澜教授有一句著名的话:一个教师写一辈子教案不一定成为名师,如果一个教师写三年教学反思,就可能成为名师。教师应在实践——反思——再实践——再反思螺旋式上升中,实现专业成长。我的教学反思基本从以下两个大的方面入手:一是知"所得"。一节课(一单元、一本书)教完,无论是预设好的,还是在课堂中生成的,总有或多或少的成功之处,总有所得,至少要从三个方面进行小结反思:1. 横向比对,和别人相比我有没有自己的独特领悟和我自己的课堂教学特色。2. 纵向比对,我的教学过程中,哪些地方哪些环节是精彩的,师生都认可并感到愉悦。3. 偶然小发现,比如对课堂意外事件的处理,有了新对策;对教材的某些不足不明之处,有了新认识;甚至是对付哪类学生,有了新主意,等等不一而足,这些灵光一现的东西,往往是数不胜数的,教学的机智就在其中得到积累。二是知"不足"。有得既有失,上完一节课后,自己总会感慨课堂上有这样或那样的不足。那么不足在何处,要有清醒的认识。1. 教学内容没有落实好,重难点处理的不恰当,这个要反思要改进;2. 教学环节安排不合理,设计不科学,这个要反思要改进;3. 与学生的互动存在问题,也要反思要解决,等等。凡是在教学中发现的一切问题,事无巨细,都可成为我们改进完善的目标。当然,最重要的是,教学反思要落实在行动上,落实在真真正正的教学行为教学水平的改进与提高上,才会有它现实的意义。

20 天时间对于长长的教师生涯来说,是十分短暂的,但是如果能将这些意识带回自己的工作岗位,并不断地学习,持之以恒地实施,我想意义是十分深远的。

"国培"感言

余永启

石嘴山市平罗县第四中学

近两周的跟岗实践已经结束了,这短短的两周的跟岗实践,使我真正体会到做一位老师的乐趣,体会到了一个作为老师的责任。同时,也使我的教学理论变成为教学实践。刚来到学校,首先是对跟岗实践学校有初步的了解,对学校的基本情况和基本作息有所了解。其次是对所带班级的学生进行初步了解,认识班上的每个学生以及他们的学习情况。再次是听课。现在的听课和以前完全不一样了:以前听课是为了学习知识;现在听课是学习教学方法。目的不一样,听课的注意点就不一样,现在注意的是指导老师的上课方式,上课的思想。班主任工作,不但教学工作复杂而又繁琐,而且还要管理好整个集体,提高整体教学水平,同时又要顾及班中每一名学生。这就要求教师不能只为了完成教学任务,而且还要多关心留意学生,经常与学生交流,给予学生帮助,让他们感觉老师是在关心他,照顾他。如何形成亦师亦友,积极健康的学习氛围和团结的集体关系,对于实习的新班主任来说是具有很大的挑战的。

临近结束时,很舍不得和学生们分开,一个多月的时间里他们已经成为了我生活的一部分,每天与他们谈话聊天,学生们给了我很多欢笑,我也从他们身上学到了很多,在这里,学生们给我留下了一段一段美好的回忆。给我带来那么大的触动,让我再一次体会到天真烂漫,再一次经历心灵的冲刷。我真心地希望他们可以快乐成长,学业有成,将来考上自己理想的大学。真心希望他们在人生的旅途中,希望他们可以走得顺利一些,我只能陪你们走一程,以后的路,就要靠你们自己把握。

两周的时间很快就过去了,跟岗实践中的点点滴滴,快乐欢笑,每时每刻在我的心头萦绕,回味!搭上回校的路程,我感觉我是那么的不舍!

"国培"有感诗两首

安建忠

银川市贺兰县教研室

我是一粒种子

我是一粒种子
我种下希冀
在"国培"的土壤里孕育
贪婪地吮吸着甘甜的乳汁
积攒着一点一滴的力气
长出了一片片新叶
我沐着春风细雨
向上慢慢挺直了腰身
我看见了五彩的世界

我是一粒种子
我种下梦想
睁开眼
好奇地打量着周围的世界
四周充满了生机与朝气
是一片绿色的海洋
我敞开心扉
在生命的季节里摇曳
收获着一种沉甸甸的思想

举起绿色的旗帜

我是一粒种子
我种下汗水和心血
我来自校园
也将在校园里生根 发芽
开出美丽的花朵
我的果实里又结出了新种子
从一粒种子变成了千万粒种子
累累硕果
是对大地的报答

"国培"是什么

"国培"是一首歌
悠扬动听 余音缭绕
"国培"是一杯茶
清香四溢 回味无穷
"国培"是一泓清泉
甘甜爽口 解我饥渴
"国培"是一座桥
天堑通途 连通你我
"国培"是一叶舟
积蓄能量 伴我远航
"国培"是一扇窗
打开天空 敞开胸怀
"国培"是一盏灯
燃烧自己 点亮心灵
"国培"是一粒火种
点燃希望 璀璨群星
"国培"是一碗米酒
芳香醇美 让我沉醉
让我在学习中收获

交流中解惑

探索中感悟

研修着提高

反思中成长

生活因你而充实

成果因你而丰硕

信念因你而坚定

课程因你而精彩

教研因你而美丽

花开二度

景学玲

青铜峡市陈袁滩小学

在这美丽的金秋十月,我有幸参加了中小学骨干教师跟岗实践培训。使我觉得受益匪浅,收获很多,更新了理念,开阔了视野,又交了朋友。不能说每一份经过都会成为内存,但紧张沉默之后更多的确实是感慨。在学习的这些日子。每一天对于我来说都有触动,无论从形式还是从内容上都让我学到了很多知识。

我跟岗学习的学校是银川市实验学校,实验学校是一所公办学校,是银川市最好的小学之一,我的指导教师是年轻、漂亮的张珊老师,教学经验丰富,参加过自治区级的优质课。在忙碌的实践中,我很快地实现了三个转变:身份的转变——由教师转变为学员,工作的转变——由教学转变为学习,生活的转变——由家庭生活转变为集体生活。

我们跟岗学习的内容很多:每天至少听指导教师一到两节的课,并与任课老师交流心得,每周参加一次教研活动,参与一次班级的管理,并完成当日的研修日志。每周上一节交流课,最后一周上一节汇报课,指导老师对每一节课的得失进行点评和交流。学习期间我还读了两本理论书籍,写两篇心得体会,两篇教学反思,以及跟岗培训工作总结。在此期间我还和张老师到三、五年级交流学习,通过我们学员之间的交流和实验小学教师交流,我的体会有以下几点:

一、清晰的教学思路,严谨的课堂结构

张老师有深厚的教学功底,她的课第一大特色是教学思路清晰、课堂结构严谨。记得我刚进实验小学,她正在预习新课,招呼我坐下后,她又忙着整理课件,但没过多久,就赶上银川市优质课大赛在实验小学主办。代表实验小学参赛的是张萍老师。大家集思广益为小张老师设计教学思路。我看到忙碌的张珊老师放下手中的工作,开始给小张老师分析教材,设计各个环节的自然过渡及活动。制作课件,打印教案,寻找素材。我真替她担忧:这么

短的时间要忙那么多的工作,这课怎么上啊? 但张珊老师用严谨清晰的思路告诉了我。

教师的负担重

老师的工作量大,所有的教师都带六七个班,将近十八节课。每天早晨看到他们像陀螺一样转来转去,一会儿教室,一会办公室。一会儿备课,一会儿批改作业,一会儿又坐在电脑前敲打着。有时连话也顾不上说。

教师的压力大

一是教学质量压力大,每个年级有 8 个班,各班级各学科都要进行比较,每一位老师都怕落在后面。二是学校的升学压力大,银川市的部分小学是全市招生,学校很多都在轻轨旁边,交通非常方便,生源流动性大。三是学生及学生家长对老师的压力大,教师上课不认真,作业批改不及时,家长就会找校长、投诉。

教师非常敬业

这个给我们最大的感受。教师整天从早到晚一整天都在学校,除了上课就是备课改作业。有一次搞教研活动时间通知早了,期中一个指导老师说:早知道来这里要等不如我把作业改完了再来。都说教师吃一碗良心饭,这里的老师真的是用心在做。正是认真做事才能把事做成,用心做事才能把事做好。

教师的课堂精彩

张老师的课上的非常轻松,学生似乎不是在学习而是在享受课堂,但是学生的思维又无处不见。紧张的科学课堂不仅仅是知识的灌输,更是注重思想方法的渗透。我看到了教师并不需要在讲台上刻意地去做所谓的好看的动作, 最重要的是在课堂如何通过语言来吸引学生的注意力,通过不断的鼓励来激发学生思考的潜能,发挥学生的智慧。其他老师的课也是一样,准备的也很充分,一节课应该完成的内容清清楚楚。少了一份随意,多了一份严谨。

通过这次培训让我领略了实验小学教师的风采,感受了一流的课堂,既有观念上的更新,也有理论上的提高,既有知识上的积累,也有教学技艺上的增长。站在职业生涯的起跑线上,我走过了困惑,经历了紧张,也曾有过无助,但这些都成为了过去,能够拥有这样的经历,无论是现在还是将来对自己都是有一笔难得的财富,我希望在不断的学习中,使自己的教学更加成熟,把自己的生命演绎得更加精彩。在实验学校跟岗学习的日子,将永远留在我记忆的深处,也希望以后能有更多的学习机会!

静静聆听童心的呼唤

吴学兵

吴忠市利通区第八小学

经历本次讲座使我明白：作为一个班主任老师或任课老师，为了使自己的教育教学工作更加精彩，要学会关注每一个孩子的健康成长，学会走进孩子们的内心世界，了解他们的内心需求，以心传心，零距离、多角度、全方位与孩子们交流。唤醒他们的心灵，点亮心中的那盏灯，使他们能够健康成长。树立终身学习的自信心，养成终身学习的良好习惯。

要想成为学生心目中的好老师，我们对待学生要赋予真挚的爱。爱每一个学生，从思想、生活、学习、心理上关心学生，为学生服务。培养他们的良好学习习惯（例如：鼓励学生写日记），唤醒他们的求知欲望，给他们传播积极向上的知识。用老师高尚的人格魅力去感染影响学生，以达到"亲其师，信其道，润物细无声"。将这种爱和对学生的教育，融入自主的学习活动中，达到以心传心，以德培德，以能育能，以爱育爱的效果。一位能给学生幸福的教师，他本身也是幸福的。

万老师善于捕捉教育教学活动中的典型案例，并且针对不同的学生，以爱为基础，采用不同的策略，转化孩子们的学习态度，使每个孩子获得不同程度的成功，获取学习活动带给自己的快乐，体味个人人生的价值。这一教学策略很值得推广，有利于在今后的教育教学中实践改进，形成自己的教育教学模式，更好的、有效的服务好学生。

"国培"反思

郭　燕

石嘴山市第四中学

自参加国培以来，时间总是来去匆匆，在这次"国培"学习中使我深深地爱上了我的职业，参加"国培"后我觉得我身上的担子更重了，对于这份事业有了更加深刻的认识，结合国培学习以及自己的工作，我有如下反思：

一、读书反思

1. 读书方面。我每天用"让读书成为习惯"来提醒自己。作为年轻教师，除了平时多向别人学习之外，最好的一个学习方法就是多读书，多与网络交流。我虽做不到每天读书，但自学习国培以后我已努力做到每周至少有三天或多或少的来读一点，看一点，不断填充着自己。我也体会到了读书的好处：书的确是心灵的雨露，是精神的家园，也是发泄烦闷的最好朋友，是医治心灵创伤的最佳良药，在高兴时我可以读书，在心烦时我也可以读书。

2. 反思方面做得还不够。还不能完全做到及时反思，或反思后并没有根据反思及时改进。打开这学期的"粉笔岁月"，记下的工作困惑或失误不少，而有困惑，解决了吗？有失误，改正了吗？只是去反思，但真正能改正到位的却寥寥无几。我看这一点是我以后最需要反思，最需要坚持做到的，还是先把发现的问题解决了吧。

二、课堂教学

1. 认真备课。不但备学生，而且备教材、备教法。根据教学内容及学生的实际，设计课的类型，拟定采用的教学方法，并对教学过程的程序及时间安排都做了详细的记录，认真写好教案。每一课都做到"有备而来"，每堂课都在课前做好充分的准备，课后及时对该课做出总结。

2. 增强上课技能，提高教学质量。在课堂上特别注意调动学生的积极性，加强师生交流,充分体现学生学得容易,学得轻松,学得愉快,注意精神,培养学生多动口动手动脑的能力。

3. 认真批改作业,布置作业有针对性,有层次性。对学生的作业批改及时,认真分析并记录学生的作业情况,将他们在作业过程出现的问题做出分类总结,进行透彻的讲评,并针对有关情况及时改进教学方法,做到有的放矢。

4. 做好课后辅导工作,注意分层教学。在课后,为不同层次的学生进行相应的辅导,以满足不同层次的学生的需求,同时加大了对后进生的辅导的力度。对后进生的辅导,并不限于学生知识性的辅导,更重要的是学生思想的辅导,提高后进生的成绩,首先解决他们的心结,让他们意识到学习的重要性和必要性,使之对学习萌发兴趣。这样,后进生的转化,就由原来的简单粗暴、强制学习转化到自觉的求知上来。

三、教研方面

教研活动不够,所以我非常注意去听一些其他学科老师的课。我认为听课是提高自身教学能力的一个好方法,尤其是像我们这样的年轻老师,只有多听课才能够逐渐积累经验,所以对我校每一次听课的机会我都十分珍惜,在听课中找出自己的差距和不足,并努力学习其他教师好的做法。

谢谢"国培",是你让我走得更远,让我更坚定地走下去的,明天也许和今天一样平淡,但是我已经做好了充分的准备,我不后悔,不后悔选择我的职业,我要为我有这样的职业感到骄傲,我骄傲因为我能为社会做点力量;我自豪因为我身为人类的灵魂工程师之中的一员!

课堂属于学生

——评华俊昌以学生为中心的教学法

唐毅昭

青铜峡市第四中学

华老师给我们介绍了自己 33 年的教育经历:小学教师、校长、教研员、教师培训规划专家,从"拓荒"到"挖井"。他给人的印象是朴实又不失风趣,睿智又不失深刻。他的培训重点在于传递一种思想,那就是教育教学要以学生为中心,他还启迪我们多角度思考问题,为我们打开了广阔的思维。

在教室里学生分组合作,座位该如何安排?以往我们的做法是顺其自然,四四方方。他耐心地启发我们,不要遗忘每一个角落,真正实现对每个学生的公平,一组一组错落摆放,前后左右互不遮挡。上课时他亲自示范,通过走动,变换角度照顾每一个学生,这一"换",真是满班皆活呀!他力图告诉我们"每个学生都是主角",教师的爱要像阳光洒向大地一样,普照孩子的心灵。设身处地多为孩子着想,教育的天空更美妙。

全员热身后,分组就所收到的物件展开思考,组与组之间互相采访,梅花碟、望远镜、圆木垫各有特点,大家联想丰富,真是"横看成岭侧成峰,远近高低各不同"。男女结对合作,"眉目传情",点燃了我们参与的热情。最后在"教育应该是怎样的"这个问题的研讨中,各组你思我辩,异彩纷呈,结束时我们兴犹未尽。

聆听《中小学心理健康的问题及对策》讲座有感

寇大军

石嘴山市第二中学

8月17日上午,听了张丽锦教授针对《中小学学生心理健康的问题及对策》讲座,我对学生心理健康有了新的认识及思考。

心理健康问题是当今社会普遍提到的问题,提的最多的是中小学学生的心理健康问题。中小学学生处在身体和心理都在发展的时期,是最容易出现问题的时期,学生的心智还没有成熟,思考问题和处理事情的能力没有完全形成,就会造成一些违背社会及家庭的事情,更主要的是,现在中小学学生的竞争压力越来越大。家长对学生的教育问题越来越关心,中小学学生的学习问题常使广大家长和教师非常烦恼和担心。学习动机不正,学习习惯不良,学习能力不够,注意力障碍,自控能力差,自我中心,耐挫力低,学习焦虑,自卑和社交退缩等等,这些问题的出现,学校、家长都又开始思考如何来应对,学校开始重视心理健康课的开展。

通过张教授的讲解,我们也结合自己学校的实际情况不难发现,学校开始重视心理健康教育,在硬件设施上投入很大,但心理健康教育操作中还有很多急需解决的问题,如学校心理健康教育师资不够问题,大部分学校心理健康教师的配备都是兼职,教师没有经过专业辅导学习,都是通过自学或是现学现教,教育的实效性大打折扣。学校在心理健康辅导操作中认识失误。大多数的学校认为既然是心理健康教育,那么其对象就应当是"后进生"和"问题学生"。于是就把原来的医务室改为心理健康教育室,然后将里面布置得像医院里的病房一样,然后由学校领导或班主任把其所谓的"后进生"和"问题学生"带到心理教育室进行治疗。这样一来,由于学校对心理健康教育理解的片面性,从而导致学生对心理健康教育的误解,许多学生既怕被当成"后进生",又害怕被当成"问题学生",即使他们心理有困惑,他们也不敢去求助老师。

张教授今天的讲解,使我们认识到,学校心理健康问题的存在是不可避免的,如何应对才是我们的重点,她从"三层次介入"理论给心理健康辅导定位。

期望通过今天的学习,使我们自身心理有所调整,也通过学习学会从心理健康角度进行课堂教学,也期望学校心理健康教育尽快步入正轨。

宁夏幼儿园"国培"学习心得

吴 华

银川市西夏区金城幼儿园

2013年12月9日至12月18日，我们从宁夏回族自治区各个地方为了一个共同的学习目标来到了杭州师范大学。作为一名从教二十多年的教育工作者，在工作中我们深深体会到学习新知识的重要性。经过这十天的培训，使我的眼界豁然开朗、茅塞顿开，扩大了自己的知识领域、全面提高自己的综合素质，更有信心去面对未来的教育事业，在新的教育教学要求下扬帆远航！

杭州师范大学，有我们渴求的浩瀚书海，期盼的学界鸿儒，更有我们向往的开拓进取、勇于创新的精神！孙永珍老师的《幸福家庭》——破冰活动将我们来自不同地区的老师们在欢笑声中相识相融，很快亲如姐妹，感受到新家庭的幸福；朱静怡老师的《我的教师生涯》娓娓叙来，让我们从她的"本源、本质、本色"中，看到作为一名优秀老师孜孜不倦地学习知识、追求知识的饱满热情；陈家行园长帮助我们从意识、思维、修养、品质、能力几方面梳理了提高竞争力的核心要素；肖远军教授从范本细致讲解，引导我们对"发展规划"的认知重视和规范行文；曾国老师的讲座激起了在场园长们的共鸣和强烈的兴趣，使我们受益匪浅。专家陈雪琴和我们共同分享了《把游戏还给孩子，让童年幸福快乐》的精彩瞬间，一次次见证了农村学前教育的蓬勃发展，从中投射出政府职能的时效性和有效性，展示出学前教育被关注后的蜕变，也折射出基层政府职能部门的远见卓识，看到了更多孩子享受到的关怀和"爱"。

在培训讲座中，多数专家对幼儿的管理和发展作了明确界定与深刻解读。作为一名管理者，我深刻认识到：应首先领会幼儿园科学发展的内涵，切实转变教育管理理念，努力营造科学发展的氛围，为幼儿园走上科学发展之路积极创造条件。在教育理念方面，要进一步系统学习《纲要》精神，树立全新的幼儿素质观念；在管理方面，要摒弃传统的监督、检查者的观念，切实树立为家长服务、为教师服务的观念，甘心情愿当好家长平等的合作伙伴，当好教职工开展幼教工作的支持者、合作者和服务者,深入一线教改中,深入家园共育中,研究问题,解决问题,和全园教职工一起同心同德促进幼儿园的科学发展。

培训结束了,我们的思考还在延续,我们的改变正在进行。我们会在新的起点、新的层次,实现自己新的梦想和追求。

最后我衷心地祝愿同学们学有所成,学有所用,前程似锦;祝各位领导和老师身体健康、工作顺利,祝杭州师范大学的明天更加灿烂辉煌!

农村中学体育教学中分层教学的实践体会

陈学琪

石嘴山市惠农区回民学校

《体育与健康课程标准》明确指出：教师选择的教学方法、教学手段、评价手段、教学程序适宜于学生的发展，有效地调动了学生的积极性、主动性、创造性，使得师生情感融洽，课堂气氛活跃。由此不难看出，教师在改进教学方法、优化课堂教学、提高课堂教学质量的过程中，其创新意识起着至关重要的作用。

笔者多年从事农村中学体育教学，在授课和确定教学方法之前，先对学生的个体差异进行分析，对学生的年龄、性别、身体状况、身体素质、生理机能、体育基础，以及他们的学习方法、习惯、心趣、爱好等情况做一番细致的了解，将其划分成若干不同的教学"小群体"，尽可能采用不同的教学手段和方法，实施"分层教学"，来激发学生的学习兴趣，形成良好的学习动机，使个体差异得到关注，使每一个学生都能受益，尽量满足每一位学生的不同需求，给学生创造自我表现和尝试成功乐趣的机会。经过数年的教学实践，总结出以下几种方法确能有效地提高学生的体能素质，增强学生的创新意识和探索精神。

一、梯式让距法

在体育教学中，引导启发学生、指导鼓励学生、参与激发学生，把课堂还给学生，以激发学生的想象力、创造力、竞争力，让学生在民主和谐的气氛中轻松学习，使课堂焕发出生命力。我改变了以往"一刀切，一步到位"的做法，设置切合各类不同学生实际的教学目标和教学方法，启发、引导学生。通过努力就可达到目标，也就是跳一跳、跑一跑、投一投就能满足欲望，鼓励学困生向学中生分化，学中生向学优生分化，学优生拔高冒尖。

在"迎面接力赛"的教学中，采用了"不同线的起跑法"。我将班内的学生分成两大组，男生为一组，女生为一组，人数相同，跑的顺序各组自己调整，男女生在相距 6 米的起点上起跑,第一次比赛结束,女生轻松获胜。我又将 6 米的起点改为 4 米,进行比赛,第二次比赛结束,女生获胜,但优势微弱。我再次将 4 米的起点改为 2 米,进行比赛,第三次比赛结束,男女生几乎同时冲过终点,起点不同终点相同,这样练习的目的,不只是将学生个别化,而是通过有组织地进行相互合作竞争,促使个人能力的进一步发挥,淡化了距离,强调了时间量上的竞争,变过去的慢追快为现在的快追慢。女生练习的兴趣更大、更浓,比以往跑得更快,男生在不服输中尽最大的努力追赶,男女同学们在合作竞争的气氛中发挥各自的最大潜能。达到成绩提高了,自然有兴趣,以兴趣促成绩的目的。课堂教学变得生动有趣,其合作练习的成绩均比单独跑的成绩好。再如篮球投篮采用让距的方法进行定点投篮练习,排球的采用让距的方法进行垫球、发球,投掷练习根据不同体能、力量的学生进行让距练习等。实践证明我采用的"梯式让距法"切实可行,关注了个体差异,满足了不同学生的需求,使每一个学生都能受益,练习效果极佳。

二、分层达标教学法

在新《课程标准》环境下,强调科学的学习方式,以学生的发展为中心,尊重差异,关注个体已成为重要的学习理念。笔者在平时教学中采用"分层异步达标法",就是改变原来陈旧的课堂教学模式,以素质教育的要求培养学生的创新精神和实践能力,确定探讨教学内容的基础性,教学组织的全面性,探索研究体育学科素质教育有效的"三段"课堂教学模式即;第一阶段"自主达标",第二阶段"导学达标",第三阶段"帮助达标"。具体操作的环节是;观察动作—模仿练习—分析讨论—合作练习—导学点拨—分层合作练习——评价(自我、学生与学生、教师与学生)。

在课前根据教材内容,笔者设计各层次学生完成教学内容的动作图片、简笔画或教学录像,在图片的相应位置写清要点及思考讨论的问题。上课时给各层次的学生展示,学生通过观察系列图片或教学录像,结合设疑的问题,展开同学之间的讨论,通过观察、理解、讨论、质疑,学生在大脑中初步建立起学习动作的模式。分组合作练习时,各层次面的学生有备而练,减轻了心理压力,自己动脑、自主练习、自我评价、想练结合,不断强化练习,开发学生创造的思维,使学生个性得到了发展,自尊心受到了保护。我把观察、理解、讨论、质疑和学生创造性地自主练习,也就是先学后教的这个过程叫"自达"过程。

然后,我在学生自主练习的基础上,根据学生个体掌握动作的实际情况,因人而异实现教师主导下的讲解、示范、指导、点拨、反馈和评价。在突破各层次学生学习目标的重难点时,发挥尖子生、体育骨干及练习小组长的作用,采用启发点拨的方法共同练习,模仿引导。在有效地实现个别指导时,鼓励学生实践练习与自主合作探究相结合,要在自悟中解放自己,学会模仿、尝试、实践,提高学练质量,完成练习目标的这个过程叫"导达"过程。

最后，各层学生根据自己练习动作存在的问题，在练习中通过不断观察想象和同学之间的互相帮助与保护，还可以让学优生采用一帮一的方法帮助学中生和学困生完成动作。特别是对学困生的帮助、转化、提高，结合低起点、严要求、小步子、快反馈、勤指导、多帮助的原则。保护学生学习热情，必要时采用不同层次小组合作学习的方式，帮助学生尝试成功的喜悦，使个别学生学习的动作技术和技能通过互相帮助不断得到提高和发展。正如《体育与健康课程标准》中所说：只有学生学好知识、技术才能在反复练习中巩固、全面发展提高并升华为能力。我把这个过程叫"助达"过程。这三个教学过程，使完成体育与健康课程标准中设置的针对不同层次的学生，采用的练习方法来完成学习的目标的，体现因材施教的原则和以学生为主体、以教师为主导、以练习为主线、以健康发展为宗旨的教学理念，让每个学生都学有所得，使素质教育在面向全体学生中得到发展和提高。

三、分留激趣有效法

陶行知先生曾明确指出：学生的学习光靠智力不行，光有学习的热情也不够，还得有坚持到底的意志，才能克服大的困难，使学习取得成功。笔者注重"导学、导悟"，使学生在实际练习中领悟学习方法，坚持以练为主。在安排学生练习时，我先确定目标、内容、要求、步骤、方法，结合分层分组教学，采用"留下来""分出去"的方法，引导学生积极进取，超越自我。

如在立定跳远教学时，我安排了学生喜欢的篮球、排球、乒乓球、羽毛球等辅助性项目。教学中将学生分成力量组、技巧组、性别组、混合组等不同层次的合作组，给出及格、良好、优秀三个标准。并根据自己练习情况，在较短的时间内完成掌握了规定教学内容的学生，在其余的时间内选择有自我锻炼欲望和练习兴趣的内容进行练习，以满足不同学生的心理需求。而对另一部分动作掌握慢的练习者，采用留下来继续练习的办法。而留下来的这一部分学生看到前一部分学生在教师的安排下，由小组长带领，在指定的地点，选择自己喜欢的项目进行练习，自己也想加入的这一欲望。及时加以引导，鼓励学生"只要努力，成功会光顾自己的，快乐也随之而来"。就这样在教师指导下，留下来的学生认真努力练习每一个动作，经过反复练习，学生的动作准确熟练程度较前有了明显的提高，成绩也有所突破，并走出了自我禁区，最终也达到了相应的学习目标，怀着喜悦的心情投入到我自己喜欢练习的项目中。这样分出去的学生吸引着留下来的学生，在教师的启发、鼓励、支持帮助下，留下来的学生，奋起拼搏，完成自己选择的标准顺利达标。这种方法使每个学生都能得到最优发展，体验到成功的喜悦，激发了学生的创造力，培养了学生的自信、自强、进取等良好个性素质，突出了教学的有效性和实效性。

总之,在体育与健康教学中教师要树立强烈的创新意识,从教材内容、教学模式、教学方法都要创新。根据学生的认知规律,充分发挥学生的主体作用,积极引导每一个学生参与教学过程,在学习掌握体育与健康的理论知识、基本技术、基本技能的同时,培养出学生的创新意识。使每一个学生体能素质充分得到发展,进一步培养学生自主、自强、合作、竞争的精神。只有对教学过程进行最优化,才能最大限度地培养学生的创新意识,挖掘进取的潜能,使学生的素质得到全面发展。

培训感言

王晓梅

固原市原州区城关第二小学

对于我来说，从教已二十年了，除了在网络上看到过一些名师的讲课、讲座，很少有机会走出家门，现场去聆听大师们精彩的讲座。所以，从教时间久了，我也变得职业倦怠了，对工作的热情在不知不觉中渐渐消退，课堂教学也变得有点模式化了。

恰好，机会来了，我倍感珍惜。如今已培训两个月了，在这两个月中，我听到了许多名师的精彩讲座、讲课，也目睹了他们的个人风采。我时常激动之余，倍感幸运。我的收获不仅仅是三大本密密麻麻的笔记本。首先，我的思想发生了改变，对生活，对人生，对工作有了积极的认识，职业倦怠感日渐消除；其次，我了解了许多语文课堂教学的有效策略，我想在今后的教育教学中大胆尝试，并分享给我的同事们；最后，我每天被小语班的学员们感动着。他们听课时认真，讨论时激烈，互动时热情。他们独到的见解，积累的经验，一流的口才，往往能赢得师生们满堂的喝彩。我置身于这样的学习氛围中，能不提高么？

总之，在培训中分享着，快乐着，收获着，反思着，提高着。培训感言——对于我来说，从教已二十年了，除了在网络上看到过一些名师的讲课、讲座，很少有机会走出家门，现场去聆听大师们精彩的讲座。所以，从教时间久了，我也变得职业倦怠了，对工作的热情在不知不觉中渐渐消退，课堂教学也变得有点模式化了。

我的"国培"成长故事

李永琴

石嘴山市惠农区惠农小学

我是一位小学美术教师。不知不觉我已经在教师的岗位上工作 16 年了。回顾过去的时光，我努力的读过、努力的教过、努力的学过、努力的画过、也努力地钻研过。从读中，给予了我知识，给予了我阅读的乐趣。我非常喜欢"假如生活没有书籍，就好像绿叶没有阳光，就好像鸟儿没有翅膀"这句名言。我尽情地吮吸着书中的营养。从教中学到了不少好的教学方法。从学中充实了自己，从钻研中与同仁探讨教学中的得与失。

2013 年 10 月，我由宁夏师资培训中心搭桥，来到了口碑较好的银川西夏十四小"影子学校"跟岗实践。我严格要求自己，虚心向吴音老师学习，听课，备课，认真写反思，很快到了我上汇报课的时候了，我既高兴又担心。记得那次集体备课活动，我承担了备课、做课的任务。当我把活动计划、教学设想告诉给大家后，备课组的全体教师便全身心地投入到活动中……正是这一个个有价值的研讨让我变得更加成熟。我的信心十足。我不停地准备，不停地翻阅资料，请教有经验的吴老师一起备课，尽量熟悉每一个教学环节，自认为做到充分的准备。可是，那天当我来到众人中看到其他老师的准备是那么的齐全，那么的新颖，我却没有了勇气。讲课的老师有好几位，他们的教学手段先进，教具准备齐全。而我只有一支粉笔、一张嘴、一本书和一些范画。讲课前夜我辗转反侧无法入睡。教学过程好像是开着的投影仪，不停地在我的脑海闪过，在家的一切准备都化为乌有。我的心也慢慢地在长草。第二天我很早就到了比赛指定学校，课堂上看着一张张天真可爱的小脸，看着一张张铁面无私评委老师的脸，我的鼻尖、手心在出汗。心怦怦直跳像怀里揣着一只小兔子。不过，5分钟后我的心慢慢地平静下来，毕竟我在这三尺讲台站了十几个春秋，我的教学活动有条不紊地进行着。我的教态、我的语言、我的范画都表现出与学生的亲近，与学生的心心相印。然而，我还是紧张的把板书给忘了。在请学生代表上台领我事先为学生准备的"礼物"时，全班有一半学生都上来"抢"礼物，当时课堂乱作一团，我立马对所有的学生说，老师最想把礼物送给坐的最好的学生,所有的学生回到了自己的座位并坐的很好。课后吴老师对我说,"你的应变能力很强",这段时间,你的进步很大,听后我稍稍松了一口气。吴老师的润物细无声的教诲让我幡然醒悟,通过"国培"的学习,我是幸运的,得到了专家的亲自指导。通过这次培训学习,我开始审视自己的教学,开始关注更多这方面的信息,开始尝试在课堂上体现这一理念。虽然现在还处于一种探索的状态,但是我会在实践、反思、求新的过程中一步一个脚印继续探索前行,我坚信通过我的努力实践和教学理念的引导,我的教学一定会有拨云见日的那一天。从那时起每一次听完课,我就吸取他人教学中的精华。每一次讲完课我又反思着自己教学中的得与失。

回望身后一串串深深浅浅的脚印,品味一个个充满酸甜苦辣的故事,我的心中总是充满着无限的感激与怀念。感激的是曾经给予我无私帮助的影子学校的老师们;感怀的是扶我进步的"国培"学习:让我收获颇丰的美术专业学习,还有那一次次令我激动、兴奋的公开课……课堂是我成长的摇篮,课堂是我驰骋的天地。曾讨厌集体备课、惧怕讲公开课的我却在这次的集体备课、公开课中成长了起来,一步步迈上了专业发展的道路。我明白了合作才能创造出智慧,才能少走弯路,提高效率,理论水平和教学实践才能快速提升。明白了传统的备课方式很难满足老师的专业化成长的需要。只有团结协作、勇于探索、资源共享,才能更好地掌握教育技能,才能大幅提升学生的综合素质。教师是明灯用崇高的人格感染学生;教师是蜡烛用智慧之火点燃学生思维之花;教师是雨露滋润学生的思维之田、想象之地;教师是楷模指引学生前进的方向。"教学的艺术在于创造,教学的快乐在于创造。"一个富有创造精神的教师一定要与时俱进、开拓创新,不断磨炼自己,持之以恒,在学习中成长,在反思中进步,在实践中不断提高自己的教育艺术,使学生健康快乐地成长。光阴似箭,韶华易逝,回首过去,我欣喜,我感动。展望未来,我将鞭骥奋蹄,让明天的故事更加精彩。

我行知我见

——记"影子学校"实践活动总结

龚 颖

石嘴山市平罗县城关回民小学

秋意渐浓的 10 月 10 日，我们小英班的三位老师跟随驻校班主任郝老师来到跟岗学习的"影子教师"培训基地——兴庆区回民三小，在这里我深深地感受到了老师们的敬业爱岗的精神，也感受到了兴庆区回民三小的孩子们奋发向上的求学精神。跟岗学习期间，得到了兴庆区回民三小领导的亲切关怀，杨婷校长亲自接待了我们并在接待会上讲话，在生活上也很关心我们，经常问我们有什么需要尽管提出来。在这里的每天我都过得很充实。在参加"影子教师"培训这一周来我认真倾听了指导老师杨老师的精彩授课，领略了指导老师先进的教育理念和对工作一丝不苟的敬业精神，也与指导老师一起进行了交流，不但加强了理论和专业知识的学习，还和指导老师一起进行了课例研究，使我受益匪浅。

我的指导老师杨慧萍老师对我的学习进行耐心的指导。尤其是我在讲授汇报课时，给予我许多建议指导我设计一堂精彩的汇报课。自己也通过跟着指导老师听课和参加教研活动，让我把埋着苦干的头抬了起来，让我犹如呼吸到清新的空气，为之振奋。

随着培训结束日期的临近，我们要对这里说再见了，很快又要重新踏上工作岗位，我们会把从这里学到的先进理念和先进经验运用到我今后的教育教学中去，并从思想觉悟到重新审视教师这个职业，争做一名让社会满意让领导放心的合格的人民教师。

学会思考，懂得改进，才能提高

马晓英

吴忠市红寺堡区第一小学

9月20日至9月30日，我有幸去北京参加了"宁夏科学骨干教师短期集中培训"，在这短暂的十天时间里，我过的快乐而又充实。在北京教育学院的精心组织与安排下，我分别聆听了汤丰林教授、李晶教授、钟祖荣教授等的精彩讲座；动手探究了《地球的运动》《水》《骨骼》和《杠杆》四个实验；还到门头沟和北大附小听了四堂异彩纷呈的教学观摩课。我此次培训，可以说不虚此行，受益匪浅。下面我就谈几点自己的感受：

一、理论方面

在汤丰林教授的《教师心理调适策略》的专题讲座中，他理论联系实际，结合自身案例，深入浅出地向我们讲述了如何做一名好老师以及如何学会自我调控。如果说科学探究是船，那么科学理论则是帆。我想再好的实践如果没有科学理论的支撑，那也是没有说服力的，李晶教授就关于"科学课程改革的思考"和"围绕核心概念组织教学"这两方面的内容给予了我们指导。作为一名科学教师，如果不清楚科学的基本任务，那么又如何提高教学成果？专家们的讲座为我们今后的教学指明了方向。

二、实践方面

科学的本质在于探究。在短暂的培训中，教育学院的老师精心地为我们安排了探究实验，我第一次接触到了 FOSS 实验，并被它深深地吸引。在老师的悉心讲解下，我好奇地做着实验，在《水》的探究实验中我明白了要用实验结果说话，科学容不得半点毫无根据的猜测；另外在《骨骼》实验的探究过程中，王凌诗老师教给了我们科学观察的方法并指导我们进行人体骨骼的拼装，实验真正体现了体验——初学——实验——巩固这几个环节。

三、有效的教学观摩方面

本次培训安排合理,形式多样。9 月 25 日和 9 月 27 日我们分别到门头沟小学和北大附小听了四节教学观摩课。这几节课都给我留下了深刻印象。不同的学生、不同的设计,但却都透出了老师严谨的科学态度和正确的科学指导方法。课堂中他们能够用科学的术语描述事实,并且课的设计思路开放、逻辑性强。这方面我还做得不够好,在以后的教学中,我会改变以往的教学模式,运用新的科学理论武装自己,使学生的动手实践能力得到提高。

总之,通过本次培训,我会努力将自己的见闻和感受内化成自己的东西,我相信通过我的深入思考,积极探索,我所带学生的基本科学素养也会得到全面提高。

2013 宁夏"国培"学习心得体会

张 玲

石嘴山市实验中学

2013 年 10 月,我有幸参加了"国培计划——农村中小学教师远程培训项目"的学习。两个月的培训学习是短暂的,但是给我的记忆和思考却是永恒的。通过这次培训,使我提高了认识,理清了思路,学到了新的教学理念,找到了自身的差距和不足。

综观目前我的教学,最注重的似乎就是学生的学习成绩,它就是我们教师的生命。于是整天围着学生转,课内效益不高,就利用课外补,花了大量时间,出现了学生累我更累的局面。

反思我的课堂,忽视了学生的心理特点和已有的教学经验。常常以成人的眼光审视严谨系统的教学,并以自己多年习惯了的教学方式将教学"成人化"地呈现在孩子的面前。

如何使我们的政治课堂愈发显得真实、自然、厚重而又充满着人情味,作为政治老师的我更要关注的是蕴藏在政治课堂中那些只可意会、不可言传,只有身临其境的和孩子们共同分享的东西,要关注那些伴随着师生共同进行的探究、交流所衍生的积极的情感体验。我们不但要传授知识,而且要善于以自身的智慧不断唤醒孩子们的学习热情,点化孩子们的学习方法,丰富孩子们的学习经验,开启孩子们的学习智慧。让我们行动起来,做一位有心的"烹饪师",让每一节政治课都成为孩子们"既好吃又有营养"的"政治大餐"!

此外,我还认识到:一节好的政治课,新在理念、巧在设计、赢在实践、成在后续。一节好的政治课,要做到两个关注:一是关注学生,从学生的实际出发,关注学生的情感需求和认知需求,关注学生的已有的知识基础和生活经验……是一节成功课堂的必要基础。二是关注教学,抓住政治学科的本质进行教学,注重思维方法的渗透,让学生在观察、感受、体验中,使学生真正体会到政治离我们的生活并不远,它就在我们的身边。此外,我认识到:一节好的政治课,不要有"作秀"情结,提倡"简洁而深刻、清新而厚重"的教学风格,展现思维力度,关注教学方法,体现政治课的灵魂,使政治课上出"政治味"!而教师的"装糊涂、留空间"也是一种教学的智慧和方法。

我突然感到自己身上的压力变大了,要想不被淘汰出局,要想最终成为一名合格的政治教师,就要更努力地提高自身的业务素质、理论水平、教育科研能力、课堂教学能力等。我觉得我要学的东西还很多,和新老师一样,不能因为自己新而原谅自己教育教学上的不足,而这就需要我付出更多的时间和精力,努力学习各种教育理论,并勇于到课堂上去实践,及时对自己的教育教学进行反思、调控。我相信通过自己的不断努力会有所收获,有所感悟的。

在以后的教学中,我要做的是:

第一,自我反思。从以往的实践中总结经验得失。

第二,不断学习。读万卷书,行万里路,读书是提高自我素养的良好基奠。一桶水早已不能满足学生的需求了,我要不断学习,成为长流水。

第三,交流。他人直言不讳的意见与建议可能是发现不足、认识"庐山真面目"的有效途径。要听真言,要想听真言,更要会听真言,久而久之对我大有裨益。

百年大计,教育为本。教育大计,教师为本。我们必须是着眼于未来,采取科学的方法应对随时出现的新问题,努力使自己适应新时代的教育。在今后的工作中还必须给自己定好位,必须走"学习——反思——研究——实践"相结合的专业发展之路。

这次培训让我受益匪浅,感谢宁夏教育厅为我们提供这么好的学习空间,感谢"国培"为我们提供这么难得的学习机会,促使我在教育生涯的轨道上大步前进。

研修感情

刘玉梅

石嘴山市第十九小学

"自主探究型课堂教学设计"走出了传统的教学设计以教师主观、细密的课时设计为基础,以追求不折不扣地理解教材,呈现教案为目的的旧框框,它更体现了教师创造性的智力劳动,需要教师倾注自己的智慧。具体来说,一要教师倾注智慧于教材的灵活运用上。探究型课堂教学设计离不开问题,而每一门学科都有其基础知识与基本技能的要求,他们和学生感兴趣的问题有时并不相一致。是"教教科书"还是"用教科书"? 是"就学科目标讲学科知识",还是"处理好学科课程的要求和学生的需求(学生的问题)的结合与统一"? 这就要求教师运用自己的智慧从更高的层面和更广阔的视角把握教材,并依据学生的问题和发展的需要对教材做出新的构思和处理,既能满足学生探究他们感兴趣的问题的需要,又注重学科基础知识和基本技能的习得,更注重发展思维、培养学力、熏陶情感,使给定的学科内容真正地、不断地转化为"学生自己的课程"。二要教师倾注智慧于课堂的随机应变上。教学设计(尤其是设计 A)只要求教师对课堂作出提要式的预设(也就是我们说的简案),并不涉及一些细节。因为探究学习的课堂,其本质特性是生成性的。这意味着每一个教学活动都是一个有机的整体,而非根据预定目标的机械装配过程。随着学习活动的不断展开,新的目标又不断生成,新的问题又不断产生,教学永远超乎预设之外。这就需要教师在课堂上灵活性的、艺术性的、有针对性地指导、点拨、督促,以求把事先拟定的设计与现实课堂情境能最佳地结合起来,获得最优化的课堂教学效益。可以这么说,自主探究型的课堂教学设计是教师写得少了,想得却更多;看似简简单单,实则充分蕴涵着教师的教学机智、教学艺术、教学能力,是教师用智慧在备课,用素质在教学。

"影子学校"跟岗实践心得

崔 炜

石嘴山市第十二小学

2013 年 10 月 11 日至 30 日,我有幸在银川西夏区第九小学进行"影子学校"跟岗实践。在这期间,我感受到影子学校浓浓的文化氛围、精细人文的学校管理、教师认真敬业的工作态度、扎实有效的课堂教学及学生良好的行为习惯,这些都深深影响着我,使我获益良多。

西夏九小,占地面积不大,但环境不错。校园内处处可见爱的语言:"爱是人生那盏灯""让爱沁入心田,让阳光洒满校园,让进步成为动力"等,整个校园给人的感觉是相当的别致,充满了文化气息。

"影子实践"中,我跟随优秀英语教师魏老师一起工作学习,进入课堂观课、评课,听魏老师的常态课、示范课。魏老师的课堂给我的最大感受是:课堂重在培养学生的行为习惯、学习能力,让学生在快乐中学习。魏老师一进课堂,就满脸的笑容,将她的快乐传递给学生,即使课前学生还没有进入状态,魏老师也会用歌曲、韵句、游戏等方法,将学生的注意力吸引过来,引导学生进入课堂学习当中。这使我反思,教师要精心设计教学,采用多种方法,让学生乐学、爱学,而不是采用强制手段,保持课堂纪律。汇报课后,我与九小的英语教师们一起研讨,听取意见,明确教学中要注重文本解读,抓准教学点,厘清教学思路,扎实开展每项活动,提高教学的实效性。

忙碌、充实的跟岗学习,为我开启了一扇大门,让我的视野更加开阔,我会将在这里学到的知识、方法尽快地内化为自己的东西,并运用到教学实践中去。

用好资源　服务教学

——听杨馨凤老师《语文课程资源的开发和利用》的启发和思考

周兰英

吴忠市同心县第五小学

今天我聆听了杨老师的专题讲座《语文课程资源的开发和利用》,感受颇多。

首先,我深入明确了课程资源开发的重要意义和作用。因为语文课程是一门学习语言文字运用的综合性实践性课程。同时语文学科有工具性与思想性的统一性紧密结合的特征。语文课程是实践性课程,要注重培养学生的语文实践能力,而培养这种能力的主要途径也应是语文实践。语文课程是学生学习运用祖国语言文字的课程,学习资源和实践机会无处不在,无时不有。因而,应该让学生多读多写,日积月累,在大量的语文实践中体会、把握运用语文的规律。所以一定要重视课程资源的开发。

其次,我对课程开发有如下本质理解:只要是教材,都有要开发的内容和空间。既然能入选为学生学习的教材,就对学生健康成长,快乐学习有重要作用。单凭枯燥讲解很难完成教学任务,更何况如何提高学生的语文素养呢? 只有开发了课程资源,才能更好地实施完整的教学目标。尤其是学生的人文素养和人文情怀。没有亲身临近,没有身临其境,如何能体会文本给我们带来的种种教育和熏陶呢? 过去,我们没有机会,也没有条件进行课程资源开发,至少是机会很少。可如今,信息技术应用方便、快捷,我们没有理由浪费了这么好的条件。我们可以充分利用影音资料,开发课程,对学生进行多方面、切合实际的教育,是教育效果事半功倍。同时课程资源开发可以大大提高教师的教学能力和素养,对教师的专业成长有着重要的作用。

最后,我认为,老师提出的课程资源要注意的问题,我在工作中也要特别注意,引起重视,那就是开发课程资源要植根于现实,立足课堂,立足本土。我们语文教师要有敏锐的观察能力,思辨能力,活学活用,让语文课堂活起来,广起来,更有时效性。同时我还认识到了教材的重要性,我们教师一定要科学把握教材,利用课本资源,尊重学生的想象世界,充实教材资源。努力使自己所掌握的课程资源与学生所提供的充满个性化的课程资源共融,努力促进师生之间、生生之间的资源共享,努力将学生所掌握的信息转化为课堂教学的现实资源。

另外,一定要联系生活,创建环境资源。艺术来源于生活,但它比生活要更集中,更典型,也更生动。在语文课堂上用艺术来再现生活情景,是课堂语文生活化的一条捷径。在40分钟的课堂上,我们可以唱一支歌、观一幅画、演一场戏、看一个电视片段,来启发引导学生,激起学习语文的欲望,创造新的作品。还有创设多彩的有利于语文学习的校园环境。校园是学生学习、生活的主要场所,合理地利用校园、教室等场地,创设多彩的校园文化,将这些设施赋以生命的活力,将这样的环境作为语文课程资源之一,以熏陶学生的情感,促进学生语文能力的发展。

在"国培"中提升 在提升中担当

郑 贵

固原市彭阳县王洼镇中小学校

今秋伊始,带着一份激动,带着一份期待,我有幸又一次搭乘上了"国培计划"号专列,不过这一次不是在网上,而是置换脱产研修学习,实现了与专家面对面、"零距离"接触,请教学习的夙愿。

在驻校班主任侯凤老师的带领下,10月10日我们一行6人走进西夏区第十二小学校园,参加了为期近一个月的影子实践研修活动。根据要求在跟岗实践期间,我在西夏区第十二小学看课10余节,有幸在银川市实验小学举办的"银川市第五届优质课大赛'小学英语'决赛"课堂看课12节,参加学校教研活动两次,引发了我的诸多思考。西夏区第十二小学环境优雅,育人氛围浓厚,学校重视本次"影子教师"实践活动,成立了组织机构,制定了详尽的培训实施方案,为我们的研修活动提供了各种方便。

我的指导老师名叫陈伟,虽然她工龄不长,但陈老师却是一位富有教学智慧和教育思想的老师。跟岗实践期间,在指导教师陈老师的精心指导和帮助下,通过深入课堂看课,参加学校教研活动,我深刻地体验、领悟到了陈老师的教学思想和育人理念,这也是我的收获,总体说来有以下几个方面:

第一,小学英语教学中,教师应以学生的实际学习水平为基础,以提高学生的英语综合运用能力为目标,以夯实学生的英语学习基础为重点,以培养、激发学生的英语学习兴趣为驱动,以《英语课程标准》和与时俱进的教育理念为导向,开展自己的教学实践工作,关注每一位学生,让处在不同学习层面的学生都有所发展、提高。

第二,教师要精心设计好每节课、每个教学环节,借助丰富的肢体语言、小游戏、简笔画、歌曲童谣、猜一猜等方式、途径,在学生和学习目标之间巧搭梯子、架桥、铺路,让学生"踮踮脚、跳一跳"摘到自己心仪的苹果,享受成功的愉悦感。

第三,教学中,教师要注重教给学生学习的方法,善于创设情境,搭建师生、生生之间真实的交流平台,做学生忠实的学伴;教师要充分激活学生的思维,打开学生的话匣子,让学生敢说、想说、有机会说、有话说、多说。

第四,在教学评价中,教师应当积极采用激励性评价的方式,多种评价方式相结合,特别要注意应把过程性评价、阶段性评价和终结性评价相结合;同时,也让学生也参与到教学评价中,在学生参与教学评价时,让学生不仅要说出 How,而且还要说出 Where、Why 等,总之,引导学生多说。

第五,尽可能地用英语教英语,而不用汉语教英语,这样不仅可以为学生营造学习英语的氛围,而且有助于培养学生的英语思维能力。

第六,学校、教师要重视英语教研工作,"教而不研则浅、研而不教则虚",特别要改变传统的教研活动模式,推崇观课议课、课例研修、小专题研究活动,把教和研紧密结合起来,切实提高教研活动的实效性。

诚然,收获不仅于此,我还在征途上,个人的综合素养还有待于进一步提升。我将以提高当地小学英语教育质量为己任,树立终身学习的意识,在今后的工作中,把学习到的先进理念、经验和做法渗透到具体工作中,为促进学生的终身发展和提高当地的教育质量积极发挥应有的作用。

中小学美术教学方法的探讨

——欣赏·感悟　文化·教育

徐月琴

灵武市第四小学

　　银川市教科所美术教研员郭红霞为我们做了《中小学美术教学方法的探讨》的主题讲座,就她在教研、教学中如何欣赏美术作品、怎样传承文化及教育的方法等一些感悟,和学员进行了交流。

　　郭老师首先就中外美术作品鉴赏中的美术语言进行了讲解:美术语言就是常讲的点,线,面,色,美术的表现形式为再现、表现,再现性艺术是具象的、写实性艺术语言,以真实的描绘客观物象为主;表现性艺术又分为意象艺术和抽象艺术,意象艺术以表达艺术家的主观思想为主,而抽象艺术以研究艺术语言的本体出发,是艺术家把点、线、面、色运用组合、变形等手段进行表达的艺术形式。而在欣赏中,教师就是要让学生能够通过学习到的知识对美术作品进行评价。

　　郭老师通过具体课例《卡萝的艺术》,由浅入深、由易到难,让我们不仅欣赏到了艺术家的独特的作品,学习体会了美术作品赏析的方法,又让我们对异域文化、艺术家的情感表达有了进一步的感悟。

　　最后,郭老师就如何进行"同课异构"与学员们进行交流研讨,让我们明确了"同课异构"的方法、步骤,"同课异构"的作用、意义。通过"同课异构"活动的教研研讨,学员们深刻地认识到,"同课异构"是利用各种资源进行多种教学构想,并将构想优化后付诸实施,从而发现问题、解决问题。虽然教学目标、教学内容一致,但形式、手段、方法上的变化会让同一节课产生不同的效果,也就形成了教师的教学风格。

　　郭老师的讲解语言清晰,条理清楚,让学员们接触到了较新的美术教学理念和信息,还以讨论的方式与大家交流了教学中的困惑和疑问。通过交流讨论,我认识到了自己的不足,今后要努力克服这些不足之处,不断改进,在教学中不断反思,提升自己的教学智慧,提高自身的教育教学水平。

《中小学美术学习兴趣与特点》培训有感

季建军

银川市西夏区第七小学

"兴趣是最好的老师。"作为一名小学美术教师,如何来培养学生的美术学习兴趣,从而不断提高课堂教学的质量,是我从教以来一直探索和思考的问题。在聆听了《中小学美术学习兴趣与特点》的讲座之后,使我豁然开朗,深有感悟,现罗列出来与大家一起交流。

9 月 14 日上午,我们聆听了宁夏育才学校郭敏老师做的题为《中小学美术学习兴趣与特点》的讲座,在学习交流中,让我深受启发。

《美术课程标准》明确指出:"兴趣是学习美术的基本动力之一",中小学生只有形成对美术学习的持久兴趣,才能激发创造精神,陶冶情操,完善人格。在美术教学中,有效地激发学生的学习兴趣是形成基本的美术素养,发展美术实践能力,激发创新精神,陶冶审美情操的有效手段。因此,中小学美术教学要十分重视并运用各种方法激发学生的学习兴趣,保持学生的学习兴趣,才能增强美术教学的实效性,促进学生美术素养的有效发展。

那么如何激发和培养学生的美术学习兴趣呢? 我觉得有以下几点:

一、开放课堂,使课堂"活"起来,进而激发学生的学习兴趣

把教学内容渗透在游戏中,提高学生学习兴趣。在教学中,要建立新型的师生关系。教师与学生应平等的、和谐的相处,在自由、民主、尊重、信任、理解和宽容的氛围中,学生才能形成自主、自觉的意识,才能受到感化、激励和鼓舞。教师要有开放意识,民主精神。要创造一切条件让学生的思维活跃起来。

二、教师扎实的专业基本功

在授课过程中的娴熟展示,可以引起学生的崇敬心理,从而激发其学习兴趣。一名优秀的美术教师应该是用"两只脚"走路,既要有扎实的专业基本功,包括教师的演示示范、

写生、创作等等,还要有高超的课堂驾驭能力,能把一堂普通的课上得精彩,让学生学有兴趣,学有所得。

三、选择恰当的教学内容、教学方法来吸引学生,激发学生的学习兴趣

教学内容要符合学生年龄特征和认知水平。美术课的教学内容应是丰富、生动而又有趣的。从内容的选择入手,激发学生学习兴趣。我们必须要创设生动的、有趣的、快乐的、丰富的教学环节,巧妙地使用多种教学手段。苏联教育家苏霍姆林斯基说:"如果用思考、情感、创造、游戏的光芒来照亮儿童学习,那么对儿童来说是可以成为一件有趣的引人入胜的事情。"美术教师都应该深刻体会到这种教学艺术的真谛,都应采用灵活多样的教学方法,使教学课堂成为一个思维活跃,敢于表现,大胆创作,无忧无虑的轻松的学习乐园。

四、创设情境,以趣激学,学中求趣,引发学习兴趣

环境刺激是影响学生学习兴趣的重要因素之一。学生思维具有直观性特点:好奇、好新、好特殊。因此,美术教学中,教师应善于创设各种能引发学生兴趣的直观形象的情境。让学生在感知情境中激起好奇心,引发绘画的兴趣与欲望,激发表现的热情,从而有效参与学习活动。

五、利用必要的激励方式来激发学生的学习兴趣

课堂上,教师的一句表扬,在学生的心头会荡起阵阵涟漪,赞扬能增强他们的自信,让他们体验成功,享受到成功的欢乐。只要有微小的进步,就用亲切、温和的话语,激发他们的学习热情。这样班上学生的学习热情就会高涨,学习兴趣就会更浓。

六、运用恰当的教具演示来激发学生的兴趣

教具的运用,虽然在教学过程中起辅助作用,但设计巧妙,用得恰当,可大大地调动学生学习的兴趣。

七、用教师的人格魅力感染学生,激发学生的学习兴趣

如何使得美术教师对学生的内心感悟起到作用,使得我们成为学生的榜样,渴望成为像你一样的人呢?那就需要美术教师在工作和生活中,教学上认真努力,绘画上笔耕不辍,言谈上幽默风趣,举止上大方得体,装束上高雅和谐,面貌上饱满热情,处事上宽容豁达;时时处处体现美术教师的优雅风范,尽显作为美术教师的人格魅力。在教学课堂上要像一位长者,像一位朋友,像一位伙伴,有着他们一样的欢喜,一样的悲伤,一样的爱憎,一样的得意忘形,一样的深情惆怅。在学生面前你就是一个真实鲜活的人。

八、要给学生艺术表现的空间

我们应该允许学生个性的自由发展，允许学生兴趣的不同方向，正视学生中存在的个体差异，承认学生对知识掌握的速度有快有慢，接受知识的能力有强有弱；要留给学生足够的空间和时间来消化和掌握知识，努力创造一个愉快、宽松、充满艺术情趣的学习环境，以赢得学生的喜爱。

九、要让学生拥有体验成功的快乐

让学生觉得学好美术并不太难，要坚持循序渐进的教学原则，使学生觉得只要经过认真努力就会获得成功，让学生在不断获得成功的喜悦中变得更加努力。因为学生的年龄的不同，根据自身热爱美术的程度不同决定了他们不可能长时间的关注一件事情。课堂作业设置要考虑梯次与程度的不同，太难完成的教学任务、太复杂的教学过程，都有可能导致学生学习兴趣的丧失。在现有的条件下，学生也不可能有更多的时间和精力来学习一门还普遍被人们不重视的学科，愉快和轻松是美术学科赢得学生喜爱的法宝。

总之，作为一线教师，可以通过创造艺术氛围、开放课堂、利用必要的激励方式、运用恰当的教具演示、组内合作与组外竞赛、教学内容渗透在游戏中等方式方法来激发学生学习美术的兴趣。这样，在美术课堂中把趣味性与知识性、科学性结合起来，并能恰当运用多种教学手段，美术课必然会活起来，学生学习美术的兴趣会更浓。

昨日重现

贺学宗

同心县河西镇中心学校

《Yesterday once more》一首经典的老歌，一下就闯进我的脑海。再回大学。带着不同的身份，不同的心境，重温那段如歌岁月。有人说，过了就不能重来，想不到我又有机会再来体验一回大学生活。记忆中的大学，有"白发的先生，漂亮的女生"，栀子花下一袭白色长裙的女孩，高大的教学楼如繁星般的窗口，还有雨夜踩着昏黄灯光从自习室返回的喜悦……一切的一切，回忆与现实相交于襄樊学院——卧龙先生脚下的这座高等学府。

原以为自己很年轻。来到这里才知道什么是青春。每天擦肩而过的男男女女，如花似玉，青春洋溢，看着他们的脚步犹如笔尖划过纸张，书写瑰丽的诗行。喜欢看着一张一张青春的容颜，岁月没有在上面留下痕迹，他们的心里永远是阳光灿烂。望不尽的宣传板，张扬着青春的魅力，他们用金色年华织就了一道彩虹，闪耀着梦想之光。

在这样一座青春与梦想的校园，我仿佛又回到了曾经的大学，找回了依稀心境。晨光里，闻鸡起舞，穿行于南北校区。薄雾中的青山，犹如娇羞的少女，在朦胧中腼腆忸怩；水平的淡泊湖，倒映着蓝天绿树，就像在指点妆容；一座又一座雕像在无声地诉说着历史的底蕴。此时，运动场上气氛正 high，白色的身影似繁星流动在绿色的天幕，早练的人们尽情展示着生命的活力。而一墙之隔的喧嚣浮华，与这里无关，我们在默默的维护着精神的疆域。暮色中，忠诚的路灯指引着你的脚步，柔和的灯光洒在地下，洒在身上，别有一番情调，恰似母亲的目光、恋人的朱唇，叫我如何不爱她。站在雄伟的逸夫图书馆前，空旷的卧龙广场中，幽幽的夜风带着你神游千载，所有的疲倦与烦恼烟消云散，心里又装满了能量。

短短的一周，培训生活才刚刚开始，还有更多的惊喜等待着我们去发现，正如《阿甘正传》中的一句话"人生就像一盒巧克力，你永远不知道下一颗会是什么滋味"。昨日重现，经历岁月的洗礼，更加值得珍惜！

我看小学语文课程资源开发的价值

王 英

吴忠市利通区第一小学

2013 年 9 月,听了银川市金凤区教研室教研员杨馨凤老师的"小学语文课程资源的开发和利用"讲座后,结合自己平时的教学实践经验,就其开发价值,我有几点粗浅看法:

一是可以促进儿童语文素养形成和能力提高。小学生以具体形象思维为主,对身边事物的认知,往往多从具体形象入手,习惯于直接参与、形象感知,在此基础上获得直接经验。按照这一认知规律,教学中需要直接创设具体学习情境,而营造具体情境,显然也需要提供大量的第一手资源。

二是可以促进学生语言表达和语言积累。语文是最重要的交际工具,是人类文化的重要组成部分。语言作为交际工具,可用之表达情感、交流思想、传承文化。语文教学,要牢牢把握语言的工具价值,教会学生学习语言、运用语言,为语言实践服务。学生语文素养的形成,是在长期的模仿学习中积累起来的,是在不断的语言表达、交流等实践中形成的。要增加学生的文化积累,促进学生的有效表达,都必须有大量的课程资源作凭借,并通过有效利用才能达成。

三是可以丰富语文生活。"语文教学生活化"就是要树立大语文教育观,开放语文课堂,将学生从语文课本教学中解放出来,走进生活的广阔天地,认识自然、接触社会、感受文化,在生活的天地里学习语文,开展语文实践。因此,生活中具有更加丰富的语文资源。

四是可以促进教师专业发展。新课程教学强调教师要在新课程教学中获得专业发展。教育不仅是一种职业,更是一种事业。教师要对学生进行语文教育,除了钻研教材,还必须收集整理许多相关的资源和信息,这一过程既是一个获取的过程,同时也是一个再创造的过程。教师对这些课外资源的查询、归类、整理、添补、改造等都体现自身的价值观、教育观、文化观、审美观以及语言喜好取向。在这一过程中自觉或不自觉地经历学习、吸收、改造、创新等,对教师个人语文专业发展也是一个很好的锻炼。教师要想获得专业提升,也必须从资源开发建设中获取营养。

因此,重视语文课程资源的开发与利用,是语文课程观念更新和完善的必然,也是现代语文教育发展和新课程语文教学改革深化的必然。搞好语文课程资源的开发与利用,对全面提高语文教育质量必将产生积极而深刻的影响。